한홍

사라질 때까지 기도하라

/ 다시 계속 끝까지

사라질 때까지 기도하라

한 홍

규장

프롤로그

영적 어둠이 물러갈 때까지 기도하자!

"이거 큰일 났는데…. 어떻게 눈보라가 갑자기 이렇게 심해질 수 있지?"

"원래 알프스산 근처 기후가 변화무쌍해서 이런 일이 종종 있습니다. 그나저나 이렇게 눈보라가 심해지면 차를 세우고 스노우 체인을 감아야 할 것 같은데…."

저는 2024년 9월 추석 연휴에 약 80명의 새로운교회 성도들과 함께 유럽 종교개혁지 성지순례 중이었고, 오스트리아에서 버스를 타고 이동하고 있었습니다. 그런데 해가 떨어질 무렵, 알프스산맥을 넘어가려고 하니까 천지사방으로 시야를 가릴 정도의 눈 폭풍이 몰아치기 시작했고, 순식간에 눈이 쌓였습니다.

산을 기어오르던 차들 모두 엉금엉금 속도를 줄이기 시작했습니다. 저희가 탄 버스의 운전사도 바퀴에 스노우 체인을 감기 위해 버스를 세웠습니다. 그러나 눈보라 속에서 대형버스 두 대에 스노우 체인을 감는 일은 결코 쉽지 않았습니다. 저희는 두 시간 가까이 차 안에 꼼짝없이 갇혀서 두려움에 떨어야 했습니다.

저는 두려움에 떨며 계속 기다려서는 안 되겠다는 생각에 한 사람씩 돌아가며 그동안 교회에서 받았던 은혜를 나누는 시간을 갖자고 제안했습니다. 조금 생뚱맞긴 했지만, 그렇게 은혜를 나누며 울고 웃다보니, 어느새 스노우 체인이 다 채워졌습니다.

그런데 버스가 조금 움직이다가 다시 멈추었습니다. 상황을 파악하기 위해 밖으로 나갔던 가이드가 다시 들어오더니, 눈보라가 너무 심해 더 이상 산 위로 올라가지 못하도록 경찰이 길을 봉쇄했다고 했습니다. 이제 꼼짝없이 차를 유턴하여 돌아갈 수밖에 없었습니다. 다행히 가이드가 부지런히 주변의 모든 호텔에 전화를 돌려서 저희 일행이 다 같이 묵을 수 있는 호텔을 찾아냈습니다.

"그래도 다행입니다. 경찰이 길을 봉쇄하기 전에 이미 산 위로 올라가버린 차들은 꼼짝없이 차 안에서 밤을 새우거나, 주변의 산장으로 대피해야 했을 것입니다. 그나마 우리 앞에서 바로 도로가 차

단되어 돌아갈 수 있어 다행입니다."

 가이드의 설명을 들으면서 그래도 하나님의 은혜라고 다들 감사해 했습니다. 저는 호텔에 가면서 날씨가 좋아지기를 계속 기도했습니다. 감사하게도 다음 날 아침 일어나보니, 전날 우리를 공포에 몰아넣었던 무서운 눈보라와 안개가 씻은 듯이 사라져 있었습니다. 그때 문득 제 머릿속을 스친 생각이 있습니다.

 '아, 우리 마음을 두렵고 불안하게 하는 어둠의 요소들도 하나님께서 이렇게 사라지게 하실 수 있겠구나. 당장은 죽을 것처럼 괴롭지만 하나님을 바라보며 기도를 멈추지 않는다면 하나님께서 어떨 때는 서서히, 어떨 때는 한순간에 우리 마음속의 독소들을 사라지게 해주시겠구나!'

 저는 메모지를 꺼내서 나를 괴롭히는 영적 어둠에는 어떤 것들이 있는지 생각하며 볼펜으로 빠르게 써 내려갔습니다. '피로, 상처, 낙망, 의심, 분노, 두려움, 한, 외로움, 부족함, 병, 불순종.' 지금 돌이켜 생각해봐도 성령께서 직접 알려주신 것 같습니다. 그것들을 다 쓰고 나서 저는 한 번 숨을 쉰 다음 그 단어들 주위로 큰 원을 그린 뒤 그 밑에 이렇게 썼습니다. "사라질 때까지 기도하라." 조금 더 정확하게 표현하자면 "이 모든 것들이 사라질 때까지 기도하라"입니다.

저는 그 주제를 가지고 가을 내내 묵상하며 연구했고, 2025년 1월과 2월, 교회 주일 강단에서 이 주제들을 놓고 설교했습니다. 《사라질 때까지 기도하라》는 그렇게 태어났습니다.

지난 10년간 한국의 모든 신학대학원에서 기독교상담학을 공부하는 학생들의 숫자가 폭발적으로 증가했습니다. 지금은 상담의 시대라고 할 정도로 수많은 상담 전문가들이 펴내는 상담 서적들과 세미나가 넘쳐납니다. 이것은 그만큼 마음이 아프고 감정이 상해 있는 사람들이 많다는 안타까운 방증이기도 합니다. 우울증, 불면증, ADHD, 분노조절장애 등 이전에는 남이 알까봐 쉬쉬하던 마음의 병들을 공개하고 인정하며 도움을 요청하는 일이 보편화되었습니다. 코로나 팬데믹 시대를 지나면서 이런 현상은 더 심해졌습니다.

문제는 성도들을 살려야 할 목회자와 사모 중 상당수도 이런 마음의 병 때문에 괴로워하며 살고 있다는 사실입니다. 드러내서 말은 못 하지만, 이로 인해 많은 목회자 부부가 목회를 접는 사례가 늘고 있습니다. 그러나 우리가 이것을 부끄러워하고 쉬쉬해야만 할 일은 아닌 것이, 성경 속에 나오는 다윗이나 예레미야, 하박국, 엘리야 같은 믿음의 영웅들도 우울증과 외로움과 절망감, 분노조절장애와 원통함으로 인해 괴로워했던 적이 많기 때문입니다.

인간을 창조하신 하나님께서는 우리의 이런 아픔을 이해하시는 분이십니다. 오히려 영적 지도자들 자신이 이런 아픔을 직접 겪어보고 하나님의 치유하심도 체험해봄으로써 양 떼를 이해하고 살리는 진정한 치유자가 될 수 있습니다. 청교도 목회자들은 설교 원고를 준비한 뒤, 먼저 자기 자신에게 설교해보고 나서 주일에 성도들에게 설교했다고 합니다.

《사라질 때까지 기도하라》도 설교자인 저 자신이 먼저 스스로에게 한 설교이기도 합니다. 이 책에 나오는 마음의 병들 중에 제가 경험해보지 않았던 것은 하나도 없는 것 같고, 아직까지 100퍼센트 완전히 극복했다고 할 수 있는 것 또한 하나도 없습니다. 그러나 은혜의 힘으로 이제는 그것에 지배당하지 않고 조금씩 극복해가는 지혜, 가시를 품고 살아서 오히려 더 겸손해지고 하나님께 의존하는 법을 배웠습니다. 그것을 감히 동시대를 살아가는 성도들과 함께 나누고자 하는 것뿐입니다.

세상이 너무나 무섭고 사납게 요동치고 있습니다. 저도 하루하루 사는 것이 버겁고 미래가 무섭고 목회가 너무 두려울 때가 많습니다. 하지만 천지를 뒤덮던 알프스의 눈보라가 하루가 지나니 거짓말처럼 사라진 것처럼, 하나님의 임재 앞에 믿음의 형제자매들과 함께 엎드려 전심으로 기도하면 다시 일어날 수 있는 용기와 희망이 생깁니다. 우리 모두 우리를 조이는 영적 어둠이 사라질 때까지 기도합시다.

올해는 제가 목사 안수 받은 지 30년째 되는 해입니다. 돌아보면 지금의 제가 있기까지 큰 영향을 주셨던 스승님들이 계셨습니다. 캠퍼스에 복음을 전하여 민족 부흥의 환상을 가지게 해주셨던 전 한국 CCC 총재 김준곤 목사님, 변호사를 꿈꾸던 제게 그보다 더 큰 예수의 비전에 헌신할 수 있도록 불을 지펴준 북미주 예수 대각성 운동(JAMA) 설립자이자 이사장 김춘근 교수님, 저를 한국 교회 목회로 초대해주시고 창조적이고 열정적인 목회의 길을 가르쳐주셨던 온누리교회 하용조 목사님, 그리스도 중심의 설교를 가르쳐주셨던 에드먼드 클라우니 교수님, 학문과 영성의 균형이 어떤 것인지를 가르쳐주셨던 박사 학위 지도 교수 짐 브래들리 박사님.

이 중에 네 분은 이미 천국으로 가셨지만, 이분들과의 만남이 없었더라면 오늘의 한홍 목사는 존재하지 않았을 것입니다. 이 책을 하나님이 제 인생에 선물로 주신 귀한 다섯 분의 목회 스승님들께 헌정하고 싶습니다.

한홍 목사

프롤로그

PART 1 하나님이 개입하시도록 기도하라

01 피로가 사라질 때까지 기도하라   18
02 상처가 사라질 때까지 기도하라   40
03 낙망이 사라질 때까지 기도하라   62
04 의심이 사라질 때까지 기도하라   84

PART 2 생명을 건 인생 기도를 받으신다

05 분노가 사라질 때까지 기도하라   112
06 두려움이 사라질 때까지 기도하라   140
07 한이 사라질 때까지 기도하라   164

차례

PART 3   포기하지 않는 기도에 응답하신다

08 외로움이 사라질 때까지 기도하라   188
09 부족함이 사라질 때까지 기도하라   214
10 병이 사라질 때까지 기도하라   236

PART 4   하나님의 뜻대로 기도하라

11 불순종이 사라질 때까지 기도하라   262
12 복수심이 사라질 때까지 기도하라   286

에필로그

Pray Until

PART 1

하나님이 개입하시도록 기도하라

chapter **01**

피로가 사라질 때까지 기도하라

사 40:26-31

하나님의 자녀인 우리가 힘찬 승리의 삶을 사는 것을 방해하는 영적인 돌덩어리들이 우리 안에 있다. 우리는 그 돌덩어리들을 하나씩 다루면서 어떻게 하면 그것을 넘어 우리가 승리의 도약을 계속할 수 있는지를 다룰 것이다.

피로에 젖어 사는 현대인

"세상은 피곤한 사람들에 의해 돌아간다"라는 말이 있다. 그만큼 세상에서 성공하기 위해서는 몸과 마음이 지칠 때까지 뛰어야 한다는 말이기도 하다. 현대인들은 아침부터 저녁까지 잠시도 쉬지 못하고 빡빡하게 하루하루를 산다. 그러다보니 우리나라 직장인들의 과로사와 스트레스로 인한 사망률이 세계 1, 2위를 다툰다.

스스로 다음 질문들을 던져보라.

"나는 도전 정신이 아닌 의무감으로 마지못해 일하고 있는가?"

"누군가가 나를 향해 오고 있는 것을 보면 그냥 피하고 싶어질 때가 많은가?"

"자주 마음이 냉소적이고 부정적이며, 마음속에 자꾸 쓴 뿌리가 느껴지는가?"

"피로 회복이 좀처럼 쉽지 않은가?"

"아침에 일어날 때마다 사는 게 더 이상 재미없다고 느껴질 때가 많은가?"

"항상 내가 하는 일은 뭔가 모자란 것 같다는 절망적인 느낌에 사로잡혀 있는가?"

"지금 당장이라도 직장, 가정, 교회, 아는 사람들과 장소를 떠나 어디론가 멀리 가버리고 싶은 충동이 드는가?"

"자기도 모르게 자주 한숨이 푹푹 나오는가?"

이 질문들에 대해서 고개를 끄덕이고 있다면 지금 몹시 피곤한 사람이다. 그러나 안심하라. 피곤과 탈진은 현대의 초스피드 사회를 살고 있는 모든 사람을 괴롭히는 증상이다. 문제는 너무나 많은 사람들이 자기 인생의 중요한 결정을 이렇게 피곤한 상태에서 내린다는 것이다. 이것은 최악의 컨디션에서 가장 중요한 경기를 뛰는 셈으로 그럴 때 열에 아홉은 사고가 난다.

미국 중서부의 유명한 스키장 매니저가 이런 말을 했다.

"스키장에서의 사고는 대부분 저녁때 문 닫기 한두 시간을 전후해서 일어납니다. 그때는 하루 종일 스키를 탄 스키어들의 몸이 지칠 대로 지쳐 있어서 몸의 반사신경이 가장 둔감해져 있을 때입니다. 게다가 스키어들이 온종일 휩쓸고 지나간 뒤라 눈도 파헤쳐질 대로 파헤쳐져서 울퉁불퉁하기 짝이 없죠. 저녁이 되면 해가 어둑어둑해지고 기온도 떨어져서 그 눈이 얼어붙기 시작하니까 최악의 설질(雪質)이라고 해도 지나치지 않을 겁니다. 그런데도 많은 스키어들이 폐장하기 직전까지 한 번이라도 더 타겠다는 조급한 마음으로 끝까지 리프트를 타고 올라가서 아주 빠르게 내려옵니다. 최악의 설질, 최악의 컨디션, 조급하기 짝이 없는 마음이 다 합쳐져서 사고 확률을 엄청나게 높이는 것이죠."

우리 주위를 둘러보면 피곤에 지친 상태에서 돌발적으로 나쁜 결정을 하는 이들이 많다. 직장이나 사업을 그만두고, 함부로 결혼하거나 이혼한다. 교회를 떠나버리기도 한다. 사랑하는 사람들에게 하지 말아야 할 말들을 턱턱 내뱉는 사람들을 수없이 많이 발견한다. 피곤은 언젠가 회복되겠지만, 우리가 피곤할 때 했던 결정들이 돌이킬 수 없는 파장을 일으킬 수 있는 것이다.

조금만 여유를 두고, 한 발짝 뒤로 물러나서 기도하며 묵상하는 쉼표를 두었더라면, 성령님께서 그런 실수를 하지 않도록 도와주셨을 것이다. 그러나 우리는 너무 바쁘고 너무 지쳐 있다.

피로의 근원

1. 확실한 비전과 우선순위 결여

우리는 바빠 보이면 유능한 사람이라고 생각하는 경향이 있다. 그러나 바쁘게 산다고 다 좋은 것은 아니다.

수도권 외곽의 소도시에서 목회하고 있는 K 목사는 착하고 열심히 사는 사람이다. 어느 날 아침, 그는 집중해서 설교 준비를 하려고 책상 앞에 앉았다. 그런데 다가오는 주일 설교 본문 주해를 위해서 꼭 필요한 주석 자료를 친구 목사에게서 빌려와야 한다는 것을 깨달았다. 그래서 약 20분쯤 떨어진 친구 목사의 교회로 가기 위해 사무실을 나와 주차장으로 가는데, 마침 교회 사무실 문고리가 떨어져 덜렁거리는 것을 발견했다.

깔끔한 성격의 K 목사는 그것을 그냥 넘기지 못하고, 동네 철물점에서 새 문고리를 사서 교회 사무실 문고리를 바로 교체했다. 문고리를 교체한 다음 손을 씻고 나오는데, 교회 로비 벽에 붙은 교회 행사 안내 포스터들이 지난달 것 그대로 붙어 있는 것이 눈에 띄었다. 그래서 K 목사는 포스터들을 일일이 다 떼어냈다.

이제 주변을 정리하고 가려고 할 때 스마트폰 카톡이 울렸다. 신학교 동기들이 오랜만에 모이기로 했다는 연락이었다. 카톡방에 들어가 안부를 전하자 이 사람 저 사람 답글을 올려서 한참 대화를 이어갔다. 그러던 중 교회 여집사님들이 로비로 들어오면서 목사님에게 인사를 건넸다. 항상 교회 일을 열심히 돕는 분들이라 K 목사는 반가운 마음에 교회 앞 카페로 가서 함께 커피를 마시며 은혜로운 대화를 나눴다. 대화 도중 S 권사님이 최근 허리가 안 좋아서 교회 출석을 못하고 있다는 얘기를 듣게 되었고, 모인 김에 다 같이 S 권사님 댁에 심방을 가게 되었다. 심방까지 마치자 어느새 해가 넘어가게 되어 K 목사는 그날 설교 준비를 하지 못했다.

우선순위가 분명하지 않으면 모든 일을 다 잘하려다가, 혹은 모든 사람에게 다 잘해주려고 하다가 탈진하게 된다. 우선순위를 결정해주는 것은 내게 주신 하나님의 비전, 혹은 소명이다. 하나님은 내가 무엇을 위해 살아야 하는가에 대한 비전을 주시는 분이다. 내게 맡기실 사역의 성질, 나의 재능과 열정에 따라 우리에게 주시는 비전도 다 다르다. 그러므로 우리 인생에 하나님이 주신 비전을 명확히 하라. 그러면 삶의 우선순위가 정해질 것이다. 그 비전에 맞춰 삶을 심플하게 정리하라(나의 시간, 재능, 재물을 어디에 몰아줄 것인지 정하는 일). 모든 것을 다 잘할 수도, 모든 사람을 다 만족시켜줄 수도 없다. 선택과 집중이 필요하다.

나의 경우, 담임목사로서 교회를 돌보고 양 떼를 목양하는 것이 하나님이 주신 비전이다. 여기서 가장 중요한 것은 말씀과 기도다. 예배는 교회의 심장과도 같고, 설교는 그 심장의 엔진과도 같다. 그래서 나는 설교 준비와 기도에 최우선 순위를 둔다. 그리고 교회 내 목회자 및 평신도 리더십 훈련에도 최우선 순위를 둔다. 이를 위해서 나는 외부 집회나 행사 참석의 90퍼센트를 거절하고 교회 목회에 집중하고 있다.

설교 준비를 위해서 나는 월요일부터 큰 그림을 짜는데, 수요일 오후와 목요일은 하루 종일 집중하여 연구하고, 기도하고, 묵상하며 설교를 준비한다. 그리고 무엇보다 목회자로서 주님과 깊은 교제를 가짐으로써 나 자신이 먼저 항상 은혜가 충만하려고 노력한다.

또한 목회 이상으로 중요한 것이 하나님이 기뻐하시는 가정이 되도록 가정을 지키는 일이다(아내를 사랑하고, 자녀들을 사랑하고, 예수님 중심으로 화목한 가정 세우기). 이렇게 분명한 비전을 가지고 우선순위를 세우면 일이 많아도 허둥지둥 쫓기지 않을 수 있다.

2. 회개하지 않은 죄들의 축적

해결되지 않은 죄 문제가 쌓이면 상상을 초월할 정도로 마음이 답답해지고, 피곤하게 된다.

여호와의 손이 짧아 구원하지 못하심도 아니요 귀가 둔하여 듣지 못하심도 아니라 오직 너희 죄악이 너희와 너희 하나님 사이를 갈라 놓았고 너희 죄가 그의 얼굴을 가리어서 너희에게서 듣지 않으시게 함이니라 이는 너희 손이 피에, 너희 손가락이 죄악에 더러워졌으며 너희 입술은 거짓을 말하며 너희 혀는 악독을 냄이라 사 59:1-3

아버지가 애지중지하던 꽃병을 깨뜨린 한 어린 아들이 있었다. 아버지가 깨진 꽃병을 보고 누가 깼느냐고 하자 아들은 시침을 떼고 모른척했다. 그러나 몇 주 동안 아이는 마음이 찜찜하고 죄책감이 가득 차서 밥을 먹어도 먹는 것 같지 않고, 잠도 잘 안 오고, 꿈에서조차 아버지의 무서운 얼굴이 보였다. 게다가 이를 지켜본 누나가 아버지에게 이르겠다고 협박하면서 온갖 잔심부름을 시키며 아이를 부려먹었다. 사는 게 사는 게 아니었다.

아이는 마침내 용기를 내어 아버지에게 가서 자기 잘못을 고백했다. 그러자 아버지는 아들을 안아주면서 말했다. "아들아, 실은 네가 그 꽃병을 깨뜨리는 것을 멀리서 지켜보았단다. 언제쯤 용서를 구할지 기다리고 있었지. 꽃병이 아무리 귀해도 우리 아들만큼 귀하겠니? 아빠는 처음부터 너를 용서했단다. 그러니 걱정 마라." 아버지의 용서를 받고 나자 아이는 날아갈 듯한 기분이 되었다.

마귀는 우리가 죄의식에 짓눌려서 하나님과의 관계가 소원해진 채 무기력하게 살기 원한다. 하나님은 그것이 안타까워서 우리에게 회개하라고 하신다. 우리는 모두 끝없이 실패하고 실수한다. 하지만 그것을 위장하고, 계속 아닌 척하면 속으로 병이 쌓인다. 하나님은 우리를 정죄하려고 회개하라는 것이 아니다. 용서하시고 새 삶을 주기 위해서 회개하라고 하신다.

3. 응답되지 않은 기도

누군가 이런 말을 했다. "낙담한다는 것은 내가 원하는 것을 안 주신 까닭에 하나님께 불만을 품는 것이다." 정말 그렇다.

> 야곱아 어찌하여 네가 말하며 이스라엘아 네가 이르기를 내 길은 여호와께 숨겨졌으며 내 송사는 내 하나님에게서 벗어난다 하느냐 사 40:27

이사야는 지금 백 년도 넘는 미래에 일어날 일을 예언하고 있다. 이스라엘 사람들은 부패하고 우상 신들을 섬기는 왕들의 어리석음으로 인해 나라가 힘을 잃어 바벨론이라는 강대국에 의해 망하게 된다. 그리고 많은 백성이 바벨론에 포로로 끌려가 70년 넘게 포로 생활을 하게 된다. 포로생활 초창기에는 열심히 기도하고 예배하면서 하나님에게 자신들을 고향으로 돌아가게 해달라고 매달렸지만, 세월이 흘러도 응답되지 않자 그들은 하나님이 자신들에게 귀를 닫으셨다고 생각했다.

'하나님이 이제 나 같은 것은 잊어버리셨나?' 그들은 하나님에 대해 섭섭한 마음이 들었다. 더 이상 예배에 흥분이 없고, 재미도 없어져서 시간만 때우고 돌아가는 지경에 이르렀다. 안 그래도 포로생활이 주는 육체적 피곤이 큰데, 자포자기한 절망감까지 더해져 너무 우울하고 피곤했다. 하루하루 죽지 못해 살아가는 형편이었. 우리도 교회를 열심히 다니면서 어떤 간절한 기도 제목을 가지고 기도한다. 그런데 세월이 흘러도 응답이 없으면 지치기 시작한다.

직장생활을 하면서 10년이 넘도록 병석에 누운 남편을 돌보며 아이를 키워온 한 여집사님이 너무 지치고 힘들어서 우는 것을 보았다. 제발 남편을 좀 일으켜달라고 그렇게 기도했는데, 하나님이 들어주시지 않는 것이다. 자기도 열심히 살려고 몸부림쳐보는데, 너무 힘들고 지친다고 했다. 나 역시 마음이 아파 같이 울며 기도해 드리는 수밖에 없었다.

그러나 하나님께서는 하나님의 자녀 된 우리의 작은 신음까지도 들으신다. 어떤 작은 기도도 무시하지 않고 접수하신다. 그리고 심각하게 고려하신다. 우리가 원하는 것들을 우리가 원하는 때에 우리가 원하는 방법으로 들어주시지 않는다고 해서 하나님께서 우리의 기도에 응답하시지 않는 것은 아니다. 어떤 경우에는 "노"(No)가 응답일 수도 있고, 아니면 "기다려라"가 응답일 수도 있다. 또 다른 제3의 옵션이 응답일 수도 있다. 하나님을 하나님 되시게 하라. 하나님에게도 다 생각이 있으시기 때문이다.

4. 관계의 갈등

가정이나 직장, 교회생활에서 받는 스트레스 대부분은 과중한 업무보다도 껄끄러운 관계들이 누적되기 때문에 온다. 나에게 상처를 준 사람, 내가 상처를 줘서 미안한 사람들과의 불편한 관계들이 쌓이면 그것만큼 우리를 피곤하게 하는 것이 없다. 내 마음속에 있는 '미움의 방'에서 그 사람을 내보내야 한다. 특별히 교회 안에서 형제자매들끼리 서로 갈등하고 대립하는 상황을 오래 끌어서는 안 된다. 용서하고 마음에서 풀어야 한다.

설령 그 사람이 내 용서를 받지 않는다고 할지라도 상관없다. 내 마음속에 미움을 계속 품고 있으면 안 된다. 계시록에 보면 마귀를 "우리 형제들을 참소하는 자"(accuser of our brethren)라고 했다. 형제를 비판하고 미워하는 마음을 뒤에서 불붙이는 자는 마귀다. 그러니까 형제를 미워하는 마음을 계속 품고 있는 것은 마귀의 노리개가 되는 길이다. 용서하고 마음에서 놓아 보낼 때 우리는 하나님의 사랑을 풍성하게 누릴 수 있다. 그러면 마음이 피곤하지 않다.

5. 미지근한 예배의 축적

미지근한 예배가 축적되면 우리 영혼은 피곤의 나락으로 내려간다. 한 철학자는 "이 세대는 종교가 부족해서 망하는 것이 아니라 하나님을 향한 열정(passion)이 부족해서 망할 것이다"라고 경고했다. 하나님을 안 믿는 것이 문제가 아니라 마지못해서 적당히 믿는 것이 문제다. 가장 비참한 것이 의무감과 죄책감으로 신앙생활 하는 것이다.

기쁨도, 감동도, 흥분도, 변화도 없는 메마른 예배와 신앙생활을 오래하다보면, 이상하게 힘이 빠지고 짜증이 나고 가슴이 답답해진다. 이런 상태에서 사역을 계속하면 피곤이 쌓이게 되고, 짜증과 분노가 많아질 것이다. 일을 많이 해서 피곤하기보다 은혜받지 못하고 일해서 피곤한 것이다. 이때 우리는 성령의 생수를 마심으로써 '영적 디톡스'를 해야 한다.

그래서 나는 우리 성도들이 다른 곳으로 이사를 가서 교회를 새로 정할 때, 예배를 통해 은혜받을 수 있는 교회를 정하라고 권면한다. 작은 교회를 돕겠다는 분들에게도 그 교회 목사님으로부터 은혜를 받을 수 있어야 한다고 말한다. 만약 그렇지 않다면 기한을 정하는 것이 좋다고 조언한다. 돕는 것도 좋지만 영성이 고갈되면 큰일이기 때문이다.

어떻게 피로를 극복할 것인가?

세상은 피로를 극복하는 비결로 '휴가'를 가지라고 한다. "열심히 일한 당신, 떠나라"라는 광고 문구도 있었다. 서구 선진국들의 문화는 휴가(vacation) 문화라고 해도 과언이 아니다. 일 년에 몇 주씩은 하늘이 두 쪽이 나도 산으로, 들로 꼭 휴가를 떠난다. 그러나 휴가가 피로를 극복하는 근본적인 해답이라면, 좋은 휴양지에서 휴가를 보내는 부유층들이나 유럽과 북미 지역의 사람들이 세계에서 제일 행복해야 할 텐데, 이들의 우울증, 불면증, 자살률이, 휴가라고는 꿈도 못 꿔보는 후진국의 몇 배나 되니 이상한 일 아닌가? 그리고 보통 휴가를 갔다 오면 그 휴가로 인해 쌓인 피로, 휴가 후유증에서 회복되는 데도 며칠씩 걸린다. 휴가가 필요하겠지만 그것으로 인생의 궁극적인 피로를 해결할 수는 없다.

1. 하나님의 능력을 묵상하라

하나님이 원하시는 것은 문제로부터 도망치는 것이 아니라 문제보다 더 큰 그분의 능력을 받는 것이다.

> 너희는 눈을 높이 들어 누가 이 모든 것을 창조하였나 보라 주께서는 수효대로 만상을 이끌어 내시고 그들의 모든 이름을 부르시나니 그의 권세가 크고 그의 능력이 강하므로 하나도 빠짐이 없느니라 사 40:26

"너희는 눈을 높이 들어"라는 말이 참으로 찐하게 다가온다. 하나님은 땅만 바라보며 한숨짓고 있는 이스라엘 백성들에게 눈을 들어 하늘의 별들을 보라고 하신다. 우리도 땅만 보고 절망 같은 한숨을 내쉴 때, 눈을 들어 하늘을 봐야 한다. 아브람도 인생이 힘들어서 땅만 보고 한숨 쉬고 있을 때 하나님께서 장막 밖으로 데리고 나가셔서 하늘을 보라고 하셨다. 거기에 수많은 별들이 있었다.

이 말씀에서 "만상"은 하늘의 무수한 별들(starry host)을 말한다. 우리가 살고 있는 지구가 속한 태양계와 같은 행성 시스템이 백만 개가 모이면 하나의 은하계가 되는데, 우주에는 그 정도 사이즈의 은하계가 무려 2천만 개가 넘는다고 한다. 그 엄청난 대우주를 창조하시고 움직이시는 분이 바로 하나님 아버지이시니, 그분의 무한하신 능력을 감히 우리가 상상이나 할 수 있겠는가?

이지스함 한 척이 동해에서 제주도까지 갔다 오는데 연료비가 5천만 원이 넘게 든다고 한다. 그러니 지구가 태양 주위를 한 바퀴 도는 데는 몇억 배럴의 석유, 몇천만 볼트의 전기가 필요할지 상상할 수 있겠는가? 핵폭탄 하나 만들어놓고 대단한 일을 한 것처럼 우쭐대는 우리 인간들은 그 크신 하나님의 능력을 감히 어림잡지도 못한다.

지구는 멈춰 있는 것 같지만 실은 초당 30킬로미터라는 엄청난 속도로 움직이고 있다(음속의 거의 9배에 가까운 무서운 속도다). 지구와 같은 행성들과 수많은 별들과 혜성들과 유성들은 총알보다 몇십 배나 빠른 엄청난 속도로 움직이고 있다. 만약 혜성 하나가 실수로 궤도를 벗어나서 지구와 충돌하면 어떻게 될까? 해일이 일어나고, 도시가 물에 잠기고, 먼지층이 일어나 태양 빛을 가리고, 불바다가 되어 수많은 사람이 죽게 된다. 하지만 혜성들과 행성, 유성들이 단 하나도 충돌사고가 나지 않게 하나님이 우주에서 교통 컨트롤을 하신다.

매해 우리나라 교통사고 사망자가 평균 2천 5백 명이 넘는다. 이 작은 나라에서 그렇게나 많은 사람들이 교통사고로 죽는데, 그 몇억 배나 사고율이 높아야 할 우주에서는 그런 일이 제로이니 하나님의 능력이 얼마나 크신가? 그런 일이 일어나지 않도록 하나님이 지켜주고 계신 것이다.

> 너는 알지 못하였느냐 듣지 못하였느냐 영원하신 하나님 여호와, 땅 끝까지 창조하신 이는 피곤하지 않으시며 곤비하지 않으시며 명철이 한이 없으시며 피곤한 자에게는 능력을 주시며 무능한 자에게는 힘을 더하시나니 사 40:28-29

하나님은 엄청난 능력을 갖추고 계실 뿐 아니라 그 능력을 하나님의 자녀들에게 얼마든지 공급해주기를 원하신다. 출애굽기에서 애굽을 탈출한 이스라엘 백성들을 위해 하나님이 홍해를 가르신 사건도 인간의 눈으로 보면 엄청난 기적이지만, 하나님의 무한한 능력을 감안해보면 아무것도 아니다. 바로 그 하나님의 능력이 우리 안에서 역사하신다. 그래서 피곤한 우리를 쉬게 하시는 데 그치지 않고, 피곤을 넘어서는 새로운 능력을 부어주신다.

우리는 믿음이 작아서 하나님을 너무 작게 만들었다. 믿음은 하나님을 하나님 사이즈로 보게 하는 능력이다. 우리의 믿음이 퇴색되어서 그렇지, 하나님은 불변하시다. 말씀을 통해, 기도를 통해, 찬양을 통해 하나님의 능력을 묵상하라. 우리는 더 큰 능력을 구하지만, 하나님의 능력은 이미 우리에게 주어져 있다. 능력의 수도관을 믿음이라는 수도꼭지를 통해 열기만 하면 된다.

아주 오래전 한 기독교 선교 단체가 인도에 진출했는데, 한 지역을 선교 전략적 요충지로 지목하고 10년 넘게 많은 인력과 재정을 집중하여 투자했다. 하지만 너무 비참할 정도로 열매가 없었다. 그래서 결국 이사회에서 선교 기지의 문을 닫으려는 결심을 하게 되었다.

그런데 원로 선교사님 한 분이 마지막 결정을 앞두고 밖으로 나와 밤하늘의 별들을 보게 되었다. 그때 밤하늘의 별들을 누가 지으셨느냐는 이사야서 40장 말씀이 생각이 났다. 그래서 그는 '그래! 하나님을 의지하고 한 번만 더 해보자'라는 결심으로 이사회를 설득하여 그 지역에 다시 선교사를 보냈다. 결국 인도 사역 사상 초유의 부흥의 도화선이 되어, 그 곳에 만 5천 명이 모이는 인도의 가장 큰 교회가 생겨나게 되었다고 한다.

2. 하나님을 무조건 신뢰하라

소년이라도 피곤하며 곤비하며 장정이라도 넘어지며 쓰러지되 오직 여호와를 앙망하는 자는 새 힘을 얻으리니 독수리가 날개치며 올라감 같을 것이요 달음박질하여도 곤비하지 아니하겠고 걸어가도 피곤하지 아니하리로다 사 40:30-31

소년과 장정(아이들과 청년들)은 힘과 강건함의 대명사다. 그런데 이들도 언젠가는 지쳐서 비틀거리다가 넘어진다. 오늘 힘을 자랑하던 자들이라도 내일 갑자기 무능력과 절망에 빠질 수 있다. 그러나 하나님의 능력을 의지하는 자들은 지치지 않고 앞으로 나아갈 수 있는 새 힘을 공급받는다. 독수리가 날개를 치며 솟아오르듯 올라가는 능력은 중력을 이기는 초자연적인 능력이다.

인생은 달음박질처럼 힘을 내어 한꺼번에 승부를 봐야 하는 단기전이 있고, 걸어가는 것처럼 꾸준히 느릿느릿 오랜 시간 버텨내야 하는 장기전이 있다. 둘 다 사람을 탈진시킨다. 그러나 하나님께서 힘을 주시는 사람은 단기전에서도, 장기전에서도 잘 버텨내며 승리한다. 그 비결은 주님을 무조건적으로 신뢰하는 것이다.

"오직 여호와를 앙망하는 자"(those who hope in the Lord)에서 앙망한다는 것은 소망을 가진다는 뜻이다. 다른 영어성경(KJV) 번역에서는 "wait upon the Lord"(하나님을 기다린다)로 나와 있다. 하나님이 반드시 개입해주실 것이라는 소망을 가진 사람은 기다릴 수 있다. 그것이 신뢰다. 하나님의 움직임을 기다리며, 아무리 힘들어도 백기를 들지 않고 버티는 것이다.

힘들고 답답한 상황이 너무 오래 지속되면 우리는 지치고 맥이 빠져서 하나님의 선하심을 의심하게 된다. 이때는 아무리 신앙심이 깊고 성실한 사람도 용기를 잃고 의욕을 상실하기 쉽다. 그러나 기도하기 힘들 때가 가장 기도가 필요할 때이고, 말씀 보기 힘들 때가 가장 말씀이 필요할 때다. 하나님을 강렬하게 체험해야 힘든 현실을 이겨낼 수 있는 저력이 나온다.

일이 안 풀릴 때 우리는 거의 발작적으로 더 바쁘게 이것저것 다 시도해본다. 그러나 수영 못하는 사람이 허우적거리면 허우적거릴수록 더 물에 빠진다. 자동차는 기름을 넣을 때 시동을 끄고 움직이지 않는다. 아무것도 하지 않지만, 실은 더 멀리 갈 수 있는 에너지를 채우는 것이다. 마찬가지로 하나님을 기다린다는 것은, 나의 몸부림을 멈추고 하나님을 바라보며 숨을 고르는 것이다. 신비하게도 우리가 하나님을 바라보며 멈출 때, 우리의 피로를 넘어설 힘이 다운로드된다.

다윗의 시편을 보면 "셀라"(selah)라는 히브리어가 자주 나온다. 이는 음악적인 쉼표를 의미하는 단어다. 다윗의 시편의 전체적인 어조를 살펴보면 "셀라" 이후의 다윗은 이전과는 완전히 다른, 성숙하고 수준 높은 믿음을 보여준다. 처음에는 거친 숨을 몰아쉬며 자신의 고통과 분노와 억울함을 호소하던 다윗이, "셀라"를 반복해 가면서 점점 평온을 되찾아 간다. 그리고 궁극적으로 하나님께 영광을 돌리며 평안하고 담대한 심령으로 새로운 미래를 꿈꾸기 시작한다.

이는 다윗이 셀라의 시간 동안 하나님의 임재 안에 안식하면서 내면세계를 정돈했음을 뜻한다. 다윗도 우리처럼 실수와 실패가 많았던 사람이지만, 지쳐서 넘어질 때마다 셀라의 안식 속으로 들어가 하나님의 쉼표의 은혜를 누렸다. 그래서 다윗은 어떤 시련 속에서도 계속해서 오뚝이처럼 일어날 수 있었다. 우리도 충만한 은혜를 받는 셀라의 시간을 지속적으로 가져야 한다.

3. 긍정적인 믿음의 사람들과 교제하라

보통 힘들 때 우리는 함께 신세타령할 사람들을 찾는다. 우리의 처지를 동정해주고, 더 나아가 함께 상황을 탓하고, 남에게 책임을 전가하고, 불평하고, 부정적인 이야기를 해줄 사람들을 찾아가기 쉽다. 그러나 이것이 당장의 스트레스 해소에는 도움이 될지 몰라도, 상황을 반전시키는 데는 별 도움이 되지 않는다.

나도 좀 내성적인 성격인 편인데, 그래서인지 하나님께서 주위에 아주 긍정적이고 적극적인 믿음의 사람들(아내를 비롯해서 스승, 친구, 동역자들)을 많이 붙여주신 것 같다. 그들은 내가 힘들어한다고 해서 결코 현실을 원망하고 뒤로 물러서게 나를 내버려두지 않았다. 그들의 격려와 도전, 사랑에 가득 찬 지혜로운 조언과 꾸짖음이 나로 하여금 피곤을 이기고 비상할 수 있게 해주었다.

겨울이 되면 기러기 떼는 V자 대형을 유지하며 남쪽으로 날아간다. 그들이 그런 대열로 날아가는 것은 앞서 나는 새들이 날개를 저으면 뒤따라오는 새들을 위한 상승 기류가 만들어지기 때문이다. 그래서 전체 기러기 떼는 혼자 날아가는 것보다 71퍼센트 더 멀리 날 수 있게 된다. V자 대형으로 날면 길을 잃지 않고 힘도 아낄 수 있다. 그러니 기러기 떼에게 V자는 그야말로 승리(Victory)의

사인이다. 우리 믿음의 형제들이 모인 교회 공동체는 바로 이 험한 세상 길을 함께 날아가는 동지들이다. 그러니 우리는 꼭 교회 공동체에 속해 있어야 한다.

4. 균형 잡힌 생활 습관을 가지라

육체가 피곤하면 마음도 피곤하게 마련이다. 따라서 우리 육체도 잘 관리해야 하는데, 그러기 위해서는 먼저 영양가 있고 깨끗한 음식을 잘 먹어야 한다. "음식으로 치료할 수 없는 병은 약으로도 치료할 수 없다"라는 말이 있다. 영양가 있는 음식을 골고루 섭취하는 것이 건강한 육체를 만드는 데 얼마나 중요한지 모른다. 채소와 생선을 많이 먹고, 과식, 폭식, 결식, 야식은 모두 멀리해야 한다. 우리의 몸은 주님이 거하시는 성전이라고 했으니, 우리는 깨끗한 음식을 섭취해야 한다.

또한 자기 형편에 맞게 정기적으로 운동을 해야 한다. 매일 팔굽혀펴기, 플랭크, 스쿼트같은 기본적인 운동을 하고, 헬스, 수영, 계단 오르내리기, 등산, 테니스, 배드민턴 등 무엇이든 종목을 정해서 운동하라. 햇빛을 받으면서 좋은 사람들과 하루에 30분씩, 혹은 만 보씩 걸어보는 습관을 가지는 것도 좋다. 일찍 잠자리에 들고 일찍 일어나는 습관 또한 필요하다. 하루에 6시간 이상 숙면을 취해야 몸이 건강해진다고 한다. 자기 체력을 과대평가하지 말고, 체력의 70에서 80퍼센트만 쓰면서 생활 습관의 균형을 잡으라.

5. 하나님의 큰 그림을 믿으라

50여 년 전, 미국 텍사스주에 대럴이라는 이름의 한 흑인 남자아이가 태어났다. 대럴은 부모에 의해 남의 집 문 앞에 버려졌다. 그러나 다행히도 하나님을 잘 믿는 어느 할머니 손에 길러져서 7살 때까지 성경 말씀을 배우며 자랐다. 그런데 7살 때 할머니가 병으로 돌아가시게 되면서 그에게 성경책 하나를 남겨주었다. 그때부터 어린 소년은 이 집 저 집 위탁부모(foster parents)의 집들을 전전하며 자랐다. 가게의 불빛 앞에 쭈그리고 앉아 공부하기도 하고, 다리 밑에서 숙제를 하기도 했다. 점심도 자주 굶었다.

그때마다 그는 하나님께 울면서 부르짖었다. "하나님, 나도 가족들과 함께 끼니를 굶지 않고 밥을 먹고 싶고, 한 번이라도 포근한 침대에서 자고 싶습니다. 12살짜리 애한테 그게 지나친 욕심입니까?" 그때 하나님의 대답은 간단했다. "나를 믿어라. 내가 네 인생 전체를 주관하고 있다." 밑도 끝도 없는 대답이었지만, 어린 소년은 하나님을 믿고 견디기로 했다.

그렇게 그는 기적적으로 신학교를 마치고 목사가 되어 남침례교의 떠오르는 별 같은 설교자가 되었다. 그의 설교가 TV를 통해 전국으로 방영된 어느 날, 뉴욕의 한 노인으로부터 전화가 왔다. 그는 자신을 버린 아버지였다. 아버지는 노인 요양병원에서 반신불수가 되어 휠체어에 앉아 있었다. 술과 마약과 폭력으로 찌든 젊은 세월을 보낸 결과였다.

거기서 그는 자신의 배다른 형제들도 만나게 됐다. 다들 슬럼가에서 술, 마약 등의 범죄로 몇 번씩 감옥을 갔다 온 처참한 인생을 살고 있었다. 아버지 어머니가 남의 집 앞에 버린 이 소년만 정상적으로 자라 하나님을 믿고, 좋은 목회자가 되었던 것이다. 그때 비로소 이 흑인 목사는 하나님께 감사했다고 한다.

"하나님, 정말 감사합니다. 자라면서 저는 하나님을 많이 원망하기도 했는데, 정말 당신이 제 인생을 주관하고 계셨군요. 제가 믿음 좋은 할머니 집 앞에 버려져 그 분의 손에 7살까지 큰 것이 은혜였군요."

그렇다. 지금 끝이 안 보이는 고난으로 힘이 드는가? 그러나 인간적인 눈으로 보면 이해할 수 없는 고난도 그 안에 하나님의 알지 못하는 축복의 섭리가 담겨 있음을 믿으라. 하나님의 큰 그림을 믿으라. 그리고 용기를 내서 다시 한번 시작해보자. 피곤한 자에게 주시는 하나님의 비상의 능력, 그것이 기도하는 우리에게 주시는 선물이다.

chapter 02

상처가 사라질 때까지 기도하라

창 50:15-21

PTSD(외상후 스트레스 장애)라는 말을 한 번쯤 들어봤을 것이다. 이는 전쟁, 테러, 교통사고 같은 큰 사고를 겪은 후 생긴 트라우마가 오래도록 사람을 괴롭히는 증상이다. 과거에 일어난 일이지만, 마음속에서 그 일이 반복적으로 떠오르며 고통을 느낀다. 심한 경우 우울증, 불안장애, 공황장애를 겪기도 한다. 이처럼 극단적이지 않더라도, 우리는 살면서 크고 작은 상처를 받는데, 그것을 잘 해결하지 못하면 마음속에 깊은 트라우마가 되어 계속 우리를 괴롭힌다.

요셉이 받았던 상처

같은 상처라도 어른이 되어서 받는 것과 어린 시절에 받는 것은 그 강도가 다르다. 특히 마음의 상처는 육체적 고통보다 훨씬 고통스럽고 오래간다. 감수성이 예민한 10대에 받는 상처가 평생 갈 수도 있다. 더욱이 믿었던 사람에게 배신당하면 인생이 송두리째 흔들릴 정도로 무서운 상처가 된다. 요셉은 바로 그 상처를 10대 시절에 받았다.

요셉은 아버지의 사랑을 받던 귀한 아들이었는데, 그를 시기하던 형들로 인해 하루아침에 머나먼 애굽에 노예로 팔려가게 되었다. 애굽은 요셉의 고향으로부터 약 500킬로미터 이상 떨어진 아주 먼 곳으로, 지름길로 빨리 가더라도 한 달 이상 걸리고, 그 길은 뜨거운 태양이 내리쬐는 광야 사막길이었다. 게다가 노예를 낙타에 태우거나 마차에 싣고 갔을 리가 없다. 아마 밧줄에 묶여 최소한의 물과 음식만 먹으며 끌려갔을 것이다. 귀한 아들로 태어나 한 번도 받아본 적 없는 대우를 받았으니 10대인 요셉이 얼마나 힘들었겠는가.

노예에게는 미래가 없다. 평생 노동에 시달리다가 죽는 것이 노예의 운명이다. 요셉도 앞으로 자신이 어떤 운명에 처해질지 알았을 것이다. 그러니 끌려가는 내내 자신과 피를 나눈 형들이 어떻게 자신에게 이런 짓을 할 수 있는지 배신감의 충격에서 벗어날 수 없었을 것이다. '왜 이런 일이 나에게 생겼을까?' 수없이 되뇌었을 것이다. 요셉이 알렉상드르 뒤마의 소설에 나오는 몬테크리스토 백작과 같았다면 이를 악물고 복수를 결심했을 것이다. 그러나 요셉은 복수를 다짐하지 않고 모든 상황 속에서 자신의 운명을 하나님께 맡겼다.

우리도 상처를 받는 그 순간에는 너무 많은 생각이 들어 그 상황을 이해할 수 없다. 그러나 조급하게 답을 찾으려 하지 않고 하나님께 자신을 맡긴 채 인내하면, 하나님의 때에 모든 것이 풀어질 것이다. 하나님의 때에 반드시 회복될 것이다.

상처를 준 가해자들도 트라우마 속에 산다

요셉의 형들이라고 평안하게 살지만은 않았다. 그들은 동생 요셉을 노예로 팔아넘기고 아버지에게는 요셉이 맹수에게 잡아먹혔다고 거짓말했다. 절규하는 아버지의 모습을 보며 그들의 마음이 얼마나 괴로웠을까. 아버지의 얼굴을 제대로 쳐다보기 어려웠을 것이다. 게다가 노예로 팔아버린 동생 요셉이 죽었는지 살았는지를 모르니, 마음이 늘 힘들었을 것이다. 그렇게 시간이 흐르는 동안 형들은 정말 무거운 돌덩이를 가슴에 안고 살았을 것이다. 죄는 세월이 간다고 잊히는 것이 아니다. 죄는 계속 살아서 우리의 양심을 압박한다.

그런데 놀랍게도 가나안 땅에 흉년이 들어 형들이 애굽에 곡식을 구하러 왔다가 총리가 된 요셉과 기적적인 상봉을 하게 된다. 요셉은 형들을 끌어안고 울면서 그들을 용서한다고 말했다. 그리고 요셉의 초대로 아버지 야곱도 애굽으로 오게 되어 모두가 행복하게 살게 되었다. 그 후 17년의 세월이 흘러 아버지 야곱이 세상을 떠나자 형들은 다시 불안해지기 시작했다. 그래서 이렇게 말했다.

요셉에게 말을 전하여 이르되 당신의 아버지가 돌아가시기 전에 명령하여 이르시기를 너희는 이같이 요셉에게 이르라 네 형들이 네게 악을 행하였을지라도 이제 바라건대 그들의 허물과 죄를 용서하라 하셨나니 당신 아버지의 하나님의 종들인 우리 죄를 이제 용서하소서 하매 요셉이 그들이 그에게 하는 말을 들을 때에 울었더라 창 50:16-17

야곱이 죽기 전에 요셉과 가장 많은 대화를 나누었는데, 상식적으로 이런 유언을 할 것이었으면 요셉에게 직접 하지 않았겠는가. 요셉은 그 말을 듣고, 이미 용서했는데 아직도 두려워하는 형들의 모습이 안타까워서 울었다. 이렇듯 상처를 준 가해자들도 트라우마에 눌려서 산다.

요셉은 어떻게 상처를 극복할 수 있었을까?

우리가 어떤 큰일을 하는 것보다 더 중요한 것은 얼마나 사랑하고 용서할 수 있느냐는 것이다. 창세기 45장을 보면 애굽 총리가 된 요셉이 20년 만에 만난 형들을 용서하는 장면이 나온다. 요셉은 형들에게 얼마든지 복수할 힘이 있었지만, 그 힘을 쓰지 않고 용서했다. 단순한 용서에 그치지 않고 아버지 야곱과 형들, 즉 모든 가족을 애굽으로 초대하여 그들이 살 곳과 일할 곳을 마련해 풍족하게 지낼 수 있도록 해주었다.

어떻게 이런 일이 가능할까? 상처를 극복했기에 가능하다. 가해자들을 용서했다는 것은 상처를 극복했다는 것이기 때문이다. 요셉은 어떻게 형들에게서 받은 그 무서운 상처를 극복하고 그들을 용서할 수 있었을까?

1. 고난의 시간 동안 하나님과 동행함

여호와께서 요셉과 함께하시므로 그가 형통한 자가 되어… 창 39:2

하나님께서 요셉과 함께하셨다는 것이 정말 중요하다. 요셉은 어린 나이에 애굽에 노예로 팔려가 그곳에서 가족과 헤어져 외롭게 지냈다. 하지만 요셉의 곁에는 언제나 하나님이 계셨다. 하나님께서 요셉을 보호하시고 인도하시며 축복하셨다. 하나님께서 함께하는 사람은 어디에 있든지 빛이 나고, 당해낼 자가 없다. 그렇기 때문에 요셉은 고난 가운데 있었지만 형통한 자로 살 수 있었다. 형통하다는 것은 아무 문제가 없다는 뜻이 아니라, 여러 문제가 있어도 다 극복하여 결국에는 승리한다는 뜻이다.

요셉은 노예가 되어 살아가면서도 형통의 축복을 누렸다. 하나님이 그와 함께하셨기 때문이다. 어둠 속을 지나갈지라도 하나님이 함께하신다는 확신이 있으면 힘들어도 힘들지 않다. 성경이 말하는 인내는 견디기 힘든 시간을 자신의 의지로 간신히 버티는 것이 아니라, 나와 함께하시는 하나님의 은혜로 견뎌내는 것이다. 그리고 그 시간 안에 숨겨진 승리의 약속을 믿는 것이다.

"하나님께서 요셉과 함께하셨다"라는 말을 다른 각도에서 설명하면, "요셉이 하나님과 함께했다"는 말이기도 하다. 요셉은 그 험한 일들을 겪으면서도 하나님을 한 번도 잊지 않았다. 어려운 시련을 당하면서도 시험에 들기보다 더 강한 믿음을 가졌다. 하나님을 원망하지 않고 오히려 하나님의 손을 더 꽉 붙잡았다. 그리고 쉬지 않고 기도하며 하나님을 예배했을 것이다.

우리도 그렇게 해야 한다. 고난의 시간을 지날수록 쉬지 않고 기도하고, 말씀을 읽고, 예배의 자리로 나아가야 한다. 하나님을 가까이하면 하나님께서 우리를 가까이하실 것이다. 믿음의 사람은 어려운 때일수록 하나님과 더 자주, 더 깊이 교제한다.

상처는 시간이 지난다고 저절로 없어지는 것이 아니라, 하나님과 동행할 때 하나님이 흘려보내주시는 성령의 생수로 인해 조금씩 치유되는 것이다. 하나님과 동행한 요셉이 노예생활에서 금방 해방되지는 않았다. 하지만 그 가운데서 하나님의 은혜를 누릴 수 있었다. 하나님과 동행하면 고난 자체가 없어지지는 않아도 그 고난 가운데서 하나님이 주시는 신비한 은혜를 누리게 된다.

하나님과 동행했던 요셉에게는 십자가 보혈의 은혜가 항상 흘러 들어와서 그의 마음을 치유했다. 십자가 보혈의 은혜에는 과거의 모든 치욕과 고난과 실패를 깨끗이 씻어주는 능력이 있다. 그러므로 과거의 아픔으로부터 자유로워지려면 십자가 은혜 안에 거해야 한다. 모든 괴로움과 아픈 트라우마의 기억들을 날마다 십자가 앞에 가지고 가서 씻김을 받아야 한다.

십자가의 은혜를 제대로 깨달은 사람은 이웃이 저지른 그 어떤 죄도 용서할 수 있다. 착해서가 아니라 하나님의 은혜의 힘으로 하는 것이다. 요셉은 상처를 많이 받았지만, 자신에게 상처를 준 사람들을 은혜의 힘으로 용서하는 사람이 되었다. 우리도 우리에게 상처 준 자들을 은혜의 힘으로 용서할 때 상처를 극복하게 될 것이다. 그리고 하나님은 그런 우리를 상처 준 자들과는 비교도 할 수 없는 위대한 인생을 살도록 이끄실 것이다.

2. 하나님이 영광을 회복시켜주심

가장 어리석은 복수는 나에게 상처 준 자들을 파멸시키는 것을 인생의 최종 목표로 삼는 것이다. 그런 복수는 상대뿐 아니라 나 자신도 함께 망가뜨린다. 최고의 복수는 나에게 상처를 준 가해자들이 도저히 넘보지 못할 축복의 자리로 올라가는 것이다. 상처의 회복은 하나님께서 부어주시는 축복을 통해서 이루어진다.

창세기 41장을 보면, 바로가 요셉을 총리로 임명하는 장면이 나온다. 바로는 요셉의 손에 자신의 인장 반지를 끼우고, 세마포 옷을 입히고, 금 사슬을 목에 걸어주고, 버금 수레에 태움으로써 그에게 절대권력과 명예를 부여했다. 그리고 바로의 명령에 따라 애굽의 모든 무리가 요셉에게 엎드렸다. 방금 전까지만 해도 요셉보다 높았던 사람들이 이제는 바로를 제외하고 모두 요셉보다 낮아지게 되었다. 심지어 요셉을 노예로 부렸던 친위대장 보디발도 요셉에게 엎드리는 자가 되었다.

하나님은 하나님의 때에 우리가 받은 상처와 수치와 아픔을 모두 이기고도 남을 만큼 우리를 높여주신다. 그 하나님의 회복이 오늘 우리의 삶에도 일어나기를 간절히 소망하며, 과거의 수치와 상처가 담긴 우리의 옷, 실패와 낙망과 슬픔이 담긴 우리의 옷을 벗기시고, 기쁨과 소망의 새 옷으로 입혀주시길 기도한다.

3. 가정의 축복을 통해 치유하심

하나님께서는 가정의 축복을 통해 우리의 상처를 치유하신다. 요셉이 총리가 되어 7년간 풍년이 이어지던 중 두 아들이 태어났다. 요셉은 두 아들에게 의미 있는 이름을 지어주었다.

> 요셉이 그의 장남의 이름을 므낫세라 하였으니 하나님이 내게 내 모든 고난과 내 아버지의 온 집 일을 잊어버리게 하셨다 함이요 차남의 이름을 에브라임이라 하였으니 하나님이 나를 내가 수고한 땅에서 번성하게 하셨다 함이었더라 창 41:51–52

지금 요셉의 위치는 모두가 부러워할 만한 애굽의 총리 자리지만, 이 자리에 오기까지 요셉이 겪었던 고난은 정말 처절했다. 형들에게 배신당해 상인들에게 팔려서 노예생활을 하고, 억울하게 누명을 쓰고 감옥에 가서 고통스러운 청춘을 보냈다. 그런데 이제는 하나님께서 주신 축복이 너무 풍성하여 과거의 고난을 덮고, 새로운 삶을 살게 되었다. 상처는 치유되기 위해 애쓴다고 치유되는 것이 아니라, 상처보다 더 큰 은혜가 밀려올 때 자연스럽게 치유되는 것이다.

누구에게나 아픔과 상처의 기억이 있을 것이다. 어떤 사람은 평생 거기에 매여 원망과 미움, 탄식에 빠져서 살아가기도 한다. 물론 과거의 상처가 쉽게 치유되지는 않는다. 그러나 하나님께서 우리의 미래에 예비하신 회복과 축복은 우리를 괴롭히는 그 어떤 상처와 아픔보다 크다. 바꿀 수 없는 과거에 자신의 현재를 묶어두지 말고, 하나님을 신뢰하며 새로운 내일을 개척하겠다고 결심하라. 그러면 하나님께서 우리뿐만 아니라 우리 자손의 인생도 축복으로 바꾸실 것이다. 훗날 요셉의 두 아들 므낫세와 에브라임은 이스라엘의 열두 지파 중 두 지파가 된다. 이들은 모두 번성하는 지파가 되었고, 특히 에브라임은 여호수아라는 위대한 지도자를 배출하는 지파가 되었다.

미국 어느 목사님의 "하나님은 당신의 상처가 변하여 별이 되게 하실 것이다"(God will turn your scars to stars)라는 설교를 들은 적이 있다. 요셉이 그랬다. 많은 부모들이 자신의 자녀가 요셉처럼 되기를 기도하지만, 그것은 요셉이 총리가 된 모습만 기억하기 때문일지도 모른다. 요셉은 어린 나이에 형들에게 배신당하고, 사랑하는 아버지와 생이별하고, 타국에 노예로 끌려가는 엄청난 고통과 아픔을 경험했다. 죽을 고비를 수없이 넘겨야만 했다.

하지만 요셉은 그 상처에 함몰되지 않고 하나님의 능력으로 일어나서 애굽 왕궁에 하나님의 살아 계심을 삶으로 보여주었다. 그는 날마다 하나님과 동행했기에 십자가의 은혜로 충만했고, 그 은혜의 힘으로 상처가 변하여 별이 될 수 있었다. 우리와 우리의 자녀도 고난을 피할 수 없지만, 고난을 은혜의 힘으로 이겨내는 인생을 살아야 한다. 그렇게 해야만 요셉의 자손 므낫세와 에브라임처럼 우리의 다음 세대가 우리보다 더 큰 축복의 인생을 살아가게 될 것이다.

상처가 사라질 때까지 기도한 새벽기도의 힘

우리 교회는 10년간 매해 첫 40일을 전교인 특별새벽기도의 불로 깨워왔다. 10년 동안 하루도 안 빠지고 매년 40일을 완주한 성도들이 백 명이 넘었는데 그중 한 분의 간증이 나를 울렸다.

"둘째를 출산하고 아이 둘을 키우면서 치열한 직장생활까지 견뎌내는 것이 너무 버거워서 하나님에 대한 원망이 조금씩 쌓여가던 무렵이었는데, 2015년 12월 셋째 주 주일예배 때 40일 신년 특별새벽기도를 시작한다는 광고를 듣고 '한번 가보자'라는 생각이 들었습니다.

당시 저는 경쟁이 치열한 외국계 기업에서 근무하고 있었기 때문에 매일 밤 10시가 넘어서 퇴근하는 삶을 살고 있었습니다. 그래서 새벽에 일찍 일어난다는 것은 상상조차 해보지 않은 일이었지만, 무작정 해보기로 결심했습니다. 그렇게 2016년 1월 2일 새벽, 저의 10년 '특새 여정'이 시작되었습니다.

첫해에 들었던 한홍 목사님의 설교는 부흥회처럼 강력했습니다. 그래서 설교를 들으면서도 꿀 같은 말씀을 놓치지 않기 위해 한 문장도 놓치지 않고 QT 책에 빼곡히 적었습니다. 그렇게 하루이틀 지나면서 아침에 일찍 일어나는 것이 가장 힘들었던 제가 어느덧 첫 번째 특새를 완주하게 되었습니다.

첫 번째 특새를 통해 기도의 중요성을 배우게 되었습니다. 그리스도인에게 기도는 옵션이 아니라 의무이며, 삶 그 자체라는 것을 깨닫게 되었습니다. 기도를 계속할 수 있기 위해 기도해야만 한다는 중요한 사실도 알게 되었습니다. 그 후부터 저에게 신년 특새는 묻지도 따지지도 않고 무조건 완주하는 것이 당연해졌고, 한 해를 버틸 수 있는 영적 근육을 키워주는 시간이 되었습니다.

지난 10년을 돌아보면 제 인생에도 많은 폭풍우가 몰아쳤습니다. 직장에서 뜻하지 않게 좌천되기도 했고, 건강하시던 아빠가 뇌경색으로 쓰러지셔서 반신불수로 언어를 상실한 채 병상에 누워 지내게 되셨고, 3년 전에는 사랑하는 어린 아들이 음주운전으로 인한 사고로 하늘나라에 갔고, 2년 전에는 외국인 상사의 부당한 폭언으로 우울증까지 겪었습니다.

이처럼 하나님은 지난 10년간 제 인생에 이해할 수 없는 고난을 허락하셨는데, 하나님은 그 가운데서도 하나님의 손을 붙잡고 기도하며 공동체와 함께 견디는 방법을 알려주셨습니다. 특새를 드린 날 중에는 피곤에 지쳐 설교에 집중하지 못하고 졸기만 한 날도 있었고, 사랑하는 아들을 하늘나라에 보낸 후에는 말도 나오지 않아 그냥 앉아만 있다가 돌아가기도 했습니다. 하지만 상황과 관계없이 기도의 자리를 끝까지 지켰던 시간들이 저의 영적인 맷집을 더욱 강하게 만들었습니다. 인생에서 그 어떤 폭풍우를 만나도 주님은 선하신 분이라는 것을 깊이 깨달게 되었습니다.

무엇보다 제가 10년 동안 특새를 완주할 수 있었던 이유는 공동체의 힘입니다. 다 함께 세 겹줄처럼 연결되어 서로 격려하고 이끌어준 영적 대열 속에 제가 있었기 때문입니다. 저는 저 자신을 믿지 못했지만 공동체를 믿었고, 그 믿음은 틀리지 않았습니다.

지난 10년간 받았던 특새 완주 선물은 제 인생에서 가장 소중한 전리품이 되었습니다. 저는 그 전리품을 제 딸에게 길갈의 열두 돌처럼 보여주며, 그 어떤 고난과 역경이 와도 공동체와 함께 기도하는 시간을 통해 주님이 제 인생을 인도해오셨고, 앞으로도 그리하실 것을 선포할 것입니다."

이 집사님의 9살 아들이 음주 운전자의 차에 치여 하늘나라로 간 그날을 나는 지금도 생생하게 기억한다. 그 아이가 태어나 유아세례를 받을 때, 내가 "한국 교회 전설의 설교자와 이름이 같으니, 이 아이도 커서 훌륭한 목사가 되면 좋겠네요"라고 덕담까지 했다. 아이는 어려서부터 주일학교에서 예배를 잘 드렸고, 친구들과 주위 사람들을 잘 돌보는 쾌활하고 따뜻한 성품의 아이였다. 그런 아이를 하루아침에 잃었으니 부모의 슬픔이 오죽했을까.

그러나 집사님은 정말 기도의 힘으로, 교회 공동체의 사랑 안에서 그 힘든 시간을 이겨냈다. 아무리 힘들어도 새벽기도의 자리에 빠지지 않았다. 상처가 사라지기까지 기도한다는 것이 어떤 것인지 나는 집사님을 통해 다시 배웠다.

4. 하나님의 크신 섭리를 이해함

> 요셉이 그들에게 이르되 두려워하지 마소서 내가 하나님을 대신하리이까 창 50:19

요셉은 분명히 형들의 악행으로 피해를 받은 자였지만, 자신이 형들을 심판하는 자리에 서지 않겠다고 말한다. 사람을 판단하는 일은 오직 하나님만이 하시는 일인데, 자신이 어떻게 하나님을 대신하겠냐는 말이다. 그런데 우리는 요셉보다 훨씬 약한 상처를 받아도, 요셉보다 훨씬 약한 힘을 가져도, 반드시 옳고 그름을 따지고 복수의 칼을 휘두르려고 한다. 그러나 심판은 하나님의 소관임을 명심해야 한다.

> 당신들은 나를 해하려 하였으나 하나님은 그것을 선으로 바꾸사 오늘과 같이 많은 백성의 생명을 구원하게 하시려 하셨나니 창 50:20

요셉은 인생을 바라보는 시각이 형들과는 차원이 달랐다. 형들이 자신을 해하려 한 것은 분명한 사실이지만, 하나님은 그 사건을 통해 하나님의 놀라운 뜻을 이루셨다. 요셉을 애굽으로 보내서 총리가 되게 하심으로써 애굽과 주변의 많은 나라 백성들을 기근에서 살려내는 축복의 도구가 되게 하셨다. 그러므로 요셉은 개인적인 감정을 앞세워서 형들에게 복수하지 않고 하나님의 놀라운 역사를 찬양할 뿐이었다.

우리도 요셉처럼 인생을 바라보아야 한다. 많은 사람들이 "왜 착한 사람들에게 나쁜 일이 일어나는가?", "왜 악한 사람들은 벌을 받지 않고 잘 사는가?", "왜 하나님은 그런 일을 막지 않으셨는가?"라는 질문을 한다. 이 질문들에 대한 해답을 찾지 못해 시험에 들고 믿음을 저버린 사람들도 많다. 그런데 요셉은 그 문제를 새로운 각도, 하나님의 시각에서 재조명할 수 있도록 도와준다.

"당신들은 나를 해하려 하였으나"를 영어성경(NIV)에서는 "You

intended to harm me"(당신들은 의도적으로 나를 해치려고 했으나)라고 번역했다. 형들은 충동적으로 요셉을 괴롭힌 것이 아니라, 치밀한 계획을 세워서 괴롭히고 상처를 주었다. 어린 동생을 죽이려다 노예로 팔아버린 형들의 죄는 명백하다. 37년이라는 세월이 지났어도 요셉은 자신을 노예로 팔아버렸던 형들의 악행과 그 눈동자를 생생히 기억하고 있었을 것이다. 그런 일을 겪고도 괜찮다고 한다면 그것은 거짓말이다. 회복은 과거의 상처를 부인하는 것이 아니다. 상처를 인정하되 은혜의 힘으로 그 상처를 극복하는 것이다. 병을 부인하면 병을 이길 수 없다. 병을 인정하고 의사 앞에 나가야 치유받을 수 있다. 영혼의 상처도 하나님과 사람 앞에 인정하고 나아갈 때 성령께서 치유하실 수 있다.

요셉은 과거에 형들이 저지른 죄를 정확하게 기억하고 있었고, 그것이 악한 일임을 분명히 형들에게 말해주었다. 그리고 죄를 지적하는 것에서 멈추지 않고 "당신들은 나를 해하려 하였으나 하나님은 그것을 선으로 바꾸사"라고 말했다. 이것이 바로 요셉의 위대한 점이다. 단순히 죄를 지적하는 것에서 멈췄다면 형들이 가진 공포와 불안은 끝나지 않고 지속되었을 것이다.

동서양의 의학계에서는 오래전부터 독을 약으로 바꿔 쓰는 연구가 활발히 진행되었다. 예를 들어 살모넬라균은 식중독을 일으키는 박테리아인데, 이것을 이용해서 암세포를 죽이는 기술이 개발되고 있다. 사람을 죽이는 독이 뛰어난 의사의 손에서 사람을 살리는 약으로 바뀌듯이, 인간들의 악한 행동도 전능하신 하나님의 손에서 하나님의 선한 뜻을 이루는 데 쓰일 수 있다.

하나님께서는 악을 부추기는 분도, 만드시는 분도 아니다. 어떤 악에도 놀라지 않으시며, 그 악을 선으로 바꾸실 수 있는 분이다. 우리 인생에서 우리가 당한 억울한 일, 우리가 받은 상처는 좋은 그림에 튄 검은 물감과도 같다. 하지만 뛰어난 화가이신 하나님께서는 그 검은 물감을 사용하셔서 여전히 걸작을 그리신다. 그것이 하나님의 섭리이다. 인간의 한정된 생각으로는 어떻게 그런 일이 가능한지 이해할 수 없다. 하지만 그저 믿음으로 잠잠히 받아들이면 된다. 악은 저절로 선으로 바뀌는 것이 아니라 하나님이 만지시기 때문에 선으로 바뀌는 것이다. 이것은 역사를 주관하시는 하나님의 측량할 수 없는 지혜의 일부분이다.

모든 것이 합력하여 선을 이룬다

벽시계를 보면 열두 개의 숫자와 두 개의 시곗바늘만 보인다. 우리는 앞면만 보고 시간을 알 수 있다. 그런데 시계 뒷면을 들여다보면 수십에서 수백 개의 부품들이 복잡하게 연결되어 있다. 우리가 보지 않는 뒷면에서 수십 수백 개의 부품이 정밀하게 작동하기 때문에 정확한 시간을 알 수 있는 것이다. 마찬가지로 우리 인생도 우리 눈에 보이지 않는 영적 세계에서 하나님이 수많은 일을 동시에 진행하시며 서로 연결하고 계신다.

고춧가루만 먹으면 맵고 힘들지만, 설탕과 어묵과 떡과 물엿과 멸치육수 같은 여러 재료를 넣어 요리하면 맛있는 떡볶이가 만들어지듯, 우리에게 행해지는 악한 일, 억울한 상처들만 보면 너무 힘들지만, 하나님께서는 그것 외에 여러 요소들을 다 섞어서 우리 인생을 가장 복된 길로 이끄신다. 서로 연관이 없어 보이는 형들의 악행, 친위대장 보디발의 총애, 바로의 꿈과 요셉의 순종, 애굽의 풍년과 기근을 하나님께서는 절묘하게 연결하셔서 놀라운 구원의 드라마를 만드셨다.

하나님의 섭리는 인간의 지혜로는 결코 이해할 수 없는 전능자의 능력으로, 모든 퍼즐 조각이 맞아떨어지는 것과 같다. 그리고 이것은 아무에게나 주어지는 축복이 아니라, 하나님과 항상 동행하는 하나님의 자녀에게 주어지는 축복이다.

> 우리가 알거니와 하나님을 사랑하는 자 곧 그의 뜻대로 부르심을 입은 자들에게는 모든 것이 합력하여 선을 이루느니라 롬 8:28

문제는 이 모든 것 중에 우리에게 일어나는 나쁜 일들, 요셉의 형들처럼 가까이에 있는 사람들이 주는 상처가 포함되어 있다는 사실이다. 내 인생이 잘 풀릴 때는 "역시 모든 것이 합력하여 선이 이루어지는구나"라고 할 수 있지만, 내가 상처받고 있을 때는 그마저 하나님의 뜻이라고 선뜻 받아들이기가 어렵다. 어지간한 믿음이 없이는 그럴 수가 없다.

요셉도 처음에는 너무 힘들었을 것이다. 자신을 노예로 판 형들과 재회한 것이 20년이 지난 후였으니 요셉에게도 하나님의 섭리를 이해하고 형들을 용서하기까지 그만한 시간과 기도가 필요했다. 그 시간 동안 하나님은 모두를 변화시키셨다. 피해자 요셉도, 가해자 형들도 변했다. 억울한 고난을 겪으면서 요셉은 예수님을 닮은 인격으로 변해갔다. 요셉을 팔아넘긴 형들은 내내 죄책감과 불안감에 시달리다가 마침내 회개하고 용서받는 과정에서 독이 빠지고 은혜로워졌다. 모두 영적으로 깊어졌고 철이 들었다. 그래서 이스라엘 열두 지파의 선조가 될 만한 그릇으로 빚어졌다. 요셉만 상처를 극복한 것이 아니라 가해자들도 변했다. 억울하게 악한 일을 당해도 하나님의 섭리를 믿고 인내하면 이런 놀라운 역사가 일어난다.

하나님의 뜻은 우리의 복수가 아니다

요셉은 큰 상처를 받았지만, 원망과 저주로 인생을 허비하지 않았다. 그는 분노의 힘으로 살지 않고 믿음의 힘으로 살았다. 큰 권력을 갖게 되었지만, 이것을 개인의 복수의 도구로 사용하지 않았다. 사실 요셉이 형들에게 복수하려고 했다면, 친위대장 보디발 집안을 총괄하는 지배인이었을 때도 가능했을 것이다. 아니면 애굽 정부의 하위 공무원 정도만 되었어도 충분히 가능했을 것이다. 그러나 요셉을 향한 하나님의 크신 뜻은 그렇게 유치하지 않았다. 하나님께서는 요셉에게 형들과는 비교가 안 되는 레벨의 축복을 주심으로써 그가 차원이 다른 인생을 살 것임을 보여주셨다.

F-22 랩터(Raptor)는 한 대에 2천억 가까운 최신형 스텔스 전투기로 수많은 최첨단 장비로 무장하고 있다. 그런데 이런 전투기를 설마 뒷산에 출몰하는 멧돼지 잡는 데 쓰겠는가. 세계에서 제일 비싼 전투기처럼 하나님은 세계 최강대국의 총리라는 귀한 복을 요셉에게 주셨다. 그런데 설마 그 힘을 사적인 복수를 하는 데 쓰라고 주셨겠는가. 소설 《몬테크리스토 백작》의 주인공의 성공 목표는 복수였다. 그러나 요셉을 향한 하나님의 뜻은 복수가 아니라, 요셉이 가해자들은 감히 따라올 수도 없는 높은 차원의 사람이 되어 수많은 사람들을 살리는 것이었다.

우리가 악인들과 같은 방법으로 보복하지 않아도 하나님은 우리에게 일어나는 악한 일을 선한 결과로 바꾸시는 분이다. 지금은 하나님이 나를 왜 병들게 하시는지, 원하던 곳에 왜 가지 못하게 하시는지, 안정된 직장에서 왜 쫓겨나게 하시는지, 믿었던 사람과 왜 헤어지게 하시는지 이해할 수 없어도 하나님의 섭리는 우리의 상식과 육감을 뛰어넘는다. 하나님의 섭리를 믿는 사람은 모든 불행한 사건도 복된 사건으로 바꾼다. 그러나 믿음이 없으면 아무리 잘해줘도 괜히 의심하고 불안해하며 산다. 하지만 믿음이 있으면 사람들이 내게 악을 행하고 상처를 줘도 의연하게 대처할 수 있다. 언젠가 이 모든 것들이 하나님의 섭리 안에서 반드시 축복의 결론으로 이어질 것을 믿기 때문이다.

믿음으로 반응하면 더 강해진다

오래전에 출시된 컴퓨터 비디오 게임 중에 적들이 미사일과 기관총으로 공격해오면 그것들을 흡수해서 힘을 키우고 적에게 역습을 가하는 게임이 있었다. 요셉의 인생이 그랬다. 사람들이 상처를 줄 때마다 그는 믿음으로 반응했다. 그렇기 때문에 오히려 더 높은 단계로 파워 업(power up) 되었다. 형들이 자신을 애굽에 노예로 팔았는데, 오히려 친위대장 보디발의 집에서 애굽 문명을 배우고, 애굽 상류 사회 인맥을 쌓게 된다. 이는 훗날 총리가 되었을 때 소중히 쓰일 자산이었다.

요셉에게 상처를 준 사람이 형들만 있는 것은 아니었다. 보디발의 아내도 요셉에게 상처를 주었다. 요셉이 섬겼던 친위대장 보디발의 아내는 요셉을 성추행범으로 모함해서 그를 감옥에 보냈다. 그러나 애굽의 상류층 정치범들이 가득한 그 감옥에서, 요셉은 바로의 최측근의 꿈을 해석하여 총리가 되었다. 총리가 된 요셉을 볼 때마다 보디발의 아내는 쥐구멍에라도 들어가고 싶었을 것이다.

그러나 요셉은 그녀에게 보복하지 않았다. 그런 여자를 상대하기에 요셉은 너무 고귀한 존재가 되어 있었기 때문이다.

마귀가 매번 다른 대리인들을 사용해서 요셉에게 악을 행할 때마다, 하나님께서는 오히려 그 사건을 사용하셔서 요셉을 더 높이셨다. 요셉을 죽이려고 던진 마귀의 화살들이 오히려 요셉을 파워 업 시켜버린다. 이런 일이 반복되니까 마귀가 얼마나 약이 올랐을까.

마귀는 우리에게 악한 일이 발생하고 그래서 우리가 상처를 받았을 때 그것이 악한 열매로 이어지길 원한다. 우리가 분노하고 원망하며, 똑같은 방법으로 맞받아치고, 하나님을 향한 믿음을 버리기를 바랄 것이다. 그러나 우리가 요셉처럼 억울하게 상처받는 가운데서도 하나님을 붙잡고 있으면, 하나님께서 우리 인생을 다시 살리실 것이다. 마귀가 악한 씨를 뿌렸어도 하나님이 선한 열매를 거두게끔 섭리하실 것이다. 자신의 의도와 반대로 우리가 복 받는 것을 보고 마귀가 오히려 탄식할 것이다.

하나님의 섭리는 나쁜 일, 좋은 일을 모두 합쳐서 궁극적으로는 축복의 큰 그림을 만들어내는 것이다. 힘들고 억울한 상처를 받을 때 하나님의 섭리를 믿고 의연히 견뎌보자. 하나님께서는 우리에게 반드시 최후 승리를 주실 것이다.

chapter 03

낙망이 사라질 때까지 기도하라

시 42:1-5

2014년 8월, 미국의 유명한 배우이자 코미디언이었던 로빈 윌리엄스가 63세의 나이로 세상을 떠났다. 사망 원인은 우울증으로 인한 극단적 선택이었다. 늘 사람 좋은 웃음을 보여 주었던 그는 〈굿 윌 헌팅〉, 〈패치 아담스〉, 〈굿모닝 베트남〉, 〈쥬만지〉 등 수많은 명작을 남겼다. 특히 〈죽은 시인의 사회〉에서 키팅 선생님으로 열연하며 낭송했던 '오 캡틴! 마이 캡틴'이라는 시는 우리 모두의 가슴속에 오랫동안 남아 있을 것이다. 그의 죽음에 대해서 한 지인이 남긴 말이 인상적이다. "그는 세상 모든 사람에게 행복을 주었다. 자기 자신만 빼놓고 말이다."

우울증의 위험과 원인

현대인의 병 중에서 가장 무서운 병 중 하나가 바로 우울증(Depression)이다. 전 세계에서 우울증으로 자살을 시도하는 사람이 하루에 2천 명이 넘는다. 특히 코로나 팬데믹을 거치며 미국 성인의 41퍼센트가 우울증(Depression)과 불안장애(Anxiety Disorder)에 시달리고 있다고 한다. 한국도 지난해 기준, 우울증 및 불안장애 환자가 180만 명을 넘어섰다. 또한 대도시 사람들의 4분의 1 이상이 우울증 증세를 가지고 살아간다고 한다. 세계보건기구에서는 우울증을 '제2의 팬데믹'이라고 부를 정도다. 사람들은 우울증에서 탈출하기 위해 술도 마셔보고, 노래방도 가보고, 휴가도 가보고 온갖 방법을 시도하지만, 증상이 더 심해지는 경향을 보인다. 인간적인 노력으로 우울증의 문제가 해결되기는 정말 어려운 것이다.

시편 42편 말씀을 보면 좀 특이한 점이 있다.

내 영혼아 네가 어찌하여 낙심하며 어찌하여 내 속에서 불안해 하는가 너는 하나님께 소망을 두라 그가 나타나 도우심으로 말미암아 내가 여전히 찬송하리로다 시 42:5

이 말씀이 놀라운 것은 정신과 의사들이 우울증과 불안장애는 서로 밀접한 관계가 있다고 말하고 있기 때문이다. 연구에 따르면 우울증 환자의 60퍼센트 이상이 불안장애 증상을 경험하며, 불안장애 환자 역시 우울증 증상을 겪을 확률이 높다고 한다. 이 두 가지 질환은 종종 동시에 나타나며, 공통적인 원인과 증상을 공유하기도 한다.

불안장애는 과도한 걱정과 두려움이 특징이며, 우울증은 절망감과 무가치감이 중심이 되는 것이 특징이다. 우울증이 주로 과거로부터 온 상처라면, 그 상처로 인해 미래에도 또다시 상처를 입을 것 같은 불안이 불안장애다. 두 증상이 함께 나타날 경우 자살 생각이나 행동으로 이어질 가능성이 매우 커진다. 실제로 우리나라는 OECD 국가 중 자살률이 가장 높은데, 자살하는 사람들의 80-90 퍼센트가 우울증을 앓고 있었다고 한다.

우울증에는 다양한 원인이 있다. 첫째는 유전적 요인이다. 가족 중 우울증을 앓은 사람이 있을 경우 발병 위험이 높아질 수 있다. 또한 임신, 출산, 폐경기와 같은 호르몬 변화도 우울증을 유발할 수 있다. 둘째는 스트레스와 트라우마다. 가정 폭력, 학교에서의 왕따나 학교 폭력 경험, 직장에서의 과도한 압박 등이 대표적인 원인으로 꼽힌다. 셋째는 관계의 단절에서 오는 외로움이다. 이혼, 사랑하는 사람의 죽음, 믿었던 사람의 배신, 낯선 곳으로의 이사, 은퇴로 인한 고립감 등이 이에 해당한다. 넷째는 실패 경험이다. 하려고 했던 일이나 현재 하고 있는 일이 실패로 끝났을 때, 그 아픔이 우울증으로 이어지는 것이다. 계속되는 시험 실패나 구직 실패, 직장에서의 좌천, 실직이나 재정적 어려움, 외모로 인한 낮은 자존감 등이 이에 해당한다. 다섯째는 육체적 원인이다. 수면 부족이나 운동 부족도 우울증의 위험을 높인다. 전문가들은 하루 30분 이상 햇볕을 쬐며 꾸준히 운동하고 충분한 수면을 취할 것을 권한다.

크리스천에게 닥친 낙담과 불안

어떤 분들은 "예수 믿는 내가 어떻게 낙담하는 우울증에 빠질 수 있지?"라고 자책하곤 한다. 그러나 그럴 필요가 없다. 성경의 영웅이었던 모세, 엘리야, 예레미야 같은 인물들도 영적으로 탈진하여 심각한 우울증에 빠졌던 시기가 종종 있었기 때문이다.

"내 영혼아 네가 어찌하여 낙심하며 어찌하여 내 속에서 불안해하는가"라고 외친 사람도 불신자가 아니라 하나님을 믿는 성도였다. 그것도 평범한 성도가 아니라, 성전을 섬기는 레위인들 가운데 고라 자손이었다. 학자들은 시편 42편이 다윗 시대, 더 정확히 말하면 압살롬의 반역으로 인해 다윗이 예루살렘에서 쫓겨나 광야에서 지내던 시기에 기록되었다고 본다. 그 당시 다윗과 동행하며 그의 모든 탄식과 기도를 지켜본 고라 자손 중 한 사람이 쓴 시라고 추정하는 것이다.

고라 자손은 성전의 성가대원 가문이었고, 그전에는 성전의 문지기였다. 그런 고라 자손이 이제는 성전 봉사를 할 수 없는 상태에 이르렀다. 압살롬의 반역으로 예루살렘을 빼앗기고, 성전 예배마저 제대로 드릴 수 없게 되었기 때문이다.

구약시대는 성전 예배가 신앙의 중심이었다. 그렇기에 사람들이 성전에 나아가 예배를 드리지 못한다는 것은 곧 하나님과의 만남의 자리가 사라졌다는 의미였다. 성전에서 봉사하던 고라 자손에게는 그 안타까움이 더욱 클 수밖에 없었다. 결국 그는 영적 침체와 우울증에 빠지게 되었다. 나도 코로나 시기에 대면 예배를 드릴 수 없어 텅 빈 본당에서 카메라만 바라보고 설교하던 시절, 성도들이 그리워서 답답하고 우울했던 경험이 있기 때문에 그의 마음이 이해가 된다.

하나님이 멀리 느껴질 때

하나님이여 사슴이 시냇물을 찾기에 갈급함 같이 내 영혼이 주를 찾기에 갈급하니이다 내 영혼이 하나님 곧 살아 계시는 하나님을 갈망하나니 내가 어느 때에 나아가서 하나님의 얼굴을 뵈올까 시 42:1-2

지금 시인은 고난이 너무 심해서 애타게 하나님을 찾고 있지만, 하나님의 임재가 잘 느껴지지 않는다. 기도를 드리고 있지만, 그분이 듣고 계신 것 같지 않고, 혼자 독백하고 있는 것처럼 느껴지는 것이다. 우리도 하나님이 아주 멀리 계신 것처럼 느껴질 때가 있다. 내 영혼이 홀로 어두운 터널을 지나는 듯한 느낌, 영혼이 겨울처럼 차갑게 얼어붙은 느낌이다. 신앙생활을 하면서 이런 느낌을 경험해본 적이 있지 않은가.

1. 하나님은 느낌보다 신뢰를 원하신다

국제예수전도단(YWAM)의 국제선교 지도자를 오래 역임했던 플로이드 맥클랑 목사님은 오대양 육대주에서 선교 사역을 충실하게 감당하셨던 분이다. 수많은 베스트셀러 기독교 도서를 집필했고, 많은 영적 지도자들을 양육하신 분이기도 하다. 그런데 그 분이 이런 고백을 했다.

"어느 날 아침, 자리에서 일어났는데 나의 모든 영적 느낌이 사라져버린 것 같은 때가 있었다. 기도하는데 아무 일도 일어나지 않았다. 마귀를 꾸짖는데도 아무 변화가 없었다. 경건의 연습을 해보고, 친구들에게 중보기도도 부탁하고, 생각할 수 있는 모든 죄를 고백하고, 사람들에게 용서도 구해보았다. 금식도 했다. 그런데 아무 느낌도 없었다. 이 영적 슬픔과 우울감이 얼마나 갈지 짐작도 되지 않았다. 며칠일까? 몇 주일까? 몇 달일까? 내 기도는 마치 천장에 막혀서 올라가지 않는 것만 같았다. 그래서 부르짖었다. 도대체 내게 뭐가 잘못된 거지?"

우리에게 무언가 잘못된 것이 아니다. 모든 하나님의 백성들은 몇 번씩 이런 영적 어둠의 터널을 통과한다. 그리고 그것은 부끄럽거나 나쁜 것이 아니다. 하나님께서 우리의 믿음을 성숙하고 강하게 성장시키기 위해서 허락하신 시험일 뿐이다. 믿음의 영웅들도 이런 힘든 터널을 다 통과했다.

다윗은 누구보다 하나님을 사랑한 사람이었고, 평생 하나님을 깊이 예배하고 늘 하나님과 동행하던 사람이었다. 그런데 그런 다윗도 하나님이 자신에게서 멀리 계신 것같이 느껴진다고 자주 탄식했다. '어찌하여 나를 버리셨나이까. 어찌하여 멀리 계시나이까. 어찌하여 도움을 구하는 나의 외침을 외면하시나이까. 왜 당신의 얼굴을 내게서 숨기시나이까.' 물론 하나님이 다윗에게서 실제로 멀리 계셨던 것은 아니다. 다윗이 그렇게 느꼈을 뿐이다. 하나님은 "내가 너를 버리지 않고 떠나지 않을 것이다"라고 약속하셨지 "네가 항상 나의 임재를 확실히 느낄 것이다"라고 하지는 않으셨다.

하나님이 멀리 있다고 느껴질 때, 우리는 하나님이 내게 화가 나셨거나, 나의 어떤 죄로 인하여 나를 징계하신다고 생각한다. 물론 그런 경우도 있다. 그때는 정직하게 회개하면 된다. 그러나 우리의 죄 때문이 아닌 경우가 많고, 오히려 우리가 직면해야 할 믿음의 시험일 경우가 많다. 모든 제품이 출시되기 전에 품질 검사를 거치듯이, 하나님도 우리의 믿음을 흔들어 시험하신다. 하나님의 임재와 역사가 눈에 보이지 않을 때도 우리는 여전히 하나님을 예배하고 신뢰할 수 있는지 돌아봐야 한다.

우리가 예수님을 믿은 지 얼마 되지 않아 영적으로 어릴 때는 하나님께서 우리의 롤러코스터처럼 좌충우돌하는 감정을 잘 받아주신다. 이기적이고 철없는 기도도 곧잘 응답해주신다. 그래야 아기 같은 우리가 하나님이 계신다는 것을 믿으니까 말이다. 그러나 믿음이 점점 성장하면 하나님께서 더 이상 우리를 아기처럼 대하지 않으신다. 하나님께서는 우리가 하나님을 느끼는 것보다 하나님을 신뢰하기를 원하시기 때문이다. 느낌이 아니라 믿음이 하나님을 기쁘시게 한다.

2. 느낌은 사실이 아니다

낙망은 우울하다는 느낌에서 비롯되지만, 사실은 아니다. 그런데도 느낌에 휘둘리면 나락으로 떨어지는 최악의 선택을 할 수 있다. 아프리카의 한 마을에 유명한 점쟁이가 있었다. 어느 날 농사를 앞둔 농부들이 그를 찾아가서 올해 작황을 알려달라고 했다. 그런데 흉패가 나왔다. 올해는 엄청난 대기근이 온다는 것이다.

점쟁이의 말에 충격을 받은 농부들은 농사를 포기하고 다른 나라로 피난을 떠났다. 그렇게 나라를 떠난 농부들이 무려 2만 명이 넘었다. 그리고 그 해, 실제로 엄청난 흉년과 기근이 들었다. 하지만 나중에 밝혀진 기근의 진짜 원인이 모두에게 더 큰 충격을 주었다.

그 해는 날씨도 좋았고, 가뭄도 없었고, 홍수도 없었다. 농사를 짓기에는 최적의 조건이었다. 그런데도 기근이 발생한 이유는 점쟁이의 말만 믿고 아무도 농사를 짓지 않았기 때문이었다. 이것은 1946년 남아프리카에서 실제로 있었던 사건이다. 낙망이 이렇게 무섭다. 악한 영은 우리의 감정을 왜곡시켜서 그 느낌을 악용하여 우리의 삶을 황폐하게 만들 수 있다.

믿는 성도들이 낙망하고 우울해지는 가장 큰 이유는 하나님께서 멀리 계신 것처럼 느껴지기 때문이다. 그러나 느낌은 어디까지나 느낌일 뿐, 사실은 아니다. 그럼에도 마귀는 우리의 우울한 감정을 부채질하며, 믿음을 무너뜨리려고 한다.

3. 하나님께 솔직하게 말씀드린다

특히 마귀는 종종 우리 주변 사람들을 통해 공격해 온다.

> 사람들이 종일 내게 하는 말이 네 하나님이 어디 있느뇨 하오니 내 눈물이 주야로 내 음식이 되었도다 시 42:3

쉽게 말해서 '네가 정말 하나님의 사람이라면 왜 하나님이 네 형편을 돌아보지 않느냐. 너는 버림받은 것이 분명하다'라는 것이다. 이런 조롱이 곤경 중에 있는 시인의 상처에 소금을 뿌리듯이 고통을 증가시켰다. 다윗이 아들 압살롬의 반역으로 쫓겨났을 때, 당시 영악한 사람들은 모두 압살롬에게 붙어서 늙은 다윗 왕과 함께한 고라 자손에게 조롱과 비웃음을 퍼부었을 것이다.

그럴 때일수록 사람들의 소리에 흔들리지 말고 더욱 간절하게 하나님 앞에 나아가야 한다. 무엇보다 느껴지는 감정을 정직하게 하나님께 고백해야 한다. 화가 나면 화가 난다고, 속상하면 속상하다고, 답답하면 답답하다고 말씀드려야 한다. 서럽고 짜증나고 힘든 마음도 그대로 아뢰어야 한다. 이렇게 자신의 절망적인 느낌도 솔직하게 말씀드리는 것이 믿음의 고백이다. 하나님이 살아 계심을 믿으니까, 하나님이 나의 아버지라고 믿으니까 할 수 있는 것 아니겠는가.

마귀가 원하는 것은, 우리가 느끼기에 하나님이 멀리 계신 것 같을 때, 아예 하나님과 대화를 끊어버리는 것이다. '하나님, 정 그렇게 나오시겠다는 거죠? 좋아요. 그럼 저도 이제 하나님께 아무 말 안 할래요.' 이렇게 마음을 닫고 하나님으로부터 멀어지게 하려는 것이다. 그러나 우리는 힘들수록 더 하나님 앞에 나아가야 한다. 하나님이 듣고 계시지 않는 것처럼 느껴질수록, 더욱 하나님께 입을 열어 마음을 쏟아놓아야 한다. 우리도 사랑하는 사람이 힘들 때, 내가 아닌 다른 사람에게 속마음을 털어놓으면 서운하지 않은가. 하나님도 그러실 것이다.

낙심을 극복하는 기도

영적 우울증, 영혼의 아픔을 탈출하는 방법에는 여러 가지가 있다.

1. 과거의 은혜를 기억하라

내가 전에 성일을 지키는 무리와 동행하여 기쁨과 감사의 소리를 내며 그들을 하나님의 집으로 인도하였더니 이제 이 일을 기억하고 내 마음

이 상하는도다 시 42:4

시인은 과거에 하나님께서 자신에게 허락하셨던 놀라운 은혜의 순간들을 기억해낸다. 그것은 아마도 압살롬의 반란군에게 예루살렘 성전을 내어주기 전, 광야로 쫓겨나기 이전의 일이었을 것이다. 그토록 뜨겁게 은혜받던 예배의 순간들, 찬양과 기도 소리가 메아리처럼 들려온다. 하나님의 성령께서 자신에게만 부어지듯 감동으로 다가왔던 그 기억들이 되살아나면서, 현재의 고통스러운 현실과 교차한다.

처음에는 그 기억이 오히려 더 큰 고통이 되었다. 과거에 하나님께서 자신을 어떻게 대해주셨는지 생각하니, 지금의 고난을 더욱 받아들이기 어려웠다. 그렇게 은혜롭게 예배하던 때를 떠올리며 시인은 "마음이 상하는도다"라고 고백한다.

그러나 중요한 것은 그 은혜의 순간들을 기억하기 시작했다는 사실이다. 탕자가 아버지 집을 기억하는 순간, 회복은 시작되었다. 마찬가지로 시인은 이제 어디로 돌아가야 할지를 깨닫는다. 영적 첫사랑을 기억하는 것, 예전 하나님의 터치를 떠올리는 것은, 그를 다시 일어서게 만드는 힘이 된다. 영적 침체에서 빠져나오는 출발점이 바로 여기에 있다.

2. 자기 자신을 영적으로 깨워라

내 영혼아 네가 어찌하여 낙심하며 어찌하여 내 속에서 불안해 하는가 너는 하나님께 소망을 두라 그가 나타나 도우심으로 말미암아 내가 여전히 찬송하리로다 시 42:5

시편 기자는 자기 영혼에게 하나님의 축복을 계속 선포하고 있다. "내 영혼아! 정신 차려라. 이렇게 낙심하고 기가 꺾인 모습은 네가 아니다. 너는 일어나 기쁨으로 찬양해야 할 사람이다. 너는 하나님께 예배하고, 하나님의 일을 감당해야 할 사람이다."

시인은 자기 스스로를 격려하며 도전하고 있다. 과거에 자신에게 큰 은혜를 주셨던 하나님께서 자신을 버리실 리 없다는 확신에서 비롯된 행동이다. 영적 리더인 자신이 이렇게 낙망하고 불안해 하는 것은 옳지 않다고, 이제 일어나야 한다고 스스로에게 말하고 있다.

그러자 그는 하나님이 자신을 버리셨다는 생각이, 사실은 단지 자신의 '느낌'에 불과했다는 것을 깨닫는다. 하나님은 언제나 그와 함께 계셨다. 문제는 시인 자신이 하나님의 얼굴을 바라보지 않고 있었다는 것이다. 변한 것은 하나님이 아니라 자기 자신이었다. 그 사실을 깨닫는 순간, 회복은 시작되었다.

이 사실을 깨달았다면 이제는 말의 방향을 바꿔야 한다. 말씀으로 세상을 창조하신 하나님께서는 자녀 된 우리에게도 입술의 권세를 주셨다. 그 권세 있는 입술로 힘들다고 불평하고 원망만 쏟아내면, 오히려 마음은 더 우울해진다. 말은 내면의 상태를 드러내는 동시에, 말 자체로 우리의 영혼에 영향을 주기 때문이다.

영혼이 지치고 우울할수록, 우리는 믿음의 입술로 자기 자신에게 선포해야 한다. "낙심하지 말자. 불안해하지 말자. 나에겐 하나님이 계신다. 하나님께서 반드시 나를 회복시키시고, 축복하실 것이다." 말이 중요하다. 우리는 우리 자신의 영혼을 향해 믿음을 선포해야 한다. 축복을 선포하고, 소망을 선포해야 한다. 그럴 때 우리는 점점 더 강하게 하나님의 임재를 경험하게 될 것이다.

겉으로는 괜찮아 보이지만 실제로는 영혼이 탈진하고, 영적 우울감에 시달리는 사람들이 분명히 있다. 나는 그들의 인생 사연을 잘 알지 못한다. 그리고 '겨우 그 정도 고통 가지고 그러느냐'라고도 말하지 않는다. 누구든 그 사람의 입장에 서보지 않고 함부로 고통을 판단해서는 안 되기 때문이다.

그러나 한 가지는 분명히 말할 수 있다. 그들이 어떤 상황에 처해 있든, 하나님은 여전히 당신의 하나님이시라는 사실이다. 물은 흘러가면서 가장 작은 틈조차 채운다. 그처럼 하나님께서는 그들의 작고 깊은 상처까지도 다 어루만지고 치유하실 것이다.

3. 하나님을 기대하며 기도하라

시편 42편 5절에 나오는 "하나님께 소망을 두라"라는 말씀은, 하나님을 기대하면서 기도하라는 뜻이다. 많은 성도들이 기도를 하면서도 속으로는 '기도해도 별 소용이 없는 것 같아'라고 생각하는 경우가 있다. 그렇게 된 이유는 오래도록 간절히 기도하고 또 기도했지만 응답이 없어서 마음이 지치고 낙심했기 때문일 것이다.

> 소망이 더디 이루어지면 그것이 마음을 상하게 하거니와 소원이 이루어지는 것은 곧 생명 나무니라 잠 13:12

소망이 더디 이루어질 때 마음이 상하면 실망할까봐 기도도 하기 싫고, 다른 사람에게 기도 제목을 나누는 것도 꺼려지기 마련이다. 나보다 먼저 응답받은 성도들을 축하해주고 싶은 마음도 솔직히 잘 생기지 않는다.

그러나 모든 믿음의 영웅들은 하나님께 받은 약속이 이루어지기까지 긴 세월을 인내했던 사람들이다. 아브라함은 자식에 대한 약속을 받고도 25년을 기다린 끝에야 비로소 아들 이삭의 탄생을 보았다. 인생이 막막하고 답답할 때, 다른 사람들은 잘 나가는 것 같은데 나만 멈춰 서 있는 것 같을 때, 내 앞의 장애물이 좀처럼 걷히지 않을 때 마음이 우울해지는 것을 조심해야 한다. 믿음이 좋은 사람도 자칫하면 자기 연민과 낙심의 늪에 빠질 수 있다. 그러므로 우리는 더욱 겸손하게 하나님의 손을 붙들어야 한다. 회개할 것은 회개하고, 정리할 것은 정리하며, 하나님 앞에 더욱 간절히 엎드려야 한다.

하나님을 기대하며 기도한다는 것은 우리의 뜻이 아니라 하나님의 뜻이 이루어질 것을 믿는 것이다. 하나님께서는 '문을 두드리라 그러면 너희에게 열릴 것이다'라고 하셨다. 그러나 우리가 잘못된 문을 두드리고 있다면, 하나님께서는 그 문이 아닌 더 나은 문을 열어주실 것이다.

시편 42편은 다윗이 압살롬의 반역으로 모든 것을 잃고 광야에 있을 때 쓰인 것으로 알려져 있다. 반역자 압살롬은 다윗을 가장 많이 닮은 영특한 아들이었기 때문에 다윗은 그를 어릴 때부터 총애했고, 후계자로 점찍어 두고 있었다. 그래서 수많은 반역의 기미가 보였어도 그를 징계하거나 제지하지 않았다. 그러나 하나님이 예비하신 후계자는 압살롬이 아니라 솔로몬이었다. 다윗은 이 반역 사건을 통해 하나님의 뜻을 새롭게 깨달았다. 우리가 만약 잘못된 기대와 소망을 품고 있다면, 하나님께서 그것이 무너지게 하시고, 대신 참된 소망과 하나님께서 주시는 새로운 길을 보여주시고 이루어주실 것이다.

그러니 낙망했던 자리에서 눈물을 닦고 다시 일어나야 한다. 하나님을 기대하며 다시 기도하기 시작하라. 우울증은 불안증세와 단짝이다. 불안감은 미래가 좋지 않은 방향으로 흘러갈 것 같은 두려움에서 비롯된다. 기대감이 전혀 없는 것보다 더 무서운 것은, 오히려 나쁜 기대감을 가지고 살아가는 것이다. '내게는 안 좋은 일이 일어날 것이다', '하나님이 아니라 마귀가 내 인생을 뒤흔들 것이다'와 같은 두려움이다. 크리스천으로서 이런 두려움에 사로잡히는 것은 매우 위험하다.

  다윗이 압살롬의 반역으로부터 도망칠 때, 악한 자들은 이렇게 조롱하며 저주했다. "하나님께서 네 나라를 압살롬에게 넘기셨다." 그러나 그것은 사실이 아니었다. 다윗은 결코 그 말에 흔들리지 않았다. 시편 42편이 그 믿음의 태도를 증언한다. 결국 하나님께서는 압살롬을 물리치시고, 다윗에게 다시 나라를 회복시켜주셨다. 악한 자들의 말은 틀렸다. 우리는 예수님의 보혈로 거듭난 하나님의 자녀들이다. 성경은 주의 보혈로 지켜지는 우리를 향해 "악한 자가 만지지도 못한다"라고 선언한다. 그렇기 때문에 우리는 우리의 생각 안에서 미래에 대한 부정적 두려움을 조장하는 마귀의 속임수를 단호히 물리쳐야 한다.

  지금 어둠의 시기를 지나고 있는 것은 사실이다. 그러나 우리를 위해 독생자 예수 그리스도까지 아낌없이 내어주신 하나님께서 과연 우리의 인생을 망하게 하시겠는가? 그렇지 않다. 하나님은 우리 인생을 향한 크고 놀라운 계획을 가지고 계신다. 그분은 우리가 그 계획대로 꿈을 이루고, 축복 가운데 살아가기를 원하신다. 그리고 그렇게 살 수 있도록 모든 능력과 도움을 반드시 공급해주실 것이다. 지금 지나고 있는 고난의 터널은 영원하지 않다. 하나님께서 인도하시는 우리의 미래는 결국 승리로 나아갈 것이다. 그러니 믿음으로 선포하라. 하나님께서 내 삶을 이끄시고 승리를 예비하셨다고 선포하라.

우울할 때 드리는 기도는, 하나님을 기대하는 믿음으로 드려야 한다. 기대 없이 기도하면, 우리는 하나님의 임재를 잘 느끼지 못하게 되고, 그러면 인생은 점점 무기력해지고 우울해진다. 기도하지 않는다고 해서 하나님께서 우리를 벌하시는 것은 아니다. 그러나 기도하지 않으면 우리의 삶은 그날그날 필요한 하나님의 능력으로 채워지지 않고, 그렇기 때문에 마귀의 공격에 더욱 취약해진다. 특히 이미 우울한 시기라면 이것은 더욱 치명적이다.

우리 안에 있는 하나님의 능력은 우리가 날마다 기도하며 주님의 도우심을 구할 때 새롭게 회복된다. 하나님을 기대하며 기도하기 위해서는 작은 믿음이라도 있어야 한다. 그러나 큰 믿음은 기도의 결과로 자라난다. 믿음이 있어야 기도할 수 있지만, 기도함으로 믿음은 더욱 강해진다. 기도는 믿음을 요구하지만, 동시에 믿음을 낳는다. 우리가 기도할 때 주님께서 우리에게 믿음을 가르치시고, 믿음을 부어주신다. 그렇게 기도하며 나아갈 때, 우리의 믿음은 점점 더 높이 비상하여, 처음에는 멀고 아득해 보이던 것들을 결국 붙잡게 될 것이다.

하나님께 소망을 두는 자의 기도

지금은 누구나 낙망할 수밖에 없는 어둡고 힘든 시기다. 그러나 시편 42편 5절은 이렇게 말씀한다. "너는 하나님께 소망을 두라 그가 나타나 도우심으로 말미암아 내가 여전히 찬송하리로다." 낙심하는 마음이 들 때마다 엎드려 하나님께 기도하는 자는, 하나님의 기적 같은 개입을 반드시 경험하게 될 것이다. 그러니 하나님의 능력이 우리 안에 역사하시는 것을 보고 싶다면 지금 이 순간부터 간절히 기도하기 시작하라. "나는 하나님을 믿습니다!"라고 고백하고, "하나님께서 나와 내 가족을 위해 반드시 개입해주시고, 가장 좋은 미래를 예비해주셨습니다!"라고 선포하라. 그렇게 선포하며 기도할 때, 우리 마음속 깊은 곳에서 소망이 조금씩 피어오르기 시작할 것이다. 그리고 마침내 독수리가 날개치며 올라가듯 새 힘을 얻게 될 것이다.

우리가 "달음박질하여도 곤비하지 아니하겠고 걸어가도 피곤하지 아니하리로다"라고 말할 수 있는 이유는, 날마다 기도를 통해 새 힘을 공급받기 때문이다. "너는 하나님께 소망을 두라." 이 말은 사람에게 기대하지 말고, 오직 하나님만 바라보라는 뜻이다. 사람에게 아쉬운 소리 하는 일을 이제는 그만두라. 잘나가는 사람 옆에 줄 서서 도움을 기대하는 세상의 방식은 이제 내려놓아야 한다.

우리의 미래를 어떻게 새롭게 펼쳐 나가실지 오직 하나님만을 기대하라. 이 땅의 것에 너무 큰 희망을 걸지 말고, 하나님나라의 움직임에 더 많은 관심을 기울여라. 우리는 너무 자주 세상 돌아가는 일에만 관심을 둔다. 그러나 하나님께서는 답답하고 고통스러운 시간을 통해, 우리가 죄 많은 세상을 덜 바라보게 하시고, 영원한 하나님나라를 더 바라보게 하신다.

하나님은 하나님께 소망을 두는 자의 기도에 응답하기를 기뻐하신다. 그분은 기다리는 시간 속에서 우리의 믿음을 자라나게 하시고, 축복을 담을 그릇으로 우리를 준비시키신다. 그리고 하나님이 보시기에 "그래, 이제 네가 사람 됐다" 싶으신 순간, 우리 앞에 새로운 미래로 향하는 문이 활짝 열릴 것이다.

자기중심성에서 벗어나 교회 공동체에 접속하기

시편 기자는 "내 영혼이", "내가 어느 때에", "내게 하는 말" 등 '나'라는 표현을 반복적으로 사용한다. 이것은 그가 고통 가운데 있을 때 극도로 자기중심적인 상태에 놓여 있었다는 것을 보여준다. 예수님을 믿어도 우리는 종종 자기중심적으로 믿는다. 우울증에 사로잡힌 사람의 마음 깊은 곳에는 언제나 자기중심적인 사고방식이 자리 잡고 있다.

자신의 계획대로 인생이 풀려야 하고, 자신의 감정이 만족을 느껴야 하며, 자신의 필요가 먼저 채워져야 한다고 생각한다. 남들이 먼저 자신의 말을 들어줘야 하고, 자신의 문제가 먼저 해결되어야 한다고 여긴다. 하나님을 믿을 때조차도 하나님이 나를 위해 뭔가 해주셔야 한다고 생각하기 쉽다. 그래서 어떤 신학자는 크리스천의 우울증을 '내가 원하는 대로 되지 않아서 하나님께 화가 난 상태'라고 표현하기도 했다.

이러한 크리스천의 우울감을 극복하는 방법은 역설적으로 '자기중심성'에서 벗어나는 것이다. 믿음의 형제자매들을 찾아가 교제하라. 그들에게 기도를 부탁하고, 함께 식사하고, 커피를 마시며 은혜로운 대화를 나누어보라. 더 나아가 나보다 더 힘들어하는 연약한 형제자매들을 몸소 섬겨보라. 마귀는 믿음을 가진 우리를 끊임없이 공격한다. 이때 혼자 버티는 것은 참 어렵다. 하나님께서 우리를 예수 그리스도 안에서 부르셨을 때, 바로 교회 공동체 안으로 인도하신 이유도 여기에 있다.

얼마 전 우리 교회에 출석하는 한 자매님의 간증이 기억난다. 어머니의 폐암이 급속히 악화되어 담당 의사가 마음의 준비를 하라고 말했을 때 자매는 큰 충격에 빠졌다. 2년 전, 불의의 사고로 동생을 먼저 하늘나라로 보내야 했던 자매는, 이제 어머니마저 잃게 될까봐 마음이 완전히 무너졌다고 한다. 그러나 낙심 속에서도 새벽기도에 나왔다. 그리고 광야에서 죽어가던 이스라엘 백성들이 장대 위의 놋뱀을 바라보며 살아났다는 말씀을 붙들었다.

그녀는 자신이 알고 있는 모든 교회 식구들에게 어머니를 위한 중보기도를 부탁했고, 예수님을 믿지 않는 어머니에게도 교회 식구들이 엄마를 위해 기도하고 있다고 계속 말해주었다. 그리고 이어진 정밀검사에서, "암세포가 보이지 않는다. 이건 기적이다"라는 의사의 말을 들었다고 한다. 이 자매가 만약 그 문제를 혼자 끌어안고 있었더라면, 아마도 낙심과 불안, 우울감에 빠졌을 것이다. 그러나 믿음의 공동체와 함께 나누었기 때문에 하나님께서 그 마음에 소망을 주셨고, 결국 기적을 체험하게 된 것이다.

나는 가끔 교회 안의 여러 방을 다니며 순예배, 커피브레이크, 소그룹 성경공부, 양육 프로그램 등 여러 활동으로 모인 성도들의 모습을 살펴본다. 한결같이 따뜻하고 행복한 표정들이다. 각자 삶의 무게와 아픔이 있을 텐데도, 은혜 안에서 함께 교제하니 하나님께서 세상이 알 수 없는 '치유'를 주시는 것 같다. '교회 공동체에 속해 있으니까 살아가지, 요즘처럼 힘든 세상에 혼자서 이 모든 염려와 스트레스를 어떻게 감당할 수 있을까' 하는 생각이 들었다.

마음이 낙담되고 불안할 때 혼자서 우울함에 갇히지 말고, 반드시 교회 공동체에 연결되기를 바란다. 기도 제목을 나누고, 함께 격려하며, 격려받기를 바란다. 그것이 바로 하나님께서 우리에게 원하시는 것이다. 그래야 우리는 이 긴 인생길을 영적으로 승리하며 살아갈 수 있다.

chapter **04**

의심이 사라질 때까지 기도하라

롬 4:18-24

우리는 앞서 크리스천의 낙망이 대부분 오랜 시간 가슴에 품고 기도하던 소원이 이루어지지 않을 때 하나님에 대한 섭섭함으로부터 시작된다는 사실을 살펴보았다. 하나님께서 우리에게 약속의 말씀을 주시고 곧바로 성취해주신다면 낙망할 이유가 없을 것이다. 그러나 하나님께서 약속을 주시는 때와 그 약속이 실제로 이루어지는 때 사이에는 우리가 예상한 것보다 훨씬 더 긴 시간이 흐르는 경우가 많다.

처음에는 믿음이 싱싱하고 확신에 차 있었지만, 시간이 지날수록 그 믿음이 점점 흔들리기 시작한다. '정말 하나님께서 아직도 나를 기억하고 계실까?', '혹시 나를 잊으신 건 아닐까?', '아니, 하나님은 정말 존재하시기나 한 걸까?' 이런 생각들이 마음속에서 꼬리를 물고 일어난다.

의심이 왜 위험한가

믿음이 전혀 없는 것은 아니다. 그러나 있던 믿음이 흔들리기 시작할 때 나타나는 것이 바로 '의심'이다. 어찌 보면 의심은 믿음이 바이러스에 감염된 상태라고 말할 수 있다. 믿음의 반대가 불신이라면, 그 불신의 시작이 바로 의심이다. 여기서 말하는 불신은 처음부터 하나님을 믿지 않았던 사람들의 불신앙을 뜻하지 않는다. 한때 믿음 안에 있었던 이들이 시험에 들어 불신앙의 자리까지 나아가게 되는 과정을 뜻한다. 그리고 그 첫걸음이 바로 의심이다. 믿음은 소망으로 인도하고, 불신은 두려움으로 인도한다.

신구약 성경 용어들을 해석해주는 바인(Vine) 성서사전은 "의심이란 소망과 두려움이라는 두 길 사이의 갈림길에서 어느 쪽으로 가야 할지 몰라 망설이는 상태"라고 설명한다. 만약 그 갈림길에서 두려움 쪽으로 기울게 되면 하나님을 신뢰하지 않게 되고, 그 불신은 곧 불순종으로 이어진다. 하나님을 믿지 못하면서 어떻게 하나님의 말씀에 순종할 수 있겠는가.

의심은 하나님이 주신 것이 아니다. 하나님은 성도들에게 의심이 아니라 '믿음'을 주시는 분이다. 로마서 12장 3절을 보면 하나님이 "각 사람에게 나누어주신 믿음의 분량"이 있다고 말씀하셨다. 즉 마귀가 하나님이 우리에게 주신 믿음을 흔들려고 할 때 쓰는 무기가 '의심'인 것이다. 하나님은 우리에게 비전을 주시는데, 그것은 항상 작은 말씀의 씨앗으로 시작한다. 그 말씀의 씨앗이 우리 마음속에 잉태되는 순간부터 마귀는 그 꿈이 유산되도록 우리에게 끊임없이 의심의 화살을 날린다. 성경이 우리에게 '믿음의 방패'를 가지라는 이유가 바로 이 때문이다.

흔들리지 않는 믿음은 없다

믿음의 사람들은 한 번도 하나님을 의심하지 않은 영적 슈퍼맨들이 아니라, 마귀가 부추긴 수많은 의심의 파도를 성령의 도우심으로 끊임없이 싸워 이겨낸 사람들이다. 그 대표적인 예가 구약성경에 나오는 믿음의 조상 아브라함이다. 얼마나 놀라운 믿음을 가졌으면 '믿음의 조상'이라고 했겠는가.

성경은 그의 믿음을 한마디로 이렇게 요약해준다.

> 아브라함이 바랄 수 없는 중에 바라고 믿었으니 이는 네 후손이 이같으리라 하신 말씀대로 많은 민족의 조상이 되게 하려 하심이라 그가 백세나 되어 자기 몸이 죽은 것 같고 사라의 태가 죽은 것 같음을 알고도 믿음이 약하여지지 아니하고 롬 4:18-19

아브라함은 그의 나이 75세, 아내 사라가 65세 때 '네 자손이 하늘의 별과 같이 많아질 것'이라는 약속의 말씀을 받았다. 그런데 그가 100세가 될 때까지도 그 약속은 이루어지지 않았다. 기도 응답을 받기까지 25년 이상 기다려본 적이 있는가? 이제 아브라함이나 그의 아내는 인간적인 상식으로는 아이를 갖기에 불가능한 나이가 되었다. 그러나 그의 믿음은 흔들리지 않았다. 18절에 "바랄 수 없는 중에 바라고 믿었으니"는 영어성경(NIV)에 "against all hope Abraham in hope believed"(모든 희망이 사라졌을 때 아브라함은 소망을 가지고 믿었다)라고 되어 있다.

어떻게 사람이 세월이 가도 흔들리지 않는 놀라운 믿음을 가질 수 있었을까? 그가 타고난 영적 슈퍼맨이었을까? 그건 아니다. 성경은 아브라함이 얼마나 마음이 약하고 잘 넘어지는 연약한 인간이었는지를 정직하게 기록한다. 그럼에도 불구하고 아브라함이 그토록 오랜 세월 의심의 파도를 이기며 믿음을 지킬 수 있었던 것은, 하나님께서 계속해서 그를 찾아와주셨기 때문이다.

우리는 하나님이 주신 말씀이 금방 이루어지지 않아 믿음이 흔들리고 의심의 안개가 가득해질 때, 자기도 모르게 인간적 차선책에 마음이 끌리게 된다. 아브라함도 그랬다. 믿음의 아들 이삭이 금방 주어지지 않았을 때 살짝 하나님을 의심하는 마음이 들기 시작했고, 이때 인간적인 차선책들이 아브라함에게 큰 유혹으로 다가왔다. 그리고 자칫 잘못하면 거기에 넘어갈 뻔했다.

하지만 그때마다 하나님께서 개입하셔서 아브라함을 다시 믿음의 정도(正道)를 따르게 하셨다. 그리고 그때마다 하나님께서는 아브라함에게 뭔가 새로운 영적 레슨을 가르쳐주셨고, 그로 인해 아브라함의 믿음은 더 단단해졌다.

아브라함의 차선책

기다리던 25년의 세월 동안, 아브라함이 하마터면 붙잡을 뻔했던 차선책 첫째는 약속의 땅 가나안으로 올 때 함께 데리고 온 똑똑한 조카 롯이었다. 둘째는 아브라함 집 살림 전체를 총괄하던 충성된 종 엘리에셀이었다. 셋째는 다급해진 사라가 자기 몸종 하갈을 남편 아브라함과 동침시켜서 낳은 서자(庶子) 이스마엘이었다. 우리는 이 세 가지 인간적 차선책으로 인해 아브라함이 흔들리고 괴로워할 때마다 하나님께서 아브라함을 찾아오셨던 이야기들을 살펴볼 것이다.

1. 롯, 세상적 영악함에 의지함

우리가 알다시피 갈대아 우르에 살던 아브람은 75세 때 하나님의 부르심을 받았다. "너는 너의 고향과 친척과 아버지의 집을 떠나 내가 네게 보여줄 땅으로 가라 내가 너로 큰 민족을 이루고 네게 복을 주어 네 이름을 창대하게 하리니"라는 약속의 말씀을 받은 것이다. 그 말씀 하나 붙잡고 가족들을 다 데리고 가나안 땅으로 이민 온 지 몇 년 안 되어 하나님께서 아브람에게 다시 오신다. 그리고 처음 주셨던 약속의 비전을 재확인시켜주신다. 이때가 아브람이 조카 롯과 갈라서고 난 직후였다.

롯은 고향을 떠날 때부터 데려온 아브람의 조카였다. 아주 똘똘하고 성실한 젊은이로서 자식이 없는 아브람에게 큰 힘이 되었다. 그런데 세상적으로 영악했던 롯은 아브람의 캠프 안에서 서서히 자기 사람을 만들기 시작했고, 자기 재산을 늘려가기 시작했다. 마침내 롯의 목자들과 아브람의 목자들이 비등한 세력이 되어 서로 다툼이 커지게 되었고, 아브람은 할 수 없이 롯을 떠나보내야만 했다. 웃어른으로서 롯을 야단칠 수도 있었고, 싸울 수도 있었지만, 아브람은 모든 것을 양보하여 그를 떠나보냈다. 롯은 기름진 땅을 골라서 뒤도 안 돌아보고 삼촌 아브람을 떠나갔다.

롯이 떠나고 나서 홀로 남은 아브람이 인간적으로 얼마나 허전하고 쓸쓸했을까? 롯은 지금까지 아브람과 동고동락한 유일한 혈육이었다. 아직 자식이 없는 아브람에게는 자식같이 의지하던 사람이었다. 분명히 큰 민족이 되게 하신다고 말씀하셨는데, 몇 년이 지나도 자식이 생기지 않으니 '혹시 롯을 통해 그 비전을 이루시려는 것이 아닐까?' 하는 생각도 했을 것이다. 그런데 롯이 떠났다. 그 충격은 컸다.

하지만 하나님은 롯이 떠난 후 아브람을 찾아오셨다.

롯이 아브람을 떠난 후에 여호와께서 아브람에게 이르시되 너는 눈을 들어 너 있는 곳에서 북쪽과 남쪽 그리고 동쪽과 서쪽을 바라보라 보이는 땅을 내가 너와 네 자손에게 주리니 영원히 이르리라 내가 네 자손이 땅의 티끌 같게 하리니 사람이 땅의 티끌을 능히 셀 수 있을진대 네 자손도 세리라 창 13:14-16

마치 하나님이 이렇게 말씀하시는 것 같다. "아브람아, 네가 롯과 싸우지 않고 100퍼센트 손해보고, 포용하고 떠나보냈구나. 난 네가 얼마나 기특한지 모른다. 내가 너에게 네가 포기한 그 모든 것 이상의 엄청난 상급을 주마."

하나님은 롯이 욕심으로 거머쥔 땅까지 다 아브람에게 주신다. 그러니 욕심을 버려라. 작은 이익을 놓고 형제끼리 싸우는 것을 그쳐라. 롯 같은 존재에게 화내지 말고, 오히려 축복하고 떠나보내라. 그러면 하나님이 오신다. 그리고 양보한 것보다 더 큰 하늘의 축복을 우리에게 몰아주신다. 축복은 내가 싸워서 쟁취하는 것이 아니라, 하나님이 주시는 것이다. 하나님은 욕심부리는 자가 아니라, 믿는 자에게 축복을 주신다.

아브람은 이기적인 롯에게 배신감을 느꼈을지도 모른다. 그러나 어차피 롯은 이삭을 대신할 대안이 아니었다. 롯은 세상적 영악함, 황금만능주의를 상징했다. 여기에 의존하게 되면 의심이 커지고 믿음이 흔들린다. 롯처럼 돈만 아는 심복이 아브람 곁에 계속 붙어 있다가는 아브람의 신앙도 흔들려서 하나님이 원하시는 '믿음의 조상'이 되지 못할 위험이 있었다. 하나님이 롯을 떠나게 하심으로

써 아브람에게 세상적 영악함이 아닌 하나님의 말씀만을 의지하게 하신 것이다.

2. 엘리에셀, 마음에도 없는 옵션에 안주하려고 함

하나님께서 두 번째로 아브람에게 오셔서 격려해주신 것은 또 수년이 지나 그가 85세 되던 때였다. 아브람을 버리고 떠난 롯이 소돔과 고모라 땅을 침공한 군대에 포로로 잡혀갔다. 착한 아브람은 즉시 롯 구출 작전에 나서서 고작 수백 명의 사병을 거느리고 네 나라의 연합군을 추격하여 급습했고 대승을 거두었다. 롯도 구출했고 수많은 전리품을 가지고 귀환했다.

그러나 문제는 바로 그때부터였다. 당장은 승리했지만, 상대는 네 나라가 연합한 연합군이었다. 수적으로 절대 우세한 그들이 가만있을 리 만무했다. 아브람은 그들의 보복이 두려울 수밖에 없었다. 비록 승리했지만, 이제는 후환이 두려워지기 시작한 것이다. 게다가 아브람에게는 자식이 없었다.

자식은 장사의 수중에 있는 화살 같다고 했다. 당시 고대 중동 사회에서 자식은 방어벽이요, 전투 병력이었다. 자식이 있어야 후계를 물려줄 수 있어 따르는 사람들 또한 심리적으로 안정을 느낄 수 있었다. 또 자식이 많으면, 그 자식들이 결혼하여 아이를 낳고, 주변의 막강한 추장들과 사돈 관계를 맺음으로써 유사시에 자신을 지킬 세력을 구축할 수 있었다. 그런데 아브람에게는 자식이 전

혈 없었고, 피붙이라고는 자신을 배신하고 도망간 조카 롯뿐이었으니, 어찌 불안하지 않겠는가?
그때 하나님께서 나타나셨다.

이 후에 여호와의 말씀이 환상 중에 아브람에게 임하여 이르시되 아브람아 두려워하지 말라 나는 네 방패요 너의 지극히 큰 상급이니라 창 15:1

그러나 정작 그 말을 들은 아브람은 시큰둥하다.

아브람이 이르되 주 여호와여 무엇을 내게 주시려 하나이까 나는 자식이 없사오니 나의 상속자는 이 다메섹 사람 엘리에셀이니이다 창 15:2

하나님의 말씀은 위대했지만, 아브람이 처한 현실은 가장 중요한 문제에 꽉 막혀 있었다. "너의 자손이 번성하여 큰 민족을 이룰 것이다"라는 하나님의 약속을 믿고 고향을 떠난 지 벌써 10년. 어느새 85세의 노인이 된 아브람에게 큰 민족은 고사하고, 아직 자식이 한 명도 없었다.
그래서 아브람은 하나님 앞에서 푸념처럼 말한다. "하나님, 저는 자식이 없으니 내 종 엘리에셀을 제 상속자로 삼아야겠습니다." 고대 사회에서는 자식이 없는 사람이 충실한 종을 양자로 삼고, 재산을 물려주는 대신, 노후의 삶을 의탁하는 관습이 있었다. 아브람은 지금 그 서글픈 선택지를 말하는 것이다. 이처럼 우리가 현실에 대한 두려움에 사로잡히면 자신감을 잃고, 차선책에 안주하려는 마음이 생기기 쉽다.

> 아브람이 또 이르되 주께서 내게 씨를 주지 아니하셨으니 내 집에서 길린 자가 내 상속자가 될 것이니이다 창 15:3

"하나님이 약속하신 자식을 주지 않으시니, 내 종으로라도 자식 대신 삼아야겠습니다"라는 푸념이었다. 하나님의 약속이 성취되기를 기다리다 지쳐버린 아브람의 체념 같은 말이다. 우리도 이와 비슷한 푸념을 할 때가 많다. 아브람도 진심으로 엘리에셀을 상속자로 삼고 싶었던 것은 아니었다. 자식을 주지 않으시는 하나님께 서운했던 아브람은, 마음에도 없는 엘리에셀 이야기를 꺼내고 있었던 것이다.

하나님은 이런 아브람에게 명쾌하게 말씀하셨다.

> 여호와의 말씀이 그에게 임하여 이르시되 그 사람이 네 상속자가 아니라 네 몸에서 날 자가 네 상속자가 되리라 하시고 창 15:4

이것은 이미 오래전에 하나님께서 아브람에게 하셨던 약속을 다시 한번 재확인시켜주시는 말씀이다. 우리의 시간 안에 이루어지지 않을 뿐이지, 하나님께서는 자신의 약속을 반드시 지키신다. 조급해하거나 답답해하지 말아야 한다. 하나님을 기다리다 지쳐 말도 안 되는 차선책을 투정하듯 택하지 말라. 그것은 우리가 정말 원하는 것이 아니다. 이 사실을 우리도 알고 하나님도 아신다.

> 소망이 더디 이루어지면 그것이 마음을 상하게 하거니와 소원이 이루어지는 것은 곧 생명 나무니라 잠 13:12

혹시 지금 아브람처럼 겉으로는 성공한 것 같은데, 속으로는 불안해하고 있지 않은가? 사업은 잘되고 있지만, 속 썩이는 자녀 때문에 남몰래 마음고생하는 부모들을 본 적이 있다. 전쟁에는 이겼지만, 정작 자신이 가장 갈망하던 자식은 생기지 않아 섭섭했던 아브람처럼, 인생의 한쪽은 풀리는 듯한데, 가장 간절히 원하는 결정적인 소망은 이루어지지 않아 답답한 분이 있는가? 시간이 지나도 하나님의 약속이 성취되지 않아 마음 한편으로는 내키지 않지만, 그래도 다른 인간적인 옵션이라도 붙잡고 싶은 마음이 드는가? 그렇다면 의심의 안개에 사로잡혀 영적 판단력이 흐려진 상태다. 승리의 한가운데서도 불안감이 밀려올 때, 아브람 역시 하나님의 약속을 의심하게 되었다. 그러나 하나님께서는 의심하고 두려워하던 아브람을 야단치지 않으셨다.

> 그를 이끌고 밖으로 나가 이르시되 하늘을 우러러 뭇별을 셀 수 있나 보라 또 그에게 이르시되 네 자손이 이와 같으리라 창 15:5

하늘을 우러러보라고 하신 것으로 보아, 그때까지 아브람은 집 안에 앉아 땅이 꺼질 듯한 걱정에 사로잡혀, 땅바닥만 바라보고 있었던 것이 분명하다. 하나님께서는 그런 아브람을 데리고 밖으로 나가서, 시원한 밤하늘을 올려다보게 하셨다. 그리고 말씀하셨다. "네 자손이 이와 같으리라." 이는 아브람의 자손이 밤하늘에 빛나는 저 수많은 별들같이 많을 것이라는 말씀이다. 하나님의 말씀을 듣는 순간, 아브람의 마음에 기적이 일어나기 시작했다. 그동안 불안해하고 두려워했던 마음이 순식간에 사라졌다.

의심이 사라지려면 우리는 하나님의 말씀을 들어야 한다. 보잘것없는 자신을 친히 찾아와 다시 격려하시는 하나님의 말씀을 들으며, 아브람은 감사해서 눈물이 핑 돌았다. 그리고 자신의 나이와 처지를 모두 잊었다. 말씀을 들어야 믿음이 생긴다. 믿음이 생겨야 의심이 사라진다. 비참한 생각, 열등감, 불안감, 좌절감도 함께 사라진다.

> 아브람이 여호와를 믿으니 여호와께서 이를 그의 의로 여기시고 창 15:6

'믿는다'라는 단어가 성경에서 처음으로 사용된 곳이 바로 여기다. 그만큼 하나님께서는 이 사건을 매우 귀하게 보셨다. 아브람은 다시금 하나님을 신뢰하기로 결심했다. 말씀은 내 안에 믿음을 심고, 믿음은 의심과 두려움을 사라지게 한다.

하나님께서는 말씀으로 아브람의 믿음을 회복시켜주셨고, 아브람은 그 말씀을 듣고 하나님을 다시 믿었다. 하나님께서는 바로 그 믿음을 '의'(義)로 여기셨다. 여기서 '여기셨다'라는 것은 "사실은 아직 그 수준에 이르지 않았지만, 그렇게 간주해주신다"라는 뜻이다. 즉 "아직은 미흡하지만 의롭게 봐주겠다"라는 뜻이다.

아브람의 믿음은 아직 완전하지 않았다. 자기 종 엘리에셀이라도 상속자로 삼겠다고 푸념하던 믿음이었다. 하나님의 끊임없는 격려가 있어야 겨우 회복되는 믿음이었다. 그럼에도 불구하고 하나님께서는 말씀을 듣고 다시 마음을 다잡은 아브람의 결단을 기특하게 여기셨고, 그 믿음을 의롭다고 인정해주셨다. 하나님의 기준에 훨씬 못 미치는 연약한 믿음일지라도, 말씀을 붙잡고 다시 일어서려는 마음, 외로워도 하나님의 길을 계속 가려는 결심을 하나님께서는 귀하게 보신다.

3. 이스마엘, 의심이 체념으로 굳어져 어떤 기대조차 없음

그리고 또 13년의 세월이 흘렀다. 창세기 17장과 18장을 보면, 하나님께서 아브람을 다시 찾아오신 때는 그가 99세 되던 해였다. 이는 이삭이 태어나기 1년 전이며, 그가 사라의 여종 하갈을 통해 이스마엘을 낳은 지 13년째 되던 해이기도 하다.

성경은 이스마엘 출생 이후 13년 동안 아브람의 삶에 대해 침묵한다. 아브람 부부는 이스마엘이 자라는 모습을 보며, 그동안의 시름을 잊고 지낸 듯하다. 인간적인 편법으로 조급하게 얻은 아들이지만, 대를 이을 자식 문제는 이제 해결되었다고 여겼다. 특히 아브람이 99세가 되면서, 인간적인 힘으로는 더 이상 아이를 가질 수 없다고 생각하게 되었고, 그 생각은 그의 마음속 깊이 자리 잡게 되었다. 아브람은 이제 이스마엘로 만족하며 살아가고 있었다.

그의 믿음이 동면 상태에 들어가버린 것일까? 13년 전, 엘리에셀을 상속자로 삼겠다고 하던 때만 해도, 아브람에게는 하나님 앞에 마음에도 없는 대안을 내세우는 패기라도 있었다. 그러나 이제는 의심마저 체념으로 굳어졌다. 어떤 새로운 일이 일어날 것이라는 기대조차 없었다. 아브람은 믿음이 '개점 휴업'인 상태로, 안일하게 13년을 보내고 있었다. 그러나 하나님께서는 그를 잊지 않고 계셨고, 어느 날 갑자기 아브람에게 나타나셨다.

> 아브람이 구십구 세 때에 여호와께서 아브람에게 나타나서 그에게 이르시되 나는 전능한 하나님이라 너는 내 앞에서 행하여 완전하라 내가 내 언약을 나와 너 사이에 두어 너를 크게 번성하게 하리라 하시니 창 17:1-2

아브람은 살아 계신 하나님의 음성을 듣고 놀라 경배하며 엎드렸다. 믿음은 하나님의 말씀을 듣는 그 순간부터 다시 살아난다. 말씀이 들려오면, 잠자고 있던 믿음이 깨어나고 꺼져 있던 소망이 다시 불타오르기 시작한다. 하나님을 만나면 영혼이 잠에서 깨어나고, 무뎌졌던 심령이 다시 살아난다. 하나님은 영적으로 깊은 잠에 빠진 자들을 흔들어 깨우시고, 체념한 자들을 위로하고 격려하시는 분이다. 하나님은 아브람의 잠자던 믿음을 다시 일깨우시기 위해, 하나님의 비전을 새롭게, 더 강하게 하시기 위해 그를 찾아오신 것이다.

최고의 인생을 주시는 하나님의 비전

보라 내 언약이 너와 함께 있으니 너는 여러 민족의 아버지가 될지라 이제 후로는 네 이름을 아브람이라 하지 아니하고 아브라함이라 하리니 이는 내가 너를 여러 민족의 아버지가 되게 함이니라 창 17:4-5

이것은 새로운 약속이 아니다. 하나님께서 이미 과거에 주셨던 약속의 말씀을 이제 성취하시겠다는 선언이다. 이 약속은 하나님께서 아브람에게 무려 세 번이나 반복해서 주셨던 비전이다. 우리에게 필요한 것은 전혀 새로운 비전이 아니라, 이미 주신 비전에 대한 성령의 확인이다. 아브람의 믿음의 여정에도 그러셨던 것처럼,

우리가 의심의 파도에 흔들려서 넘어질 때마다 하나님께서는 우리를 찾아오셔서 비전을 확인해주신다.

하나님께서는 이때 아브람의 이름을 '아브라함'으로 바꾸어주셨다. 하나님은 왜 하필 이삭을 낳기 1년 전에 와서야 이름을 바꾸셨을까? 이제 아브람의 믿음이 그만큼 자랐기 때문이다. 약속의 응답을 받을 준비가 된 것이다. 만약 아브람이 75세에 약속을 받은 즉시 그 말씀이 성취되었다면 어땠을까? 모르면 몰라도 우리가 알고 있는 '믿음의 조상' 아브라함은 없었을 것이다.

나 역시 15년 전 새로운교회를 처음 개척했을 때의 믿음과 지금의 믿음을 비교했을 때, 그사이 많이 단단해졌음을 느낀다. 하나님께서 괜히 심술이 많으셔서 아브람에게 주신 약속의 성취를 일부러 늦추신 것이 아니다. 아브람이 그 약속을 감당할 수 있는 사람, 그 축복을 받을 만한 믿음의 사람으로 자라나기까지 그만한 시간이 필요했던 것이다.

이제 아브람은 이삭의 탄생에 담긴 영적 의미를 제대로 깨달아야 했다. 하나님께서 주신 새로운 이름에는 앞으로 주실 축복의 비밀이 담겨 있었다. '아브람'은 "한 민족의 존귀한 아버지"라는 뜻이다. 물론 좋은 이름이다. 한 가문의 아버지로서 존귀한 존재라는 의미다. 그렇게 살아도 괜찮은 인생이다. 실제로 고대 중근동의 많은 왕과 족장들이 아브람의 후손이 되었다.

그러나 하나님께서는 그보다 더 큰 계획을 가지셨다. 아브람을

'아브라함'이라 부르시며, 여러 민족, 곧 열방의 아버지가 되게 하셨다. 아브라함은 단지 괜찮은 인생이 아니라, 하나님이 보시기에 가장 복된 인생, 최고의 인생을 살아야 했던 사람이었다.

하나님께서 아브라함에게 이삭을 주신 것은 단순히 불임이던 사람이 노년에 기적처럼 아들을 낳아 잘 먹고 잘 살았다는 의미가 아니었다. 그것은 시작에 불과했다. 하늘의 별과 같이 많아질 그의 후손들 가운데는 메시아 예수 그리스도께서 포함되어 있었고, 그 예수 그리스도를 통해 하나님의 자녀가 될 모든 민족과 인종의 사람들이 함께 포함되어 있었다.

비전의 스케일이 이전과 비교할 수 없을 만큼 넓어졌다. 이제 아브라함은 한 가문이나 한 민족을 넘어서 세계 열방을 가슴에 품는 인생을 살아가게 되었다. 아브라함 자신도 상상하지 못했던 축복의 통로가 바로 자신을 통해 열릴 것이다. 그만큼 그의 생각과 마음이 더 커져야 했던 것이다.

그러므로 하나님을 의심하지 말라. 우리의 삶을 향해 우리가 가진 그 어떤 꿈보다 더 크고 깊은 하나님의 꿈이 있음을 기억하라. 그 사실을 잊고 적당한 선에서 안주하려는 아브람을 하나님께서 친히 찾아오셔서 깨우셨다. "너는 아브람이 아니라 아브라함이다. 너는 괜찮은 인생이 아니라 최고의 인생을 살아갈 사람이다." 이 말씀을 주신 그 하나님이 바로 우리의 하나님이시다.

예배의 제단에서 나오는 힘

아브라함이 처음 약속의 땅으로 왔을 당시, 하나님께서 나타나셨을 때 그는 그의 믿음의 여정을 승리로 이끌 중요한 일을 했다.

여호와께서 아브람에게 나타나 이르시되 내가 이 땅을 네 자손에게 주리라 하신지라 자기에게 나타나신 여호와께 그가 그 곳에서 제단을 쌓고 거기서 벧엘 동쪽 산으로 옮겨 장막을 치니 서쪽은 벧엘이요 동쪽은 아이라 그가 그 곳에서 여호와께 제단을 쌓고 여호와의 이름을 부르더니 창 12:7-8

여기서 보면, 약속의 땅에 도착한 아브라함의 삶은 크게 두 가지로 요약된다. 하나는 '장막을 치는 것'이고, 다른 하나는 '제단을 쌓는 것'이다. 장막은 영어로 텐트(tent)인데, 이는 영구적인 집이 아니다. 며칠 머물다가 걷어서 다른 곳으로 옮겨야 하는 일시적인 거처, 곧 이동식 주택이다. 아브라함이 어디로 가든지 장막을 쳤다는 것은 우리가 이 땅에서 나그네와 같은 존재임을 의미한다.

우리가 새집으로 이사할 때, 새로운 학교에 전학 갈 때, 혹은 새로운 비즈니스를 시작할 때마다 우리는 장막을 친다. 그리고 장막을 칠 때마다 우리 마음속에는 '과연 잘할 수 있을까?' 하는 의심이 밀려올 수밖에 없다. 그때마다 의심을 물리치고 승리할 수 있는 비결이 있다.

아브라함은 장막을 치면서 동시에 제단을 쌓았다. 이는 하나님을 예배했다는 뜻이다. 성경은 그가 "여호와께 제단을 쌓고 여호와의 이름을 부르더니"라고 기록한다. 이는 하나님을 찬양하고 기도하며, 하나님의 말씀을 들었다는 것이다. 이방인들이 사는 세상 한가운데서 아브라함은 당당하게 하나님을 예배했다. 창세기 12장에는 성경에서 처음으로 예배의 모습을 보여주는 장면이 나온다. 그리고 이 예배의 습관은 아브라함의 남은 생애 동안 계속되었을 것이다.

우리가 이 사실을 중요하게 기억해야 하는 이유는, 25년이라는 긴 시간 동안 아브라함이 의심의 파도를 물리치며 믿음을 지켜낼 수 있었던 힘이 바로 이 예배의 제단에서 나왔기 때문이다. 예배의 불이 꺼지면 우리는 의심의 족쇄에 쉽게 붙잡히게 된다.

창세기 18장을 보면, 아브라함이 99세가 되었을 때 하나님께서 그를 찾아오시고, 이삭이 태어나기 1년 전 마지막으로 믿음을 격려해주신 장소가 '마므레의 상수리나무들이 있는 곳'이었다. 이곳은 아브라함이 조카 롯과 헤어진 이후, 하나님의 계시를 통해 미래의 비전을 받아온 장소였다. 다시 말해, 이곳은 아브라함이 예배의 제단을 쌓아 놓았던 곳이었다. 세상 속에서 지치고 힘든 아브라함이 하나님의 음성을 듣고 영적 재충전을 받았던 곳, 거룩한 비전을 다시 붙잡았던 곳이 바로 그 자리였다. 믿음의 사람에게는 언제나 하나님을 만나는 예배의 자리가 필요하다. 하나님께서 말씀하시는 특별한 장소가 있어야 한다. 나는 그 자리가 바로 '교회'라고 믿는다.

100세까지 견딘 아브라함의 믿음은 하루아침에 생긴 것이 아니었다. 25년 동안 수많은 시련과 유혹을 이겨내며 조금씩 단련된 믿음이었다. 믿음은 반드시 연단의 세월을 통해 숙성된다. 그 오랜 시간 동안 하나님의 약속을 붙들고 인내하는 가운데, 마귀는 끊임없이 아브라함의 생각 속에 의심을 불어넣었을 것이다. 의심을 키워 불신으로 만들고, 결국 하나님께 불순종하게 하려 했을 것이다. 그러나 아브라함이 넘어지려 할 때마다 하나님께서는 예배의 제단에서 그를 다시 일으켜 세우셨다. 하나님은 끊임없이 그를 격려하셨고, 마침내 때가 차매 약속하신 아들을 허락하셨다.

믿음의 조상 아브라함조차 수차례 의심의 파도에 흔들렸는데, 우리라고 다르지 않다. 약속의 성취가 우리 생각보다 늦어질 때, 우리는 이렇게 기도하고 싶어진다. '하나님, 작은 소망의 시그널이라도 하나 보여주세요. 그러면 제가 낙심하지 않고 믿겠습니다.' 여리고 성을 일주일 동안 돌았던 이스라엘 백성들처럼, 우리도 중간에 벽에 금이라도 가거나 돌이라도 몇 개 떨어지면 더 확실하게 믿을 수 있을 것 같은 마음이 들지 않는가. 하지만 그런 일은 일어나지 않는다. 그리고 눈에 보이는 기적이 믿음을 완성하는 것이라면, 홍해가 갈라지고 구름기둥과 불기둥의 기적을 경험한 이스라엘 백성들이 왜 그렇게 광야에서 하나님을 불신하고 원망했겠는가.

눈에 보이는 기적이 아닌, 하나님의 말씀만이 우리의 믿음을 붙잡아준다. 끝까지 말씀을 믿고, 보기에 아무런 변화가 없어도 그 말씀을 따라가야 한다. 가장 확실한 소망의 시그널은 하나님께서 예배하는 우리에게 끊임없이 주시는 그분의 말씀이다. 아브람 역시 흔들릴 때마다 하나님께서 눈에 보이는 기적이 아닌 말씀으로 찾아오셨다. 우리가 예배의 자리를 포기하지 않고 지켜낸다면, 하나님께서는 반드시 우리를 찾아오셔서 말씀하실 것이다. 그 말씀이 우리의 의심을 물리치고, 다시 일어서게 할 것이다.

말씀대로 이루시는 하나님

최근에 40세가 넘어 첫 아이를 낳게 된 우리 교회 부교역자의 간증을 특별새벽기도에서 읽었는데, 많은 성도들이 큰 은혜를 받았다.

"사랑하는 아내를 만나 믿음의 가정을 이루었을 때, 저는 자연스럽게 아이가 생길 것이라고 생각했습니다. 하지만 결혼한 지 6년이 되어가도록 저희 가정에는 아이가 생기지 않았습니다. 오랫동안 자녀를 위해 기도하며 준비했지만, 아이가 쉽게 생기지 않는 것을 보며 '자녀는 결혼하면 당연히 생기는 것'이 아니라 '하나님께서 보내주셔야만 만날 수 있는 특별한 은혜'라는 것을 비로소 알게 되었습니다.

아이를 기다리는 부부에게 6년이라는 시간은 단 한 마디로는 설명할 수 없는 긴 세월이라는 것을 깨닫게 되었습니다. 늘 믿음의 확신을 무기로 삼아야 하는 목회자임에도 해마다 하나님께서 아이를 보내주시리라는 믿음에 점차 의심의 그림자가 드리운 순간들도 있었습니다. 종종 부부를 소개해야 하는 자리에 서면, 결혼 6년 차면 당연히 자녀가 있으리라 여기는 분들에게 '아직 아이를 기다리고 있어요'라고 설명하는 것도 때로는 벅차게 느껴졌습니다. 성도님들의 임신 소식을 진심으로 축하드리면서도, 가슴 한편에서는 '우리 부부에게는 언제 아이를 보내주실까?' 하는 초조함이 생기기도 했습니다.

그러던 중 2023년 봄, 드디어 우리 가정에 임신 소식이 전해졌습니다. 연약한 제 마음에 의심이 일기 시작할 즈음, 하나님께서 우리 부부에게 믿음의 확신을 주신 것이었습니다. 오래 기다려온 임신 소식이라 너무 감사했습니다. 하루하루가 우리 부부에게는 선물 같은 시간이었습니다. 그러나 이 기쁨은 오래가지 못했고, 원인을 알 수 없는 이유로 유산되고 말았습니다.

오랫동안 기다려온 임신이었기에 말할 수 없는 낙담이 찾아왔지만, 마냥 무너질 수는 없었습니다. 유산 소식을 듣고 집으로 돌아온 그 날, 아직 마르지 않은 두 뺨의 눈물을 닦고, 이날을 절망의 날로 기억하지 않기 위해 감사의 기도 제목들을 적기 시작했습니다. '짧은 시간이었지만 귀한 생명을 만나게 하심에 감사', '자연 임신의 가능성을 확인하게 하심에 감사', '아이를 주시겠다는 약속의 징표를 보여주심에 감사', '하나님께서 주실 아이에 대해 더 큰 기대와 확신을 품게 하심에 감사.' 적다 보니 생각보다 감사할 것이 많아졌고, 그것 자체가 감사했습니다.

저는 아내와 함께 이 날을 좌절이 아닌 '감사의 날'로 기억하기로 다짐했습니다. 힘든 시간이었지만, 감사의 기도와 무엇보다 담임목사님의 목양과 부목사님들의 위로로 그 시기를 견딜 수 있었습니다. 그리고 그다음 해인 2024년 40일 특별새벽기도회에서 우리 부부는 더욱 간절히 기도했습니다. 거룩한 돌파를 소망하며 뜨겁게 기도했고, 말씀을 통해 주시는 은혜로 마음속 아픔이 완전히 회복될 수 있었습니다.

어느 날, 백업 기도를 위해 무대 위에 올라 담임목사님의 인도에 따라 기도하던 중, 유독 '아이를 기다리는 부부들을 위해 기도하자'라는 인도의 마음이 뜨겁게 타올랐습니다. 그 순간 저는 무대 위에 선 백업 기도자가 아닌, '하나님 앞에 선 단 한 사람의 예배자'로 간절히 부르짖었습니다. 수많은 성도들 사이에 어디 앉아 있는지 보이지 않던 아내가, 분명 저와 같은 마음으로 울부짖고 있을 것 같아 그녀를 향해 손을 뻗었습니다. 이미 응답을 받은 것처럼 믿음으로 선포하고, 미리 감사드리며 기도했습니다.

그날의 예배와 기도는 믿음의 확신을 주신 하나님의 선물 같은 시간이었습니다. 그리고 얼마 지나지 않아 꿈속에 나타나신 예수님께서 '해와 같이 빛나는 아이를 주겠다'라고 말씀해주셨고, 그 말씀대로 귀한 생명이 찾아왔습니다. 지난 2월 7일에 태어난 이 아이는 지금 아주 잘 자라고 있습니다.

생명은 하나님이 주신 선물이며, 기도의 열매임을 확신합니다. 담임

목사님과 사모님의 간절한 중보, 부목사님들, 그리고 내 일처럼 함께 기도해주신 수많은 성도님들의 기도를 통해 하나님께서 응답해주셨음을 압니다. 저희 부부는 이 아이가 하나님께서 특별한 은혜로 보내주신 선물임을 기억하며, 이름의 뜻 그대로 '하나님의 나라를 빛내는 아이'로 믿음과 사랑으로 잘 양육하겠습니다."

약속의 성취

내 언약은 내가 내년 이 시기에 사라가 네게 낳을 이삭과 세우리라

창 17:21

하나님께서 드디어 정확히 1년 후에 아이를 낳을 것이라고 시기를 분명히 말씀하셨다. 25년이라는 기나긴 기다림이 이제 끝나려는 순간이었다. 마치 40년 광야생활을 마친 이스라엘 백성이 요단강 가에 서서 약속의 땅을 바라보는 장면과도 같았다. 시련과 연단의 시간이 지나고, 이제는 소망이 이루어지는 새로운 땅이 눈 앞에 펼쳐진 것이다. 그리고 1년이 지난 후, 하나님의 말씀은 정확하게 이루어졌다.

여호와께서 말씀하신 대로 사라를 돌보셨고 여호와께서 말씀하신 대

로 사라에게 행하셨으므로 사라가 임신하고 하나님이 말씀하신 시기가 되어 노년의 아브라함에게 아들을 낳으니 창 21:1-2

하나님의 말씀에는 단 하나의 빈말도 없다. 하나님의 때에 반드시 이루어진다. 말씀을 주시는 순간부터 이미 축복은 시작된 것이다. 하나님이 말씀하셨는가? 그렇다면 그 말씀대로 돌보시고 행하실 것이다. 하나님은 상황에 따라 말씀을 바꾸시는 분이 아니다. 오히려 하나님의 말씀대로 상황이 바뀐다. 하나님의 말씀은 하나님의 때에 반드시 성취된다.

하나님께서는 지루한 기다림의 광야를 지나, 소망의 이삭이 태어나는 축복을 누리게 하실 것이다. 그러니 하나님을 기대하라. 상류의 아침이 가까워지고 있다. 거룩한 소망을 품은 자들은 모두 일어나 이삭이 태어날 그 날을 준비하라.

Pray Until

PART

2

생명을 건 인생 기도를 받으신다

chapter **05**

분노가 사라질 때까지 기도하라

삼상 25:32-35 ; 엡 4:26-27

분노의 문제를 해결하지 못한 세 사람이 있다. 리처드는 성격이 매우 급한 사람이다. 작은 일에도 툭하면 분노가 폭발한다. 누군가가 귀에 거슬리는 말을 하거나, 자기 마음에 들지 않는 행동을 하면 버럭 소리를 지르며 화를 낸다. 화를 빨리 내는 만큼 가라앉는 것도 순식간이다. 본인은 '뒤끝은 없다'라고 말하지만, 이미 '앞끝'으로 주변을 초토화해버렸다. 결국 그는 이미 오래전에 주위 사람들의 기피 대상이 되었다. 그의 문제는 너무 빈번하게 터지는 습관성 분노(Habitual Anger)다.

맥스는 화가 나도 좀처럼 쉽게 표현하지 않고 꾹꾹 눌러서 참는 편이다. 그러나 마침내 폭발하면 마치 화산이 폭발하는 것처럼 이마에 퍼런 핏줄이 솟고, 얼굴이 시뻘게지며, 손에 잡히는 것마다 부서지고, 벼락과 같은 고함이 터졌다. 그때마다 가족이나 부하직원들은 공포에 질려 숨고 만다. 그러다가 감정이 가라앉으면 멋쩍은 듯 어설픈 사과를 하지만 사람들의 놀란 가슴은 좀처럼 회복되지 않는다. 맥스의 문제는 축적되었다가 한순간에 엄청난 강도로 폭발하는 폭발성 분노(Explosive Anger)다.

한편, 수잔은 리처드나 맥스와는 달리 한 번도 분노를 겉으로 드러낸 적은 없다. 하지만 그녀는 조용히 자신의 분노를 속으로 삭이며 치밀한 복수를 계획한다. 자신에게 상처를 준 사람을 파괴하기 위해 모든 수단을 동원한다. 그래서 밤잠을 설치고, 자신이 증오하는 사람이 나오는 악몽에 시달리다가 깜짝 놀라 깨곤 한다. 수잔의 문제는 가슴속에 한으로 맺힌 조용한 분노(Silent Anger), 내적 분노다.

당신은 이 세 사람 중 어떤 유형에 더 가까운가? 어떤 유형이든 분노는 자신과 주변 사람들 모두에게 씻을 수 없는 해악을 끼친다. 분노는 풀 수 없는 숙제처럼 인류를 항상 괴롭혀왔다. 어린아이부터 어른에 이르기까지, 교육 수준이나 경제적 수준과는 상관없이 대부분 분노의 문제를 해결하지 못하고 산다.

한국 사람들도 성격이 급하고 화를 잘 내는 편이다. 수많은 고난의 역사를 헤쳐 오면서 다혈질적인 기질이 생겨서 쉽게 화를 내지만, 빨리 푸는 것 같다. 그런데 크리스천이 된 이후에도 분노의 감정을 제대로 해결하지 못해 괴로워하는 사람들을 많이 보게 된다.

분노의 열매

1. 어리석은 언행을 저질러버린다

노하기를 속히 하는 자는 어리석은 일을 행하고 악한 계교를 꾀하는 자는 미움을 받느니라 잠 14:17

분노를 참지 못하고 저지르는 어리석은 언행들은 주로 가정에서 일어난다. 다른 사람들이 잘 보지 못하는 공간이고, 평생 함께 할 가족이라는 생각 때문인지, 바깥에서는 상상하지도 못할 감정을 가정에서 폭발시키는 경우가 허다하다. 대표적으로 부부 싸움을 할 때, 자녀를 징계할 때 자신의 감정을 억누르지 못하고 신경질적으로 분노를 터뜨린다. 가정 다음으로 분노를 자주 터뜨리는 곳은 직장이다. 아무래도 하루 중 가장 많은 시간을 보내고, 다양한 사람들과 여러 방식으로 부딪치는 일이 많기 때문일 것이다.

2. 자기와 주위 사람들의 인생에 상처를 준다

내가 아는 어떤 친구는, 아무것도 아닌 일에 화를 내며 들고 있던 값비싼 기타를 바닥에 내리쳐 그만 박살을 내고 말았다. 그제야 후회했지만, 이미 늦은 뒤였다. 또 어떤 사람은 실력은 괜찮은 편인데도 직장을 자주 옮긴다. 그 이유는 사소한 일에도 성질을 참지 못하고 화를 내고는 스스로 직장을 그만두기 때문이다. 결국 그와 그의 가족은 그로 인해 말할 수 없는 고생을 겪어야 했다. 이처럼 분노를 조절하지 못하는 사람은 결국 자신의 인생을 스스로 망가뜨리게 된다. 주변에서 몇 번 도와주어도, 그 문제가 반복되곤 한다.

> 노하기를 맹렬히 하는 자는 벌을 받을 것이라 네가 그를 건져 주면 다시 그런 일이 생기리라 잠 19:19

3. 고립된다

화를 잘 내는 사람 곁에는 아무도 머물고 싶어 하지 않는다. 친구도, 가족도 점점 멀어지게 된다. 말년의 사울 왕은 분노를 조절하지 못해, 자기 아들에게조차 창을 던질 정도였다. 결국 그는 점점 더 고립된 삶을 살게 되었다.

4. 건강도 나빠진다

우리가 알고 있는 병들의 60퍼센트 이상이 감정적 스트레스로 인해 생긴다고 한다. 이 중에서도 격한 감정, 특히 분노가 주된 원인이다. 심장마비, 고혈압, 위궤양, 신체 마비, 불면증, 만성 불안감 등 많은 질병들이 해결되지 못한 분노에서 비롯된다.

다른 사람을 향한 분노와 미움은 엄청난 정신적 에너지를 소모하게 만든다. 크리스천이 가장 크리스천답지 못해 보일 때는 바로 가슴속에 형제를 향한 분노를 품고 있을 때이다. 그 상태를 그대로 방치하면 반드시 마귀가 역사한다. 하나님께서는 믿음의 형제가 서로 분노를 품고 용서하지 못하는 모습을 살인죄와 같이 보신다고 하셨다. 우리 안에 형제를 향한 분노와 악한 마음을 그대로 두면 영적 분별력이 흐려지고, 기도와 예배가 막힌다. 감사와 찬양이 입에서 자연스럽게 흘러나오지 않고, 마음에 평안이 없다. 교우 관계도 하나둘씩 무너지기 시작한다. 따라서 분노는 방치하지 말고, 반드시 빨리 조절하고 해결해야 한다.

분노를 다루는 세상적 방법들

1. 분노를 다른 곳으로 표출시킨다

　비기독교 상담자들에게 분노 해결에 대해 상담하면, 종종 분노를 다른 대상으로 옮겨서 그 대상에게 화풀이하며 스트레스를 해소하라고 권유한다. 예를 들어, 미워하는 상사가 있으면 스쿼시 같은 격렬한 운동을 하라고 한다. 공을 상사라고 생각하면서 라켓으로 마구 후려치라는 것이다. 또는 감정이 얽힌 누군가가 있을 때, 아무도 없는 빈방에 들어가 접시를 깨고, 그 사람에 대한 욕을 실컷 하고 나오면 속이 시원해진다고 말한다. 어린아이의 경우에는 인형이나 장난감을 마구 패대기치게 하도록 권하는 상담자들도 있다.

하지만 이런 방법은 당장은 속이 조금 시원할 수 있을지 몰라도, 근본적인 치유에는 아무 도움이 되지 않는다. 오히려 과격한 방식으로 감정을 분출하면 마음이 더 폭력적으로 바뀌게 된다. 화풀이로 벽을 주먹으로 치거나, 욕을 마구 내뱉고 나면 순간은 후련할지 몰라도, 곧 마음이 더 씁쓸하고 강퍅해지는 것을 경험하게 된다.

2. 침체

분하고 억울한 상황을 많이 겪었지만, 아직 나이가 어리거나 직급이 낮아 보복할 힘이 없을 때, 혹은 성격이 내성적이고 소심해서 감정을 밖으로 표현하지 못할 때는 분노를 속 시원히 드러낼 수 없다. 그래서 그냥 꾹꾹 참고 속으로 삭이게 된다. 그러다보면 결국 '속병'이 든다. 마음에서 기쁨과 평안이 사라지면서, 우울증, 불면증, 대인기피증 같은 증상이 자연스럽게 따라오게 된다.

3. 복수

"화낼 필요 없다. 똑같이 갚아주면 된다"라는 말은 복수의 철학이다. 분노는 그대로 두면 반드시 보복하려는 마음으로 발전하게 된다. 당장 보복할 힘이 없으면, 상상 속에서라도 그에게 보복할 수 있는 온갖 방법을 떠올리게 된다. 그러나 복수는 결국 우리 자신을 격하시킨다. 가령 길을 지나가다가 두 사람이 싸우는 장면을 보았다고 하자. 분명 한 사람의 잘못으로 싸움이 시작되었고, 상대편이 거기에 대해 분노하여 똑같은 욕설과 폭력으로 맞대응했다. 하지만 아무리 이유가 정당하더라도, 사람들은 두 사람 모두 같은 수준으로 본다.

그리고 영화나 드라마와 달리, 복수를 하고 난 뒤의 뒷맛은 결코 시원하지 않다. 복수는 또 다른 복수를 불러오기 때문에 결국 모두를 파멸로 몰아간다. 그래서 예수님께서도 칼을 휘두르던 베드로에게 "칼을 가지는 자는 다 칼로 망하느니라"라고 말씀하신 것이다. 복수는 하는 자와 당하는 자 모두를 망하게 하기 때문이다.

분노의 원인

우리는 흔히 "내가 화내는 데는 다 그럴 만한 이유가 있다"라고 말한다. 누군가 혹은 어떤 사건이 나를 화나게 만들었다고 주장한다. 그러나 대부분의 경우, 상황 자체가 우리를 분노하게 만든 것이 아니라, 이미 우리 안에 축적되어 있던 분노의 감정을 그 상황이 건드린 것에 불과하다. 그렇다면 우리 속에 쌓여 있는 분노의 잠재적 덩어리들은 무엇일까?

1. 불만

인생이 기대만큼 풀리지 않을 때 마음속에 쓴 뿌리가 자란다. '나 같은 유능한 사람이 아직 이 정도밖에 못하다니, 세상이 불공평해', '이렇게 열심히 사는데 내 꿈은 왜 이렇게 더딘가?' 이런 불만은 특히 남들과 자신을 비교할 때 극대화된다. '잘나가는 남편을 둔 친구들은 다 넓은 아파트에 사는데, 나는 왜 이럴까?' 이렇게 쓴 뿌리가 쌓이면, 작은 자극에도 예민하게 반응하게 되고, 동창회에서 친구에게 무시당하는 일처럼 사소한 상황도 쉽게 분노로 연결된다. 때로는 이 감정이 하나님을 향한 원망으로까지 번지기도 한다.

2. 배신감

배신감도 또 하나의 분노 트리거(trigger)다. 우리가 전혀 모르는 사람에게 상처받는 일은 비교적 쉽게 넘길 수 있다. 하지만 내가 신뢰하고 사랑했던 사람에게 실망할 때, 분노는 걷잡을 수 없이 커진다. 가까운 사람일수록 나를 완벽하게 이해하고 배려해주어야 한다는 비현실적인 기대를 품기 때문이다.

3. 억울함

사람은 억울한 일을 당하면 분노를 느낀다. 내가 하지도 않은 일로 직장에서 불이익을 당하거나 사람들의 오해를 받았을 때, 분노가 치밀어 오른다. 요즘 분노조절장애가 급증하는 것은 우울증

증가와도 밀접한 관련이 있다. "인심은 곳간에서 난다"라고 했던 속담처럼 마음이 가난하고 우울하면 타인을 배려할 여유도 줄어든다. 결국 늘 화가 나 있거나, 조금만 건드려도 쉽게 폭발하게 된다. 난폭 운전이나 끼어드는 차량에 대한 과격한 반응, 심하면 보복 운전으로 이어지는 것도 이와 관련이 있다.

4. 자존심

자존심이 상처 입는 것도 분노의 큰 원인이다. 우리는 보통 나이나 지위, 재산에 걸맞은 대우받아야 한다고 기대한다. 그 기대가 충족되지 않을 때 분노가 일어난다. 줄을 오래 서야 하거나 대기 시간이 길어지면 '나는 바쁜 사람인데 왜 이런 대접을 받나'라며 화를 낸다. 누군가 내 말에 반박하거나 내가 원하는 대로 따라주지 않으면 '내가 누군 줄 알아?'라는 말이 튀어나온다. 특히 전직 고위 공직자나 대기업 임원 출신들에게서 이런 반응이 잦다. 하지만 자존심을 내려놓지 못하면, 은퇴 이후의 인생은 매우 힘겨워진다.

예수님의 완벽한 자기 권리 포기

자존심 때문에 분노했던 적이 있다면, 예수님을 생각해보자. 하나님의 아들이신 예수님의 삶은 철저한 권리 포기에서 시작되었다. 공직 사회에서도 의전이 중요하다. 대통령은 대통령대로, 장관은 장관대로 대우를 받는다. 세상에서도 지위에 따라 다른 대접을 요구한다면, 하물며 만왕의 왕이신 예수님은 어떠셔야 하는가?

그러나 예수님은 이 땅에 오셔서 아무 권리도 주장하지 않으셨다. 시골 나사렛의 목수로 살아가셨고, 집도 없으셨으며, 외모도 평범하셨고, 권력 있는 자들의 도움도 없었다. 비서 한 명 없이, 청소도, 서류 접수도, 요리도 스스로 하셨고, 심지어 남의 발까지 씻겨주셨다. 사람들은 그분을 하나님의 아들로 알아보지 못했고, 함부로 대하고, 조롱하며 핍박했다.

예수님은 작은 읍장의 대우도 받지 못하셨지만, 자존심을 내세우거나 분노하지 않으셨다. 그 이유는, 자신이 누릴 수 있는 권리를 스스로 완전히 내려놓으셨기 때문이다. 그런데 우리는 예수님의 제자라고 하면서 왜 이렇게 쉽게 상처받고 분노하는가? 예수님이 권리를 포기하셨다면, 그분을 따르는 우리 역시 그래야 하지 않겠는가? 우리는 아직도 섬기는 것보다 섬김받는 것을 더 좋아하고, 자존심이 조금이라도 상하면 성을 낸다. 아직 우리가 내려놓은 것이 별로 없기 때문이다. 그러나 권리를 포기하면, 분노할 이유도 대부분 사라진다. 무례함이나 무관심도 더 이상 나를 흔들 수 없게 된다.

다윗의 분노와 한계 상황

사무엘상 25장을 보면, 다윗이 광야 시절에 분노로 인해 큰 실수를 저지를 뻔한 사건이 나온다. 그때는 다윗의 영적 아버지와도 같았던 사무엘 선지자가 세상을 떠난 직후였다. 당시 다윗은 사울에게 쫓기는 도망자의 신분이었지만, 사무엘의 장례식에는 참석했고, 이후 광야로 내려간다. 아마도 사무엘의 죽음 이후 사울 왕이 더욱 광기를 부리며 자신을 추적해올 것을 염려한 다윗이 피신의 의미로 광야를 택했을 것이다.

당시 다윗은 혼자가 아니었다. 그와 함께한 무리는 6백 명이 넘었고, 늘 식량과 물자가 부족한 상황이었다. 그래서 다윗은 그 지역의 가장 큰 부자였던 나발에게 도움을 요청하고자 했다. 마침 그때는 양털을 깎는 시기였다. 목축을 중요시하던 당시 사회에서 이 시기는 대대적인 잔치가 열리는 때로, 평소 은혜를 베푼 이웃과 나그네들을 대접하는 축제의 시간이었다. 다윗과 그의 부하들은 평소 나발의 양 떼를 강도들로부터 보호해주고 있었기에, 다윗은 나발에게 사자를 보내 정중히 식량을 지원해달라고 요청했다.

그런데 뜻밖에도 나발은 "다윗이 도대체 누구냐? 주인 사울에게서 도망친 불량한 종이 아니냐"라는 모욕적인 언사로 다윗의 사자를 대놓고 무시했다. 나발이 부패한 사울 왕에게 아부하며, 광야를 방황하던 다윗의 곤고한 처지를 멸시한 것이었다.

나발의 말을 전해 들은 다윗은 분노가 머리끝까지 치밀어 올랐고, 즉시 수백 명의 부하들을 동원하여 그날 밤으로 나발의 집을 향해 달려갔다. 다윗은 아침이 되기 전까지 나발의 집안을 모조리 죽이겠다고 이를 갈았다. 평소 다윗은 잔혹한 사람이 아니었다. 그런데 왜 그렇게까지 격노했을까? 나발이 "다윗이 누구냐"라는 말로 그의 자존심을 짓밟았기 때문이다.

다윗은 수많은 이스라엘 군대 앞에서 골리앗을 쓰러뜨렸고, 수많은 전쟁을 통해 나라를 지켜낸 국민 영웅이었다. 그 다윗의 이름을 모르는 사람은 이스라엘에 아무도 없었다. 그런데도 나발은 "다윗이 누구냐"라고 모독하며, 사울 왕을 배신한 종이라고 조롱했다. 게다가 수많은 재산을 가진 부자이면서도 그동안 자신의 양 떼를 지켜준 다윗의 은혜는 모른 채, 인색한 마음으로 응답한 나발은 참으로 어리석고 악한 자였다.

더구나 다윗은 그때 쫓기는 광야생활 속에서 지쳐 있었고, 영적 스승 사무엘의 죽음을 막 겪은 직후라 마음도 한없이 슬프고 무너져 있던 상태였다. 몸도 마음도 한계에 다다른 상황에서 이런 모욕까지 당하니, 다윗의 모든 인내심이 무너져 내리면서 폭발해버리고 만 것이다. 우리도 몸과 마음이 지쳐 있을 때 더욱 조심해야 한다. 하고자 하던 일이 잘 풀리지 않고 어려운 시기를 지나고 있을 때, 감정이 새어 나오지 않도록 조심해야 한다. 그 시기에 누군가 우리의 자존심을 건드리기라도 하면, 참지 못하고 쉽게 폭발해버릴 수 있다.

'요즘 왜 이렇게 화낼 일이 많지?'라고 말하는 사람들이 있다. 그러나 사실 화를 낼 만한 상황은 언제나 우리 주변에 있다. 내 몸과 영혼의 상태가 좋을 때는, 은혜의 힘으로 평강을 유지할 수 있지만, 다윗처럼 광야 같은 시간을 지나며 몸과 마음이 지쳐 있을 때는, 내적 방어벽이 사라지면서 쉽게 분노하게 되는 것이다. 그러므로 자기 컨디션을 잘 조절해야 한다. 잠도 충분히 자고, 운동도 하고, 가벼운 취미생활을 통해 몸과 마음이 여유를 가질 수 있도록 자신을 잘 관리해야 한다.

마귀에게 틈을 주지 말라

1. 분을 내어도 죄를 짓지 말라

분을 내어도 죄를 짓지 말며 해가 지도록 분을 품지 말고 마귀에게 틈을 주지 말라 엡 4:26-27

먼저 "분을 내어도"라는 말은, 우리가 인간인 이상 화가 전혀 나지 않을 수는 없다는 뜻이다. 하나님께서도 분노라는 감정을 이해하신다. 그러나 중요한 것은, 화가 났을 때 죄를 짓지 않는 것이다. 화가 난 상태에서 말하거나 행동하는 일은 각별히 조심해야 한다. 우리는 대부분 홧김에 저질러버린 일을 나중에 깊이 후회하게 된다.

마귀는 분노를 통제하지 못하는 사람에게 달라붙어서 죄를 짓게 만든다. 다윗도 하마터면 그렇게 될 뻔했다. 나발의 모욕에 분노한 다윗은 군사들을 이끌고 나발의 집안을 통째로 피바다로 만들려 했다. 아비가일이 중간에 막아서지 않았다면, 정말 그렇게 되었을 것이다. 그랬다면 순간적으로는 속이 시원했을지 모르지만, 그다음은 어땠겠는가?

나발은 분명 어리석고 악한 사람이었지만, 다윗과 같은 유다 지파 사람이었다. 다윗은 장차 유다 지파의 지지를 기반으로 전 이스라엘의 왕이 될 인물이었다. 그런 다윗이 감정을 이기지 못하여 같은 유다 지파 사람을 살육했다는 기록이 남게 되면, 그것은 새 왕으로서 그의 도덕성과 지도력에 치명적인 손상을 입히는 일이 되었을 것이다.

우리도 살면서 수없이 많은 '나발 같은 사람들'을 만나게 된다. 난폭 운전으로 끼어드는 운전자, 막무가내 진상 고객, 나를 무시하는 직장 상사나 동료 등 믿음이 있는 나조차 성질을 참지 못하고 분노가 치밀 때가 있다. 그러나 우리가 싸울 적을 누구로 설정하느냐가 우리의 인물 크기를 결정한다. 하나님이 쓰시는 왕 같은 제사장인 내가, 마주치는 모든 나발에게 화를 내고 그와 싸우기 시작하면, 결국 나도 그들과 같은 수준으로 추락하고 만다. 그것이 바로 마귀가 원하는 그림이다. 천군만마를 호령하고 제국을 다스릴 왕이 될 사람을 동네 불량배 수준으로 떨어뜨리려고 하는 것이다.

마귀는 우리가 분노할 때 그 격한 감정을 틈타 우리의 감정을 폭발시키고 우리에게 칼을 휘둘러 상황을 속히 해결하라고 속삭일 것이다. 하나님의 보배로운 자녀들로 하여금 추하고 더럽게 행동하게 만들려는 것이다. 다윗도 거의 넘어갈 뻔했다. 그래서 성경이 "노하기를 더디 하는 자는 용사보다 낫고"라고 한 것이다. 혹시 지금, 다윗처럼 억울하게 당하고, 짓밟힌 자존심에 분노하고 있는가? 당신 앞에 있는 나발에게 칼을 휘두르려 하고 있는가? 그렇다면 잠시 멈추라. 숨을 고르고 예수님을 생각하라. 그리고 그 칼을 다시 칼집에 꽂으라.

2. 해가 지도록 분을 품지 말라

성경은 "해가 지도록 분을 품지 말고"라고 말씀한다. 한 번도 화내지 않는 사람은 없다. 그러나 하나님의 사람은 분노가 치밀 때, 그 문제를 하나님 앞으로 가지고 나가 기도하며 가능한 한 빨리 털어버린다. 분노를 24시간 이상 품고 있으면, 그때부터는 매우 위험해진다. 소방관들의 말에 따르면, 불이 났을 때는 조기 진화가 무엇보다 중요하다고 한다. 불이 번지기 시작한 뒤에는 진압이 훨씬 어려워지기 때문이다. 분노도 마찬가지다. 불처럼 감정이 번지기 전에, 조기에 진화해야 한다. 그렇지 않으면 내가 분노를 다스리는 것이 아니라, 분노가 나를 지배하게 된다. 부부 싸움도 처음에는 사소한 일로 시작된다. 그런데 한참 다투다보면 도대체 무엇 때문에 싸우게 되었는지도 모를 때가 많다. 꺼지지 않는 분노는 우리의 영혼을 병들게 하고, 하나님의 일을 파괴시킨다.

하루 이상 마음에 쌓아두는 분노는 마귀에게 틈을 주는 것이다. '틈을 준다'라는 것은 마귀가 우리 영혼을 공격할 교두보를 허락해주는 것과 같다. 분노하는 마음은 사탄이 가장 좋아하는 놀이터다. 사탄은 아무것도 아닌 작은 분노에 기름을 부어 큰 재앙으로 확대시키는 것에 능하다. 멀쩡하게 잘 살던 부부가 이혼에 이르고, 괜찮은 교회가 갈등 끝에 분열되는 것도 알고 보면 대부분 아주 사소한 감정 충돌에서 시작된 것이다. 그러니 오늘 하루 우리를 화나게 했던 모든 일들, 모든 사람들을 해가 지기 전에 하나님 앞에서 깨끗이 내려놓기 바란다. 분노를 털어내고, 다시 은혜의 평강 가운데로 돌아오라.

하나님의 큰 그림을 보라

살기등등한 다윗의 군대가 나발의 집안을 몰살시키기 위해 달려오고 있다는 소식을 나발의 아내인 아비가일이 듣게 된다. 아비가일은 남편과 달리 매우 지혜롭고 경건한 여인이었다. 그녀는 즉시 다윗의 부하들이 먹을 수 있도록 풍성한 음식을 준비해 나귀에 실어 다윗에게 보냈다. 그리고 자신도 직접 뒤따라가 다윗 앞에 무릎을 꿇고 부드럽게 설득하기 시작했다. 그녀는 먼저 남편 나발에 대해 '불량하고 미련한 사람'이라고 말하며, 그런 사람은 굳이 마음에 두지 말라고 한다.

그리고 무엇보다 그녀는 다윗에게 하나님이 갖고 계신 큰 그림을 보라고 권면한다.

> 주의 여종의 허물을 용서하여 주옵소서 여호와께서 반드시 내 주를 위하여 든든한 집을 세우시리니 이는 내 주께서 여호와의 싸움을 싸우심이요 내 주의 일생에 내 주에게서 악한 일을 찾을 수 없음이니이다 삼상 25:28

여기서 '집'(House)은 하나님께서 다윗을 통해 세우실 이스라엘 왕조를 뜻한다. 즉 "지금은 도망자 신세이지만, 하나님께서 언젠가 반드시 다윗 당신을 우리 왕으로 세우실 것이며, 새 역사를 시작하실 것입니다. 당신은 하나님의 싸움을 싸우는 사람입니다. 지금까지 당신은 하나님 앞에 의로운 일생을 살아오신 분입니다. 그 공든 탑을 여기서 무너뜨릴 수는 없지 않습니까" 바로 이런 뜻이었다.

하나님께서는 아비가일을 통해 다윗이 이성을 되찾게 하셨다. 오랜 시간 광야에서 인생이 뜻대로 풀리지 않는 시간을 보내다보면, 누구라도 몸과 마음이 지치게 된다. 낙담하게 되고, 감정은 점점 예민해지고 날카로워진다. 그러다보면 자존감이 무너지고, 하나님께서 주신 큰 비전도 잊기 쉬워진다. 고난의 의미를 깊이 묵상하지 못한 채, 고난 그 자체에 지치게 되는 것이다. 그렇게 마음이 메마른 상태에서는 누군가가 자존심을 조금만 건드려도 쉽게 분노가 폭발하게 된다. 다윗 역시 그러했을 것이다.

아마 마귀는 화가 난 다윗에게 이렇게 속삭였을 것이다. '다윗, 넌 지금 광야에 있잖아. 넌 도망자야. 앞으로도 계속 이렇게 숨어 다녀야 할 걸? 어차피 망가진 인생인데, 나발 같은 자 하나 죽인들 뭐가 문제겠어? 그동안 쌓인 분노, 이참에 확 풀어버려.' 그러나 바로 이때, 우리는 기도하면서 마귀의 절망적인 음성을 단호히 뿌리쳐야 한다. '그렇지 않아. 나는 하나님께서 귀하게 쓰시기 위해 준비시키고 계신 사람이다. 나는 장차 하나님의 왕국을 이끌 왕이 될 사람이다. 나발 같은 사람에게 분노를 쏟아내느라 내 인생을 망칠 수는 없다.' 바로 그 생각을 하도록 다윗을 이끌어준 사람이 아비가일이었다. 아비가일은 부드럽고 지혜롭게 다윗을 위로하며 이렇게 말하는 것 같았다.

"당신이 하나님 안에서 누구인지를 기억하세요(Remember who you are in Christ). 다윗, 당신은 나발 같은 불량한 사람에게 보복이나 하는 그런 하찮은 분이 아닙니다. 당신은 동네 싸움꾼이 아닙니다. 당신은 천군만마를 거느리는 위대한 장군이요, 곧 이 나라의 왕이 되실 분입니다. 그러니 지금부터 장군답게, 왕답게 행동하셔야 합니다."

우리가 하나님 안에서 어떤 존재인지를 아는 것, 그것은 우리가 함부로 분노를 터뜨리지 않게 해주는 강력한 힘이 된다. '다윗, 그대는 하나님의 나라 이스라엘의 위대한 왕으로 세워질 사람입니다. 그때 후회하거나 슬퍼할 오점을 지금 남겨서는 안 되지 않겠습니까.' 아비가일의 이 말은 다윗의 마음을 깨우는 하나님의 음성이 되었다. 까마귀들이 주위를 맴돈다고 독수리가 분노하여 그들과 싸우기 시작하면, 승패와 상관없이 결국 독수리는 까마귀의 수준으로 떨어지게 된다. 하지만 독수리는 까마귀가 따라올 수 없는 높은 하늘로 비상함으로써, 싸우지 않고 이기는 길을 택해야 한다. 왜냐하면 독수리는 그들과는 비교할 수 없는 하늘의 제왕으로서 이뤄야 할 더 큰 꿈이 있기 때문이다.

우리가 분노하여 인생을 망치는 행동을 하기 직전에, 우리는 하나님의 음성을 듣고 우리가 얼마나 존귀한 존재인지를 깨달아야 한다. 그리고 멈추어야 한다. 감정을 가라앉힌 다윗은 아비가일의 지혜로운 조언을 통해 다시 영적 분별력을 회복했다. 순간의 분노를 억누르지 못하고 하마터면 두고두고 후회할 죄를 지을 뻔했던 자신을 하나님께서 아비가일을 통해 지켜주셨음을 깨닫고, 그는 아비가일을 통해서 역사하신 하나님을 찬양했다.

다윗이 아비가일에게 이르되 오늘 너를 보내어 나를 영접하게 하신 이스라엘의 하나님 여호와를 찬송할지로다 또 네 지혜를 칭찬할지며 또 네게 복이 있을지로다 오늘 내가 피를 흘릴 것과 친히 복수하는 것을 네가 막았느니라 삼상 25:32-33

하나님의 사람이 분노를 다루는 법

1. 시간적 여유를 가지라

화가 났을 때, 순간적으로 반응하지 말고 잠시 시간적 여유를 가지라. 분노가 치밀어 오를 때, 곧바로 반응하기보다 먼저 그 상황으로부터 물러나야 한다. 전화를 끊고 기도실로 들어가든지, 조용히 밖으로 나가 혼자 산책을 하라. 크고 길게 숨을 들이쉬고 내쉬기를 몇 차례 반복해보라. 속으로 50까지 세어보라는 말도 있다. 대부분의 상황은 그 잠깐의 시간 안에 가라앉는다. 치밀어 오르는 말을 잠시 참아내고, 단 몇 분만 인내해도 훗날 땅을 치고 후회할 말과 행동을 막을 수 있다.

시간적 여유를 가지는 동안 우리가 꼭 해야 할 중요한 일 가운데 하나가 사실 확인이다. 많은 경우, 우리는 잘못 알고 화를 내는 실수를 범한다. 내가 초등학교 고학년쯤 되었을 때의 일이다. 우리 반에 잘사는 집 아이가 귀중한 물건을 잃어버렸다고 울면서 선생님께 말씀드렸다. 그러자 선생님은 다짜고짜 우리 반 전체를 무릎 꿇게 하고 책상을 들게 하며 말했다.

"훔쳐 간 사람은 지금 자수해."

그러나 우리 중 누구도 훔친 적이 없었기 때문에 아무도 나설 수 없었다. 그런데도 혈기 왕성했던 젊은 선생님은 불같이 화를 내며 회초리로 차례차례 아이들을 때리고 1시간 넘게 기합을 주었다. 그런데 얼마 후에 그 아이의 어머니가 학교로 찾아와 '아이가 집에 두고 온 것을 깜빡했던 것 같다. 정말 미안하다'라고 했다.

선생님은 사실 확인도 하지 않은 채, 죄 없는 아이들에게 불같은 분노를 쏟아낸 것이다. 그 일은 거의 50여 년 전의 일이지만, 나는 아직도 그 날 교실의 공기와 아이들의 눈빛을 생생히 기억하고 있다. 화내기 전에 먼저 반드시 해야 할 것은 정확한 사실 확인이다. 감정보다 사실이 먼저여야 한다.

2. 예수님을 묵상하라

또한 시간적 여유를 가지고 예수님을 묵상해야 한다.

> 부당하게 고난을 받아도 하나님을 생각함으로 슬픔을 참으면 이는 아름다우나 벧전 2:19

억울하게 욕을 먹고 부당한 대접을 받을 때, 욱하는 마음이 생기지 않는 사람이 어디 있겠는가? 분노는 나의 의지로 통제할 수 없다. 그것은 마귀가 불을 붙이는 것이기 때문에 그보다 더 강하고 선하신 하나님의 도움을 받아야 그 불을 꺼뜨릴 수 있는 것이다. 그래서 "하나님을 생각함으로"라는 것이다.

다윗도 처음에는 오직 괘씸한 나발에게만 생각이 집중되어 있었다. 왜 나발이 그런 모욕적인 언행을 했는지, 생각하면 할수록 더 화가 치밀었다. 그런데 지혜로운 아비가일을 통해 다윗의 시선이 바뀌기 시작했다. 나발에 대한 생각을 멈추고 하나님을 생각하고, 하나님의 계획 안에서 자신이 감당해야 할 사명을 떠올렸을 때, 다윗은 비로소 분노를 가라앉힐 수 있었다.

우리도 마찬가지다. 우리에게 상처를 준 나발 같은 인간을 계속 생각하면 할수록 더 화가 날 것이다. 그러니 나발 생각을 멈추고, 하나님을 생각하라. 하나님의 계획 안에서 자신에게 주어진 사명을 다시 떠올려보라. 마음에 훨씬 더 큰 평안이 찾아올 것이다.

하나님을 생각하기 위해서는 기도해야 한다. 화가 났을 때 가장 하기 힘든 것이 기도다. 기도가 잘 되지 않는다는 것은, 우리의 마음이 그만큼 영적으로 눌려 있다는 증거다. 마귀는 미움의 영이다. 그래서 누군가에 대한 분노와 미움이 마음에 가득 차 있을 때는, 마귀에게 눌리기 쉽고, 그 영향으로 기도가 막히게 된다. 그렇기 때문에 역설적으로 잠시 홀로 방에 들어가 호흡을 가다듬고 기도하려고 노력해야 한다. 성령님의 도움을 청하라. 기도할 수 있는 힘을 주실 것이다. 억지로라도 그렇게 기도를 시작해야, 성령께서 분노의 불길을 진압해주시고, 우리 마음을 가라앉히도록 도와주신다.

분노는 기억력이 좋다. 지금 일어난 일도 우리를 화나게 하지만, 몇 주 전, 혹은 몇 년 전 일까지도 문득 떠올라 다시 마음을 뒤흔들 때가 있다. 그래서 그때마다 기도로 성령의 도우심을 구해야 한다. 기도만이 확실한 분노 킬러다. 성경에는 분노와 기도를 서로 대조하는 장면이 자주 등장한다. 분노를 이기고 예방하려면 기도해야 한다. 반대로 기도를 멈추면 분노를 이기기 어려워진다.

그러므로 각처에서 남자들이 분노와 다툼이 없이 거룩한 손을 들어 기도하기를 원하노라 딤전 2:8

3. 하나님의 정의를 믿어라

통제되지 못한 분노는 반드시 복수로 이어진다. 그러나 성경에 보면 하나님께서 "정의는 내가 집행한다. 나의 때가 되면 심판은 내가 확실하게 할 것이다"라는 말씀을 수없이 하시는 것을 볼 수 있다. 수술은 명의가 해야 뒤끝이 없다. 정의도 하나님이 집행해서야만 뒤끝이 없다. 화를 참지 못한 내가 섣불리 복수의 칼을 함부로 휘두르면 이스라엘과 하마스 전쟁처럼 끝이 없다. 정말 사악하고 못된 사람들은 언젠가 반드시 하나님의 손에 심판받을 것이다.

다윗이 직접 나서지 않았지만, 하나님께서 나발을 직접 심판하셨다. 그날 밤, 온 집안이 도륙당할 위기에서 가까스로 벗어난 순간에도 나발은 아무것도 모른 채 큰 잔치를 벌이며 술에 취해 곯아떨어져 있었다. 다음 날, 집으로 돌아온 아비가일은 술이 깬 나발에게 전후 사정을 설명해주었다. 그제야 자신과 집안이 하마터면 몰살당할 뻔했다는 사실을 알게 된 나발은 공포와 충격에 사로잡혀 몸이 돌같이 굳어버렸다. 그리고 열흘 후, 하나님께서 나발을 직접 쳐서 죽이셨다. 다윗이 복수하지 않았어도, 하나님께서 정확하고 확실하게 심판하신 것이다.

4. 하나님의 사랑을 생각하라

마태복음 18장에 나오는 만 달란트 탕감받은 종의 비유를 떠올려보라. 그는 자신이 갚을 수 없는 큰 빚, 만 달란트를 탕감받았다. 그러고도 나오는 길에 자신에게 백 데나리온을 빚진 동료를 만나자 불같이 화를 내며 멱살을 잡고 그를 옥에 가둬버렸다. 그 이중적인 모습, 사실 그것이 바로 우리의 모습이기도 하다.

우리가 분노를 이기지 못하는 이유는, 우리에게 작은 상처를 준 그 사람만 계속 생각하기 때문이다. 그러나 우리가 하나님 앞에 지은 주홍같이 붉은 죄들이 모두 용서받았다는 사실을 조금이라도 기억한다면, 결코 형제를 향해 끝까지 분노할 수는 없을 것이다. 하나님께서 얼마나 크고 넓은 사랑으로 우리같이 이기적이고 연약한 자들을 품어주셨는지를 깊이 생각해보라. 우리가 주님의 그 풍성한 사랑을 받고 있다는 사실을 마음에 새길 때, 우리 가슴속의 분노는 점점 사라지게 될 것이다.

몇 년 전 소천하셨지만, '국민 아버지'라는 이미지로 잘 알려졌던 탤런트 송재호 장로님을 오래전 뉴질랜드 유학생 코스타 집회에서 강사로 함께하며 만난 적이 있다. 강사 숙소에서 함께 커피를 마시며 교제하던 중, 장로님의 인생 이야기를 듣고 큰 감동을 받았다. 월남한 실향민 출신인 그는, 젊은 시절 술과 담배 그리고 무속신앙에 절어 살았다고 한다. 연기자 생활 중에는 빚 때문에 세 번이나 자살을 시도한 적도 있었고, 한때는 억울한 배신과 모함으로 인생이 바닥까지 추락하기도 했다.

그는 분노에 사로잡혀 자신을 망가뜨린 원수를 죽이려는 마음으로 사냥용 총을 들고 그 사람의 집 주위를 맴돌기도 했다고 고백했다. 그는 사격으로 전국 체전에서 메달도 땄고, 국제 사격 심판 활동도 했다. 그러나 그때는 눈에 보이는 것이 없었다고 했다. 분노에 휩싸이니 모든 것이 무너졌던 것이다. 그런 그가 예수님을 만나고 완전히 새로운 사람이 되었다. 이전과 비교할 수 없는 따뜻하고 온화한 장로님의 모습으로, 평생 교회를 충성스럽게 섬기다가 하나님의 부르심을 받았다. 어떻게 그토록 극적인 변화가 가능했을까? 사랑이신 하나님을 만났기 때문이다.

화를 낼 수밖에 없는 상황에서 우리가 예수님을 바라볼 때, 비로소 그분의 마음을 조금은 이해할 수 있다. 하나님께서 우리를 어떻게 사랑하셨는지 생각해보라. 분노는 단지 착하고 인내심 많은 성격만으로 해결되지 않는다. 예수님의 십자가 사랑이 우리 안에 깊이 새겨질 때만 가능하다. 예수님은 자신을 십자가에 못 박은 인간들에게 분노하거나 복수하지 않으셨다. 오히려 용서와 사랑을 주고 가셨다.

기도와 예배로, 될 수 있는 대로 예수님과 함께하는 시간을 많이 가져보라. 그럴 때 하나님의 사랑이 우리의 가슴에 끊임없이 흘러들게 된다. 성경이 우리에게 "쉬지 말고 기도하라"라고 명하신 이유 중 하나는, 우리 안에서 미움과 분노가 쉬지 않고 치솟기 때문은 아닐까. 우리가 가슴에 증오를 품고 있을 때 우리는 마귀를 가장 닮은 모습이 되고, 분노 대신 용서와 사랑을 품을 때 우리는 예수님을 가장 닮은 모습이 된다. 그때 우리는 다윗처럼, 그리고 예수님처럼 선한 능력으로 승리하는 인생을 살아가게 될 것이다.

chapter **06**

두려움이 사라질 때까지 기도하라

사 41:8-17

C. S. 루이스가 쓴 동화 《나니아 연대기》 시리즈를 원작으로 한 영화 중 〈새벽 출정호의 항해〉(The Voyage of the Dawn Treader)에서 특별히 기억에 남는 장면이 있다. 이 이야기의 주인공은 캐스피언 왕자인데, 그가 이끄는 배가 바다 위를 떠다니는 안개섬처럼 보이는 곳에 도달하게 된다. 그런데 가까이 가보니 그것은 단순한 안개가 아니라, 순전한 어둠 그 자체였다. 서서히 그 안으로 들어가는데 어디선가 도와달라는 외침이 들렸고, 곧 선원들은 공포에 질린 한 사람을 물에서 건져내게 된다.

그 남자는 겁에 질린 얼굴로 '이곳은 꿈이 이루어지는 섬'이라고 했다. 그 말을 들은 선원들은 의아한 표정을 지으며 물었다. '모든 꿈이 이루어지는 곳이라면 영원히 살지 왜 도망을 치나?' 하지만 남자의 설명을 듣자 모두 몸서리를 쳤다. 그가 말한 꿈은 아름다운 공상이 아니라 악몽이었다. 가장 두려워하는 일, 최악의 상황이 다 이뤄지는 섬인 것이다. 그 말을 듣자 모두가 미친 듯이 그 섬에서 멀어지려고 노를 젓기 시작했다. 마음속으로 두려워했던 일이 현실이 될까봐 겁이 났기 때문이다.

2002년 월드컵 때 국민 로고로 탄생한 말이 "꿈은 이루어진다"인데 모든 꿈이 이뤄져서 다 좋은 것은 아니다. 나쁜 꿈, 악몽이 이뤄지는 것은 인생 최악의 시나리오다. 미래에 대해 우리는 두 가지로 반응할 수 있다. 믿음이 있는 사람은 희망의 눈으로 미래를 볼 것이고, 믿음이 없는 사람은 두려움의 눈으로 미래를 볼 것이다. 상처가 과거에 실제 있었던 아픔이라면, 두려움은 미래에 있을지 모르는 아픔을 미리 끌어당겨 오는 것이다. 그리고 마귀는 끊임없이 우리에게 이 두려움의 영을 불어넣으려 한다. 그래서 하나님께서는 성경에서 "두려워하지 말라"라는 말씀을 무려 366번이나 하신다. 그만큼 두려움이 성도들에게 큰 문제이기 때문이다.

두려움의 대상

우리 중에도 앞으로 다가올 일들에 대해 아무런 두려움이 없는 사람은 아마 없을 것이다. 직장을 잃었거나 하던 사업이 망한 사람이라면 '앞으로 우리 가족이 뭘 먹고 살아야 하나?' 하는 생계의 두려움이 있을 수 있다. 사람과의 관계에서 갈등을 겪고 있다면 '앞으로 그 사람을 다시 만나면 어떻게 해야 하지?' 하는 관계의 두려움이 생길 수 있다. 또, 한 번이라도 믿었던 사람에게 배신을 당해본 경험이 있다면, '이번에도 또 배신당하면 어쩌지?' 하는 신뢰에 대한 두려움이 마음 한구석에 자리할 것이다. 요즘처럼 사회가 불안하고 미래가 예측되지 않는 상황 속에서는 '앞으로 이 나라, 이 사회는 어떻게 되는 걸까?'라는 막연한 불안감과 두려움이 우리 마음을 잠식한다. 이처럼 크고 작은 두려움들이 늘 우리 곁에서 끊임없이 속삭이며 괴롭힌다.

사람마다 특정한 것에 대한 두려움이 있다. 어떤 사람은 높은 데서 떨어지는 것을 두려워하고, 어떤 사람은 밀폐된 공간에 갇히는 것을 두려워한다. 어떤 사람은 많은 사람 앞에서 말하는 것을 두려워한다. 겉으로 보기에는 잘나가고, 강해 보이고, 아무 두려움이 없을 것 같아 보이는 사람들도 실은 가슴 속에 은근한 두려움이 많다. 세계적인 스포츠 스타들 대부분도 매 경기 실패할 것 같은 두려움과 싸우고 있다고 말한다. 두려움에 예외는 없다.

두려움의 증상

두려움에 사로잡히면 사람은 극도로 이기적으로 변한다. 남의 문제는 잘 보이지 않고, 내 문제가 항상 제일 커 보이기 때문이다. 두려움에 눌리면 밤에 잠도 잘 오지 않고, 식욕도 떨어진다. 일이 손에 잡히지 않고, 사람을 만나는 것도 점점 두려워진다. 괜히 기가 죽고, 마음이 우울해진다. 마귀는 작은 문제를 과장하고 부풀려서 우리 안의 두려움을 태산처럼 키워낸다.

아이러니하게도, 가진 것이 많을수록 두려움은 더 커진다. 잃을 것이 많기 때문이다. 요즘은 새로 시작하는 기업들을 '스타트업'이라 부르지만, 예전에는 '벤처 기업'이라고 불렀다. 모험을 뜻하는 '어드벤처'(adventure)라는 단어에서 나온 말로, 그야말로 성공 가능성이 10퍼센트도 되지 않는 큰 위험을 감수해야 하는 도전이었다. 그래서 한 번 성공하면 '신화'가 되었고, 위험을 감수하며 창업에 나서는 사람은 도전 정신의 상징처럼 여겨졌다.

그런데 요즘은 위험을 무릅쓰고 창업에 도전하려는 사람들이 점점 줄어들고 있다. 전반적으로 사회와 경제 수준이 올라갈수록 어느 나라든 이런 현상이 나타난다고 한다. 아무것도 없던 시절, 책임질 가족도 없던 싱글 시절에는 별다른 두려움 없이 과감하게 질러보던 사람도 이제는 재산이 생기고, 부양할 가족이 생기면 한 걸음 한 걸음 내딛는 일이 조심스러워진다. 지켜야 할 것이 많아졌기 때문이다. 성공에 대한 기대감보다 실패에 대한 두려움이 더 커질 때, 사람들은 위험을 감수하지 않고 안전한 길만 찾게 된다. 결국 두려움은 사람을 전진도, 후퇴도 아닌 현상 유지에 머물게 만든다.

어쩌면 두려움은 우리 스스로를 가둬놓은 정신적 감옥일지도 모른다. 그 감옥에 갇히면 한 발짝도 앞으로 내딛기가 어려워진다. 두려움에 사로잡히면 새로운 시도를 해보기 주저하게 되고, 그로 인해 좋은 기회들을 계속해서 놓치게 된다. 실패하지는 않겠지만 성공도 하지 못한다. 그러다가 하나님이 우리를 위해 예비하신 약속의 땅의 문을 열지 못하게 된다면 얼마나 안타까운 일인가.

두려움의 원인

1. 무지

두려움은 때때로 우리의 무지로 인해 생기기도 한다. 오래전 청와대 경호차장 및 전산실장을 지냈던 주대준 장로님이 1990년대 초, 청와대 경호실에 처음으로 전산 시스템을 도입할 때 생긴 에피소드를 들려주신 적이 있다. 모월 모일에 예루살렘 바이러스가 유포될 가능성이 있으니, 컴퓨터 사용할 때 조심하라는 공지를 직원들에게 보냈는데, 그날 출근해보니 직원들이 잔뜩 긴장한 얼굴로 모두 비닐장갑을 끼고 컴퓨터 앞에 앉아 있었다고 한다. 예루살렘 바이러스가 전산망을 통해 감염되는 병균인 줄 알았던 것이다. 무지로 인한 이런 류의 두려움은 그래도 공부를 열심히 하면 어느 정도 해소된다.

2. 상처

두려움은 과거에 있었던 상처에서 비롯되기도 한다. 예를 들어 주사와 가정폭력이 심했던 아버지 밑에서 자란 자매는 목소리가 크고, 거칠어 보이는 남자만 만나면 몸이 굳는다. 교회가 갈라져서 싸우던 곳에서 상처를 받은 한 성도는 교회를 옮기고 나서도 또다시 상처받을까봐 교회 공동체 내로 깊이 들어오지 못하고 몇 년씩 눈치를 보며 밖으로 맴돌았다.

과거의 상처는 낮은 자존감을 만든다. 그리고 그 낮은 자존감은 상처가 치유된 뒤에도 쉽게 사라지지 않고, 오히려 오랫동안 우리를 붙잡고 옭아맨다. 최근 세계적인 석학인 미국 예일대 역사학과 교수 티머시 스나이더는 한국의 주요 언론사와의 인터뷰에서 이렇게 말했다.

"한국은 일본 식민지, 6·25전쟁의 아픔을 딛고 일어나 민주주의와 경제적 번영을 이뤘고 문화 강국이 됐다. 이렇게 단기간에 모든 면에서 세계적인 나라로 성장한 사례는 거의 전무하다. 그런데도 한국은 달라진 위상에 걸맞지 않게 자신이 아직 약소국이라는 심리상태를 벗어나지 못하고 있는 것 같다. 중소 규모 국가가 세계적인 국가로 성장하게 되면 '자신감의 위기'를 겪게 된다. 중요한 나라가 되었다는 것은 더 큰 책임이 따르는데, 이는 약소국 시절이 익숙한 국가에게는 그 자체로 두려운 일이 된다. 그렇다고 예전처럼 '눈에 띄지 않는' 국가로 돌아갈 수는 없다. 한국은 경제 규모나 문화적 영향력 측면에서 세계적으로 아주 중요한 나라가 됐기 때문이다. 존재감이 너무 커져서 더 이상 다른 나라 뒤에 숨을 수 없다. 이제는 세계를 향해 한국이 추구하는 가치와 비전을 제시할 수 있어야 한다. 자신감을 가지고 용기를 가져야 한다."

나는 스나이더 박사의 생각에 가슴이 쿡 찔리는 듯한 느낌을 받았다. 그렇다. 한국은 이제 세계가 주목하는 중요한 나라, 힘 있는 나라가 되었다. 무엇보다 미국 다음으로 세계에 많은 선교사를 보내고 있는 거룩한 나라다. 기독교 신앙은 한 세기 만에 한국을 이토록 위대한 나라로 도약하게 한 가장 중요한 힘이다. 한국 교회가 여러 가지로 힘든 시간을 보내고 있기는 하지만, 한국 교회 성도들이 다시 믿음을 가지고 자신감을 회복하고, 두려움을 딛고 일어나야만 한다. 그래야 이 나라가 산다.

성도들이 두려움을 이길 수 있는 이유

2천 5백 년 전, 이사야 선지자를 통해 이스라엘 백성들에게 말씀을 주셨던 하나님이 오늘 우리에게도 하나님을 믿는 성도들은 왜 세상 사람과 다른 차원에서 두려움의 문제에 접근해야 하는지, 어떻게 두려움을 이기고 승리할 수 있는지를 말씀하고 계신다.

이사야서 41장의 역사적 배경을 설명하자면, 당시는 세계 최강대국이었던 바벨론이 페르시아에 의해 멸망하던 때로, 이는 70년 전 나라가 망하고 바벨론에 포로로 끌려가 학대받으며 살던 이스라엘 백성들에게 꿈 같은 소식이었다. 바벨론을 멸망시킨 페르시아의 고레스 왕은 포로로 끌려왔던 이스라엘 백성들이 고향으로 돌아갈 수 있게 해주었다.

처음에는 이 기쁜 소식에 모두가 환호했다. 그러나 막상 고향으로 돌아가는 그들의 가슴속은 불투명한 미래에 대한 불안감이 가득했다. '빈손으로 돌아가면 어떻게 농사를 짓지? 땅은 제대로 있을까? 우리 식구들은 무엇을 해서 먹고살지? 우리를 노리고 있는 이방 민족들의 공격은 어떻게 막지?' 이런저런 두려움들이 가슴에 가득했다. 그러나 하나님께서는 그런 이스라엘 백성들에게 "너희는 전혀 두려워할 필요가 없다"라고 하신다. 그 이유를 자세히 살펴보자.

1. 하나님이 너희를 택하여 부르셨으므로

그러나 나의 종 너 이스라엘아 내가 택한 야곱아 나의 벗 아브라함의 자손아 사 41:8

여기서 말하는 "나의 종"은 단순히 험한 일을 하는 노예가 아니다. 특별히 아끼는 종으로서 주인과 매우 밀접한 관계에 있고, 주인이 신뢰하고, 집안의 모든 것을 위임하는 총지배인 같은 존재다. 미국 대통령이 모든 실무 총괄을 맡긴 백악관 비서실장과 같은 자이다. 만군의 여호와 하나님께서 우리를 그런 고귀한 존재로 부르신다.

더 나아가 "내가 택한 야곱아"라고 하셨다. 우리는 어렸을 때부터 끊임없이 선택당하거나 거절당하면서 살아왔다. 프러포즈했다가 딱지 맞거나, 대학 시험, 입사 시험에서 떨어져본 사람들은 거절감의 쓴맛을 알 것이다. 그런데 위대하고 강하신 하나님께서 우리를 만세 전부터 생각하시고 선택하셨다는 것이다. 명문대학에 선택되는 것도 가문의 영광인데, 만군의 여호와 하나님께 선택되는 것은 얼마나 큰 축복인가?

그뿐만이 아니다. "나의 벗 아브라함의 자손"이라고 말씀하신다. 하나님께서 아브라함을 얼마나 사랑하셨는지 모르는 사람은 없을 것이다. 그런데 하나님께서 아브라함을 대하듯이 우리를 좋은 친구처럼 친근히 대하며, 특별히 사랑하고 배려하겠다고 하셨다. 하나님이 친구라는 것은 언제든지 무슨 일이든지 하나님께 아뢸 수 있고, 하나님과 마음을 나누며 하나님의 도움을 받을 수 있다는 이야기다.

지금 이스라엘 백성들은 포로생활에서 벗어나 거의 거지꼴로 고향에 돌아가는 상황이었다. 자존감이 땅에 떨어져 있었다. 그런데 하나님께서 당시 세계 사람들 모두가 멸시하려고 하던 이스라엘 백성을 '내가 믿고 쓰는 나의 종, 내가 귀하게 여겨 선택한 사람들, 나의 친구'라고 하신 것이다. 얼마나 눈물 나게 고맙고 감격스러운 일인지 모른다.

2. 너를 택하고 싫어하여 버리지 아니하심으로

우리를 선택해주신 하나님은 우리를 귀한 목적으로 부르시는 하나님이다.

내가 땅 끝에서부터 너를 붙들며 땅 모퉁이에서부터 너를 부르고 네게 이르기를 너는 나의 종이라 내가 너를 택하고 싫어하여 버리지 아니하였다 하였노라 사 41:9

내가 잘 나갈 때, 돈 있고 좋은 자리에 있을 때는 나를 좋아하는 사람이 많다. 그러나 내가 바닥으로 떨어지면 있던 친구도 멀어지고 나를 싫어한다. 포로생활을 하는 이스라엘 백성들을 바벨론과 모든 나라 사람들이 무시하고 멀리했다. 그러나 하나님은 다르셨다. 사람들이 전부 우리를 무시하고 싫어해도 하나님은 "너를 택하고 싫어하여 버리지 아니하였다"라고 하신다. 하나님은 우리가 아무것도 없는 신세가 되어도 우리를 좋아해주시고 곁에 있어주신다.

이역만리 바벨론의 포로로 끌려가 70년을 살면서 이스라엘 백성들은 자신들이 하나님께 버림을 당했다고 생각했다. 우리도 고난의 광야를 지날 때 '하나님이 우리를 버리셨다'라는 느낌이 든다. 그러나 하나님은 결코 우리를 버리지 않으셨다. 고통의 광야를 지날지라도, 하나님의 택하심은 변하지 않았다. 우리는 하나님을 버릴 때가 있어도, 하나님은 결코 우리를 버리지 않으신다.

우리의 앞날에 대해서 너무 지나치게 두려워할 것이 없다. 왜냐하면 하나님께서 이유 없이 우리를 부르시지 않았을 것이기 때문이다. 하나님께서 우리 한 사람 한 사람을 통해 이루고자 하는 목적이 있으시기 때문에, 우리 인생이 여기서 이렇게 맥없이 주저앉게 하지 않으실 것이다. 그러므로 두려워하지 말라.

3. 하나님이 우리와 함께하실 것이므로

두려워하지 말라 내가 너와 함께 함이라 놀라지 말라 나는 네 하나님이 됨이라 내가 너를 굳세게 하리라 참으로 너를 도와 주리라 참으로 나의 의로운 오른손으로 너를 붙들리라 사 41:10

우리가 두려워하지 않아도 되는 것은 상황이 갑자기 좋아져서가 아니다. 문제가 사라져서도 아니고, 적이 없어져서도 아니다. 문제는 그대로 있지만, 하나님이 함께하시기 때문에 두려워하지 않아도 된다는 것이다. 나쁜 아이들이 많은 골목을 지나가야 하는 꼬마는 두려워 어쩔 줄 모른다. 그러나 힘센 삼촌이 뒤에서 나타나 씩 웃으며 꼬마의 손을 잡고 함께 가준다면 어떻겠는가. 그러면 더 이상 문제가 아닌 것이다. 홀로 걸어가는 인생은 두려움의 연속이지만, 하나님과 함께 가는 인생은 담대함과 평안함이다.

"놀라지 말라 나는 네 하나님이 됨이라"라는 말씀은 놀랄 일이 없어서가 아니라 하나님이 나의 하나님이 되시기 때문이다. 하나님은 전지전능하시므로 어떤 일이 일어나도 능히 해결하실 수 있다. 미래를 너무 예측하려고 노력할 필요는 없다. 어떤 미래가 와도 하나님만 함께 해주시면 능히 승리할 수 있다.

구체적으로 하나님이 우리와 함께하신다는 것은 어떤 의미인지 본문은 세 가지로 말해준다. 첫째, "내가 너를 굳세게 하리라"라고 말씀하셨다. 이를 영어성경으로 보면 "내가 네게 힘을 주리라"(I will strengthen you)이다. 어떤 시련에도 흔들리지 않고 버틸 수 있는 힘, 견디낼 수 있는 힘을 주신다는 것이다. 너무 힘들어서 더는 못 버틸 것 같은 때가 있다. 이때 하나님께 부르짖어 기도하라. 하나님께서 알 수 없는 영적인 능력을 부어주셔서 오늘 이 하루를 더 버틸 수 있도록 도와주실 것이다. 인생은 장거리 경주다. 빠르게 치고 나가는 것만이 능사는 아니다. 중도에 쓰러지지 않고 포기하지 않아야 한다. 장거리 경주에서는 인내하고 굳세게 버텨내는 것이 필수다.

하나님은 기도하는 자에게 끝까지 지치지 않고 버틸 수 있는 신비한 힘을 주신다. 건강도 안 좋고, 특출한 능력도 없어 보이는데, 신비하게도 힘든 사역을 오래도록 잘 감당해내는 사람이 있다. 많은 영적 공격과 여러 가지 어려움이 많은데도 정말 희한하게 잘 버텨낸다. 하나님이 하늘의 힘을 끊임없이 주시기 때문이다.

둘째, "참으로 너를 도와주리라"(I will help you)라고 말씀하셨다. 이것은 하나님의 적극적인 개입이다. 하나님은 우리의 어려움을 방관하지 않으신다. 우리 혼자서만 버티고 있으라고 하지 않으신다. 때로는 직접 개입하셔서 우리를 사지에서 구해주신다.

2011년 1월 15일, 아덴만에서 소말리아 해적들에게 피랍된 한국 화물선 삼호 주얼리호가 우리 해군 특수부대에 의해 극적으로 구출됐다. 국가가 고통받는 국민을 결코 모른 척하지 않고 과감하게 결단하고 개입하여 살려냈다는 것은 감동이다. 나는 그 당시 오랜만에 '우리나라 정부가 참 멋지구나. 세금 내는 것이 아깝지 않다'라는 생각을 했다.

우리가 위기에 봉착했을 때 하나님께서는 그보다 훨씬 더 적극적으로 우리를 구해내시고 살려주신다. 나사렛 예수의 탄생과 십자가 죽음과 부활도 영적 전쟁에서 엄청난 구출 작전이었다. 오늘도 구원자 되신 하나님께서 인생의 위기 가운데 있는 우리를 도와주실 줄 믿는다.

셋째, "나의 의로운 오른손으로 너를 붙들리라"라고 하셨다. 오른손은 하나님의 강한 손이다. 하나님께서 전력을 다하시겠다는 것이다. 그래서 하나님이 붙들고 있는 사람은 어떤 시련의 비바람이 와도 쉽게 넘어지지 않는다. 하나님의 오른손이 붙들어주시기 때문이다.

하나님의 손은 의롭다. 거룩하고 정의로운 손이다. 하나님의 의로운 오른손이 불의한 자들, 혹은 사특한 마음을 품은 자들을 붙들어주시지는 않는다. 하나님의 손에 붙들림 받으려면 거룩해야 한다. 무조건 하나님께 도와달라고만 하지 말고, 하나님이 도와주실 만한지, 내게 하나님의 의로운 손으로 붙들림 받을 만한 거룩이 있는지를 살펴야 한다. 약하고 가난한 것은 문제가 안 된다. 나의 약함은 하나님의 강함으로 채우실 수 있다. 그러나 거룩은 다르다. 내가 결단하고 회개해야 하나님께서 용서해주실 수 있다.

이사야서 41장 말씀에서 빼놓아서는 안 되는 포인트가 이것이다. "내가 너와 함께함이라. 내가 너를 굳세게 하리라. 너를 도와주리라. 나의 의로운 오른손으로 너를 붙들리라." 이 말씀은 모든 성도들이 다 좋아한다. 하나님이 이렇게나 철석같이 내 편이 되어주신다니, 얼마나 좋은가? 그러나 이것이 모든 사람에게 해당되는 것은 아니다. 하나님이 내 편이 되어주시기 원한다면, 먼저 내가 하나님 편에 서 있어야 한다. 거룩해야 한다. 이를 위해서는 철저한 회개와 부서짐이 필요하다. 회개는 하지 않고, 하나님께 도와달라고만 하는 사람이 있다. 하나님의 힘만 빌려달라고 하는 사람이 있다. 더러운 컵에 물을 붓지 않듯이, 정결하지 않은 사람, 회개하지 않는 강퍅한 사람은 하나님의 도우심을 기대해서는 안 된다.

4. 하나님이 우리에게 말씀하실 것이므로

우리 안에서 두려움이 끊임없이 커지는 이유는 우리가 세상의 소리를 너무 많이 듣고 있기 때문이다. 기도하는 시간에 비해 주변 사람들과 이야기하는 시간이 너무 많고, 유튜브나 TV를 보는 시간도 지나치게 많다. 세상이 상황을 해석하는 프레임은 늘 부정적이기 때문에, 그것을 계속 듣고 있으면 내 안의 두려움이 좀처럼 잦아들지 않는다. 그래서 두려움의 노예가 되면 다른 사람들의 말에 쉽게 선동당하게 된다. 확고한 신념이 없고, 누가 이 말을 하면 그게 맞는 것 같고, 또 다른 누가 저 말을 하면 그 말도 맞는 것 같아 계속 흔들린다.

그 정도에서 그치면 다행이다. 최근 한 기독교 신문에서, 26년간 무속인으로 살다가 8년 전 회심한 부산의 한 집사님의 간증을 읽었다. 그 분은 과거 무속인 시절, 자신을 찾아온 손님의 40퍼센트가 크리스천이었다고 했다. 그 집사님의 말에 따르면 크리스천이 점집을 찾는 이유는 '미래에 대한 불안 해소', '가족의 건강 문제', '자녀 문제' 등이라고 한다. 크리스천이 점을 보러 오면 "하나님을 믿는다면서 왜 귀신에게 와서 운명을 맡기느냐"라고 되레 반문하기도 했다고 한다. 이러한 행위는 하나님에 대한 불신이 있기 때문이며, 하나님 외에 다른 존재에게 미래를 물으려는 것은 우상 숭배라고 덧붙였다. 또 무속은 영적으로 심각한 위험을 초래할 수 있다고도 했다. 무속 행위에 발을 들여놓음으로써 악한 영의 영향력 아래 놓일 위험이 크다고 전했다. 그는 점을 보고 싶다는 호기심은 어둠의 영을 불러들이는 계기가 될 수 있다며, "악한 영의 존재를 인정하되 결코 그들에게 의지해서는 안 된다. 유일한 신이신 하나님을 믿고 우리의 생각과 마음을 지켜야 한다"라고 강조했다.

그 집사님은 재미로 보는 사주풀이와 타로도 예외가 아니라고 경고했다. 결국 모든 무속의 근원은 악한 영에게서 나오기 때문이다. 그는 사주풀이의 기본이 되는 역학은 하늘의 기운을 받아 해석하는 것이라며 "단순한 역학이 아니라 어둠의 영이 역술가의 입을 통해 말하는 것이다. 타로도 마찬가지로 귀신의 목소리를 전하는 것"이라고 말했다. 그는 크리스천에게는 팔자라는 것이 없으며, 크리스천은 호기심으로라도 점, 사주, 타로를 봐서는 안 된다고 했다. 하나님을 믿고 의지하며 우리의 생각과 마음을 지키는 것이 중요하다고 거듭 강조했다. 두려움이 몰려올수록 우리는 다른 소리를 끄고 하나님의 음성에 집중해야 한다.

> 이는 나 여호와 너의 하나님이 네 오른손을 붙들고 네게 이르기를 두려워하지 말라 내가 너를 도우리라 할 것임이니라 사 41:13

여기서, "네게 이르기를"은 "네게 말씀하신다"라는 뜻이다. 세상의 그 무엇과도 비교할 수 없는 강하신 하나님께서 우리 오른손을 붙드시고 두려워 말라고 말씀해주신다. 그리고 '내가 너를 도울 것'이라고 말씀해주신다. 하나님께서 덜덜 떨고 있는 우리 손을 크고 강하신 그분의 손으로 꽉 붙들어주시며 속삭이신다. "두려워하지 마." 그 말을 들으면 눈물이 쾅 솟을 것 같다.

하나님의 말씀은 공수표가 하나도 없다. 사람의 소리를 많이 들을수록 우리는 절망하게 되고 두려워하게 된다. 그러나 하나님의 음성을 한 번 듣고 나면, 먹구름이 걷히듯 두려움과 절망이 사라진다. 그래서 말씀을 많이 읽고, 많이 듣고, 항상 기도에 힘써야 하는 것이다. 항상 하나님의 음성을 사람의 소리보다 훨씬 많이 듣기를 바란다.

의를 아는 자들아, 마음에 내 율법이 있는 백성들아, 너희는 내게 듣고 그들의 비방을 두려워하지 말라 그들의 비방에 놀라지 말라 사 51:7

하나님의 말씀을 듣는 것은 우리에게 분별력을 준다. 모든 두려움이 다 나쁜 것은 아니다. 이순신 장군이 전라 좌수사로 부임한 것이 임진왜란이 일어나기 불과 1년 전이었다고 한다. 부임해보니 전함도 없고, 병사들의 무기나 훈련 상태도 엉망이었다. 어느 누구도 일본이 침략해 올 거라고 걱정하지 않았기 때문이었다. 그러나 이순신 장군은 여러 가지 정황으로 미루어 일본의 대규모 침략이 임박한 것을 두려워했다. 그래서 단 1년 동안 전함들을 건조하고, 병사들을 훈련시켜 전쟁에 대비했다. 그 결과는 우리가 아는 대로다. 이순신 장군의 수군이 없었다면 나라가 망할 수도 있었다. 올바른 두려움은 때로는 큰 재앙으로부터 사람들을 구하기도 한다. 그렇다. 용기와 무모함은 다르다. 하나님의 말씀을 계속 듣고 있으면 무모함이 아닌 올바른 용기를 갖게 될 것이다.

5. 하나님이 우리 기도에 응답하실 것이므로

가련하고 가난한 자가 물을 구하되 물이 없어서 갈증으로 그들의 혀가 마를 때에 나 여호와가 그들에게 응답하겠고 나 이스라엘의 하나님이 그들을 버리지 아니할 것이라 사 41:17

여기서 "가련하고 가난한 자"란 생활의 기본이 되는 필수품조차 없어 큰 고통을 당하고 있는 당시 이스라엘의 슬픈 현실을 말한 것이다. 자기 땅에서 추방되어 포로생활을 하는 그들의 가련한 상태는 마치 광야에서 물을 얻지 못해 서서히 목이 타들어 가며 죽어가고 있는 자와 같았다. 그러나 이런 이스라엘 백성들에게 기적 같은 소망의 약속이 주어졌다. "나 여호와가 그들에게 응답하겠고", 여기서 '응답하다'라는 말은 "귀 기울여 듣다"라는 의미이다. 갈증으로 죽어가는 자는 도와달라는 말을 큰소리로 할 기운조차 없을 것이다. 그러므로 하나님께서 주목하여 들으시겠다는 것이다.

성도들을 심방할 때 목사가 시간을 내서 정성껏 들어주기만 해도 성도들은 너무 큰 은혜와 위로를 받는다. 내가 해결해주는 것은 아무것도 없는데 정성껏 들어드리는 것만으로도 그렇게 좋아하신다. 만군의 여호와 하나님께서도 언제나 우리의 작은 신음 같은 기도를 들어주신다.

또한 '응답하다'라는 말은 해결해주시겠다는 뜻이다. 하나님께서는 우리의 기도를 들으시기만 하는 것이 아니라, 어떻게든 문제를 해결해주시는 분이다. 그분에게는 능력이 있으시기 때문이다. 내게는 길이 안 보여도 하나님께서는 반드시 길이 있다. 하나님의 도우심을 받는 중요한 조건이 '거룩'이라고 했는데, 또 하나의 중요한 조건은 '가난한 마음', '겸손한 마음'이다. 가련하고 가난하여 물을 구하는 자는 겸손하고, 그 부르짖음이 절박하다. 그가 물을 구할 때는 물장난할 물을 구하는 것이 아니다. 목말라 죽기 전에 살기 위해 마시는 한 모금의 생명수다. 그러니까 갈급하다. 하나님은 이런 겸손하고 가련한 자의 부르짖는 기도에 제일 먼저 응답하신다.

2천 년 전, 가버나움에서 수많은 사람들이 예수님을 둘러싸고 있었다. 그들 중에는 아픈 사람들도 많았다. 그런데 그 많은 이들이 다 예수님을 만졌지만, 열두 해 혈루병 앓던 여인 한 사람만 나음을 받았다. 왜? 그녀는 가련하고 가난한 자가 물을 구하듯이, 생명을 걸고 예수님을 만졌기 때문이다. 오늘날 수많은 사람들이 교회에 와서 예배를 드리지만, 다 기적과 은혜와 능력을 체험하고 가는 것은 아니다. 겸손한 갈급함이 없기 때문이다. '에이, 오늘만 날인가? 다음 주도 있는데 뭘….' 이런 미지근한 태도로는 안 된다. '오늘만 날이다'라는 생각으로 간절히 기도해야 한다. 오늘 이

순간을 놓치면 안 된다는 절박감으로 주님께 매달려야 한다. "주여, 오늘 주님이 주시는 은혜를 받지 못하면 저는 살 수 없습니다. 은혜를 주옵소서. 치유와 회복을 주옵소서. 용기를 주옵소서. 희망을 주옵소서!"

우리 하나님은 살아 계신다. 한 사람 한 사람의 상황을 알고 계시고, 관심을 갖고 계신다. 우리가 겸손히, 그리고 절박하게 그분 앞에 기도하며 항상 나아간다면, 하나님은 반드시 우리를 도우실 것이다. 넉넉히 이기게 하실 것이다.

두려움을 극복하며 앞으로 전진하기

영화 〈반지의 제왕〉에서 절대 반지를 파괴하기 위해 주인공 프로도와 샘은 악의 심장부인 모르도르로 향한다. 가는 길이 멀고, 온갖 역경이 많아 몇 번씩 돌아가고 싶은 유혹이 있었다. 그때 샘이 사랑하는 주인 프로도에게 말한다.

"처음부터 이럴 줄 알았다면 여기까지 오지 않았을 거예요. 하지만 모험이란 게 원래 이렇죠. 옛이야기와 노래 속의 모험 말이에요. 이야기 속의 주인공들도 우리처럼 되돌아갈 기회가 많았을 거예요. 단지 그들이 돌아가지 않았을 뿐이죠. 만약 그들이 돌아갔다면 우리는 그들을 모르겠지요. 아마 그대로 잊었을 테니까요."

그렇다. 우리가 기억하는 성경 속 믿음의 영웅들의 이야기는 어떻게 될지 모르는 불확실한 상황 속으로 전진한 모험의 이야기다. 영적으로 어린 사람은 모든 것이 안전해지기 전까지는 움직이려 하지 않는다. 그러나 영적으로 성숙할수록, 불확실한 상황에서도 전진을 멈추지 않는다. 미래가 안개처럼 흐릿할수록, 극도로 힘든 상황 속에서도 도망가지 않고 한 걸음씩 앞으로 나아간다. 하나님의 가장 신실한 종들 중에는 가장 불확실한 상황 속에서 살아간 사람들이 많았다. 그들은 모두 기다림의 고통과 걱정, 불안과 싸우며 나아가야 했다. 치밀어 오르는 두려움을 순간순간 기도하며 이겨내야만 했다.

우리는 한 번도 실패하지 않으려는 마음으로 안전한 꽃길만 걸으려 해서는 안 된다. 믿음은 항상 어느 정도의 위험을 감수하는 것이다. 믿음은 용기를 준다. 결혼하여 아이를 낳고 기르는 것도 용기 있는 자만이 할 수 있는 일이다. 싱글 때보다 훨씬 할 일도 많고, 상처받을 수도 있고, 힘들 수도 있다. 그러나 하나님께 기도하며 나아가면, 믿음의 명문가를 이룰 수 있다.

교회에 등록하고 사역을 섬기는 것도 모험의 길이다. 힘들 것이고, 서로 부딪치고, 실패하기도 할 것이다. 그러나 기도하며 나아가면, 헌신하지 않았더라면 결코 체험할 수 없었던 승리의 간증들을 쓰게 될 것이다. 나도 30년 넘게 목회를 해오고 있지만, 하루하루 목회하는 것이 두렵고 떨린다. 아직도 설교 강단에 설 때마다 내가 제대로 할 수 있을지 두렵고, 안개와 같은 미래 속에서 수천 명의 양 떼들을 잘 이끌어가고 있는지 항상 두렵다. 그러나 두렵다고 해서 타석에 나가지 않을 수는 없다. 용기란 두려움이 아예 없는 것이 아니라, 하나님의 손을 붙잡고 매 순간 두려움을 극복해 나가는 것이다. 쉬지 않고 기도한다면 그런 승리의 삶을 살게 될 것이다.

chapter 07

한이 사라질 때까지 기도하라

삼상 1:1-20, 26-28

초대 문화부 장관을 역임한 국문학자이자 평론가인 이어령 교수는 "한국은 한(恨)의 문화, 일본은 원(怨)의 문화"라고 정리한 적이 있다. '원'(怨)은 원수를 갚아야 해결된다. 그런 일본 정신을 대표하는 것이 《주신구라》(忠臣蔵)라는 문학작품인데, 47인의 사무라이가 주군의 원수를 갚고 나서 전원 할복하는 이야기다.

그렇게 직접적인 복수로 원수를 갚은 일본과는 달리, 한국의 '한'(恨)은 풀어서 해결한다. '푼다'라는 말은 "속에 들어 있는 물질을 끄집어낸다"라는 뜻이다. '마음을 푼다', '화를 푼다'도 같은 의미를 가진다. 심지어 우리는 날씨가 좋아지는 것도 '날씨가 풀린다'고 하고, 문제의 답을 찾는 것도 '문제를 푼다'라고 표현한다.

한 많은 한민족의 아픔

우리 민족은 하나의 겨레인 '한(韓) 민족'인 동시에 원한이 많은 '한(恨) 민족'이라고 한다. 그래서 노랫가락이나 유행가인 트로트에도 비극적인 가사가 많고 가락도 구성진 리듬이 많다. 같은 새소리도 영미권의 시인들은 '새들이 노래한다'(Birds are singing)라고 표현하는데, 한국 시조는 '동창이 밝았느냐 노고지리 우지진다'(종달새가 운다)로 표현한다. 왜 우리는 같은 새소리를 '노래한다'가 아닌 '운다'라고 표현할까? 가슴에 항상 울고 싶은 한이 맺혀 있기 때문일 것이다.

지금은 많이 달라졌지만, 예전 한국의 영화나 연극에는 아픔이 많고 눈물이 많았다. 힘들게 살아온 과거사의 한도 많고, 천 번에 가까운 외세의 침략을 당하며 억척같이 살아온 생활의 탓도 있겠다. 아픈 과거의 설움이 지금까지 연속되는 것이다.

한의 문화는 수탈과 억압의 역사와 관련이 깊다. 특히 하층 민중과 여성은 힘이 없어 한을 풀래야 풀 수가 없었다. 외세의 침략이 잦았던 우리나라에서는 왕조차 종종 치욕을 겪었으니, 민중과 여성들은 오죽했으랴. '한'은 나보다 더 강한 힘을 가진 존재에게 억울하게 고통받았을 때 생긴다. 혹은 다른 사람들이 가진 것을 내가 갖지 못했을 때 오는 열등감, 결핍감에서 비롯되기도 한다. 그것은 내가 태어난 환경 때문일 수도 있고, 나의 노력이나 능력의 부족 때문일 수도 있다. 지금도 한국인들은 못 배우고 못 가진 것에 대해 상당한 스트레스와 좌절감을 느낀다. 남 보기에 부끄럽고, 가족들에게 미안하기 때문이다.

한의 문화는 자녀교육에도 영향을 미쳤다. 한국인들은 자녀들에게 학교 공부를 열심히 하라고 할 때 "아비의 한을 풀어다오"라는 말을 자주 썼다. 좀 열심히 하라는 좋은 의도였겠으나 비전 캐스팅치고는 너무 섬뜩한 말이다. 맺힌 한을 제대로 풀지 못하면 자기뿐 아니라 자녀들의 인생에도 좋지 않은 영향을 미친다. 그렇다면 맺힌 한을 제대로 푸는 방법에는 무엇이 있을까?

첫째, 일본 '주신구라' 사무라이들처럼 '한'의 원인을 복수로 제거하는 공격적인 방법이다. 그러나 복수한 뒤 그들 모두 할복했던 것처럼 이것은 원수뿐 아니라 자기 자신도 망하게 만드는 방식, 곧 '너 죽고 나 죽자' 식의 해결법이다.

둘째, 내가 성공해버리는 것이다. 돈이 없으면 부자가 되고, 비천한 신분이라 무시당했으면 출세해서 높은 자리에 오르는 식이다. 예전에는 사법고시 합격이 마치 가난한 집안의 한풀이와도 같은 인생 역전의 상징이었다. 그러나 '한풀이'를 위해 이룬 성공은 그 뒤가 너무 허무하다.

셋째, 예술로 승화시키는 방법이다. 영화 〈서편제〉나 드라마 〈정년이〉로 새롭게 부각된 한국의 전통 판소리나 탈춤, 마당놀이 등이 바로 그런 것이다. 그러나 그렇게 한다고 해서 우리의 영혼이 시원해지거나 평안이 오지는 않는다.

이스라엘과 한국은 여러 가지로 닮은 점이 많다. 특히 수많은 외세의 침략과 고난을 겪어 왔다는 점이 그렇다. 이스라엘 사람들의 한은 한민족 못지않다. 2차 대전 때는 6백만 명이 넘는 유대인들이

나치 독일에 의해 학살당하기도 했다. 어쩌면 사무친 한이 우리보다 더할 수도 있었다. 그런데 신기하게도, 이스라엘 사람들에게는 그런 사무친 한이 없다. 하나님을 믿는 신앙으로 한의 문제를 극복해왔기 때문일 것이다. 이제부터 우리는 약 3천 년 전 이스라엘에 살았던 '한나'라는 한 여인을 통해, 하나님의 사람이 어떻게 맺힌 한을 극복해내는지를 배우려고 한다.

한나의 한

한나가 살던 때는 이스라엘이 영적으로, 도덕적으로 심각한 위기에 처해 있던 사사 시대 말기였다. 그들은 각자 자기 소견에 옳은 대로 행했다. 사사 시대 혼란의 핵심은 모세나 여호수아 같은 제대로 된 영적 리더십이 없었다는 것이었다. 그래서 하나님의 백성들이 하나님의 백성답게 살지 못하고 무너져 내리고 있었다. 수시로 이방 민족들이 침략하여 이스라엘 영토를 유린했기 때문에, 백성들은 항상 불안했고 가난했다. 그렇게 어려운 시대였지만, 당시 한나는 자신을 너무나 사랑해주는 레위인 엘가나라는 남편을 만나 잘 살고 있었다. 여성에게 있어서 자기를 지극히 사랑해주는 남편을 만난다는 것은 참으로 복된 일이다.

하지만 한나에게는 한 가지 큰 고민이 있었다. 바로 아이가 생기지 않는 것이었다. 우리나라도 옛날에는 여자가 시집을 가서 지식을 낳지 못하면 칠거지악 중 하나로 여겨 아내를 내쫓을 수 있었다. 당시 이스라엘도 문화적으로 아이를 못 갖는 여성들의 스트레스가 엄청났다.

안 그래도 아이가 생기지 않아 힘든 한나의 상처에 소금을 뿌리는 사람은 후처 브닌나였다. 한나를 그토록 사랑했다면서 남편 엘가나는 왜 후처 브닌나를 들였을까? 성경은 일부다처제를 장려하지 않는다. 그러나 아브라함을 비롯해서 족장 시대에 이런 예외가 있었던 것은, 대개 자식이 생기지 않을 경우이거나 주변 이방 민족들의 관습에 물들었기 때문이다. 엘가나의 경우는 본처 한나와의 사이에서 자식이 생기지 않아서 후처 브닌나를 들인 것인데, 이로 인해 아브라함 집안처럼 갈등이 생겨난다.

브닌나는 들어온 지 얼마 되지 않아 자식을 낳았다. 성경이 "브닌나와 그녀의 모든 아들들과 딸들"(Peninnah and to all her sons and daughters)이라고 한 것으로 볼 때, 아들딸 골고루 적어도 4명은 되었던 것 같다. 자기는 본처인데 자식을 한 명도 낳지 못하고, 후처로 들어온 브닌나는 너무나 쉽게 네 명이나 되는 자식들을 낳았으니, 한나의 심정이 얼마나 비참했겠는가. 당시 이스라엘에서는 많은 자녀를 거느리는 것을 하나님의 풍성한 축복으로 해석했고, 자녀가 없는 것은 하나님의 저주의 결과로 이해했다. 따라서 당시 한나가 느꼈을 심적 괴로움과 압박감은 엄청났을 것이다.

거기다가 브닌나는 안 그래도 힘든 한나를 대놓고 무시하고 조롱하고 핍박했다. 성경에 보면 브닌나가 한나를 '격분시켰다'는 말이 두 번이나 나오는데, 이는 "괴롭게 하고, 화나게 했다"라는 뜻이다. 영어성경을 보니까 "브닌나가 그를 계속해서 심히 격분하게 하여 괴롭게 하더라"(kept provoking her in order to irritate her)라고 되어 있다. 이에 한나는 너무 속이 상해 울고 먹지 않았다. 웬만하면 후처가 본처의 눈치를 보느라 감히 그러지 못할 텐데, 브닌나는 참으로 사나운 여인이었던 반면에, 본처 한나는 마음이 여리고 착한 사람이었던 것 같다.

브닌나가 한나를 더욱 핍박한 것은 질투심 때문이었다. 한나가 자식을 못 낳는데도 남편 엘가나는 눈에 띄게 한나를 더 사랑하고 잘해주었기 때문에, 브닌나는 시기심이 치밀어 올라 남편이 없는 데서 한나를 더욱 모욕했다. 남편 엘가나는 늘 속이 상해서 울고 있는 한나를 불쌍히 여기며 위로한다.

잘못 건드린 상처

그의 남편 엘가나가 그에게 이르되 한나여 어찌하여 울며 어찌하여 먹지 아니하며 어찌하여 그대의 마음이 슬프냐 내가 그대에게 열 아들보다 낫지 아니하냐 하니라 삼상 1:8

여기서 "어찌하여"란 말이 세 번이나 반복되는 것은 그가 얼마나 아내를 사랑하고 있는지를 보여준다. "내가 그대에게 열 아들보다 낫지 아니하냐"라는 말로 위로해보지만, 그것이 한나의 설움을 근본적으로 달래줄 수는 없었다. 가끔씩 남편들이 아내의 생일이나 결혼기념일 때 선물 사는 것을 깜빡 잊고, 어떻게든 상황을 무마해보려고 자기 머리 위로 리본을 매고 "내가 선물이야"라고 했다가 혼쭐이 나기도 하는데, 엘가나도 지금 비슷한 상황이다.

한나는 남편의 말이 전혀 위로가 되지 않았다. 오히려 설움이 더 복받쳐 올랐다. 하나님의 때를 기다리지 못하고 자식을 얻기 위해 후처를 들인 남편이 이해가 되면서도 너무나 원망스러웠다. 그 까닭에 브닌나 같은 심술궂은 여자가 들어와 가정에 불화가 오고 아픔이 왔다. 그런데 이제 와서 "내가 그대에게 열 아들보다 낫지 아니하냐"라는 그의 말이 위로가 되겠는가.

그때까지만 해도 한나는 자식을 못 가지는 자기 자신이 문제라고 생각했다. 하지만 그녀가 아기를 못 가진 데에는 자신도 모르는 영적 이유가 있었다. 사무엘상 1장 5절과 6절을 보면 연거푸 "여호와께서 그에게 임신하지 못하게 하시니"라고 되어 있다. 이는 한나가 자식이 없는 것이 그녀의 육체적 결함 탓이 아니었음을 말해준다.

물론 남편 엘가나의 문제도 아니다(후처 브닌나와의 사이에서 자녀들이 많이 태어났기 때문이다). 그렇다면 여기에는 하나님의 특별한 섭리가 있는 것이다. 임신할 수 있는데, 해야 하는데, 하긴 할 텐데 하나님께서 잠시 태의 문을 닫으신 것이다. 하나님의 섭리의 이유가 무엇인지 우리는 곧 다루게 될 것이다.

어쨌든 이렇게 세월이 지나면서, 한나의 가슴에 한이 맺히기 시작했다. '한이 맺혔다'라는 것은 "마음 깊은 곳에 생긴 상처가 아물지 않고 남아 있다"라는 뜻이다. 그런 상처는 인간적인 방법으로 섣불리 건드려서는 안 된다.

1881년, 미국의 20대 대통령 제임스 가필드는 대통령에 취임한 지 얼마 되지 않아 테러범의 총에 맞았다. 그로부터 그는 두 달 후 세상을 떠났는데, 어이없게도 그의 사망 원인은 총상 때문이 아니라 그것을 제대로 치료하지 못한 당시 의료기술 때문이었다. 사실 총알은 대통령의 중요 장기를 손상한 것이 아니었다. 치명적인 부상이 아니었는데도 당시 의사들의 처치가 미흡했다. 소독하지 않은 손으로 상처 부위를 만지고, 살균 처리되지 않은 의료 기구를 사용하는 등 엉뚱한 곳에서 총알을 찾으려고 했다. 다시 말해 가필드 대통령은 몸에 박힌 총알 때문에 사망한 것이 아니라, 총알이 박힌 상처를 치료하려던 의사들의 손에 의해 퍼진 균에 감염되어 패혈증으로 사망하게 된 것이다.

우리 인생의 상처도 잘못 다루면 똑같은 일이 생긴다. "문제를 문제화시키면 더 큰 문제가 된다"라는 말이 있다. 정작 그 사건 자체는 치명적인 것이 아닌데, 잘못된 치료가 문제가 되는 것이다. 많은 사람이, 심지어 크리스천들도 상처를 세상적인 방법으로 치료하다가 함부로 건드리는 바람에 상태를 더 악화시킬 때가 많다. 상처를 과거의 실패와 연관시켜서 '난 항상 이랬어, 되는 일이 없어'라며 자학하는 것은 상처를 잘못 다루는 일이다. 또 남을 원망하거나 증오의 감정을 품거나 복수를 생각하는 것도 상처를 잘못 건드리는 것이다. 그렇게 하면 상처가 악화되어 한이 된다. 한은 상처를 잘못 건드려서 치료가 안 된 것이다. 그렇게 맺힌 한은 우리뿐 아니라 우리 자녀들의 인생도 망가뜨릴 수 있다.

한나의 인생 기도

그렇다면 하나님의 자녀들은 가슴에 생긴 상처와 맺힌 한을 어떻게 풀어야 하는가? 성경에 그 답이 있다. 결론부터 말하자면 우리의 한은 모든 것을 아시고, 모든 것을 주관하시는 하나님 앞에 나아가야만 해결될 수 있다. 그리고 생명을 걸고 기도하는 인생 기도를 통해서 우리 안에 있는 한을 뿌리째 제거할 수 있다. 그렇다면 한나는 어떤 기도를 했는지 살펴보자.

1. 간절한 기도

한나는 간절한 기도를 했다. 성경에 보면 한나는 너무나 마음이 괴로워서 "여호와께 기도하고 통곡하며"라고 했다. 공동번역에서는 "흐느껴 울며 야훼께 애원하였다"라고 번역하였다. 자식이 없는 한나의 슬픔은 실로 처절한 것이었다. 그것은 남편의 사랑이나 위로로는 해결할 수 없는 문제였다. 그래서 한나는 하나님 앞에 와서 다 쏟아 놓았다.

이때 한나가 다른 방법으로 이 슬픔을 풀지 않고 오직 하나님을 굳게 믿고 부르짖으며 기도했다는 사실이 정말 중요하다. 우리는 슬픔을 당할 때 기도하는 것조차 잊어버릴 수 있다. 그러나 그 슬픈 마음을 그대로 쏟아내며 기도해야 한다. 그러면 하나님께서 인간이 줄 수 없는 위로를 주시며 살길을 열어주신다.

2. 서원기도

한나는 서원기도를 했다. 그녀는 "아들을 주시면 내가 그의 평생에 그를 여호와께 드리고 삭도를 그의 머리에 대지 아니하겠나이다"라고 했다. 이것은 구약성경 민수기 6장에 나오는 나실인의 서원이다. 나실인이란, 특별히 하나님께 헌신하는 삶을 살기 위하여 스스로를 세상과 구별하여 드린 특별 헌신자를 말한다. 나실인 중에는 평생 하나님께 헌신하는 경우와 특별한 일이 있는 일정 기간 동안만 헌신하는 경우가 있다. 헌신하는 동안 이들은 헌신의 표시로 술과 시체를 멀리했고, 머리를 깎지 않았다. 예를 들어, 삼손은 평생 나실인이었다. 그러므로 그가 여자와 술에 빠져 머리를 깎였을 때, 하나님이 그를 떠나 그가 힘을 잃은 것이다.

한나는 하나님께서 자식을 주시면, 그를 평생 하나님께 드려지는 헌신자, 나실인으로 드리겠다고 서원했다. 실로 엄청난 서원이다. 이 서원은 한나가 다급하다고 함부로 막 던진 것이 아니다. 오랜 시간의 안타까운 기도 끝에 어느 순간 성령께서 주신 감동이었다. 그리고 하나님이 한나에게 왜 이런 서원을 하게 하셨는지는 훗날 태어날 아기, 사무엘이 어떤 인생을 살게 되는지를 보면 답이 나온다.

3. 끈질긴 기도

한나는 끈질기게 기도했다. 한나는 하나님 앞에서 "오래 기도했다." 그 단어를 영어성경으로 보면 "As she kept on praying"(오래 기도하는 동안)이다. 기도란 한 번 드리고 마는 것이 아니라 쉬지 않고 계속하는 것이다. 예수님께서도 "구하라, 찾으라, 두드리라"라고 하셨다. 이는 쉬지 않고 더욱 강도 높여 기도하라는 뜻이다. 한나는 순간적인 기도가 아닌 간절한 마음으로 매일 오랜 시간 동안 기도했을 것이다. 그 기도가 하나님이 원하시는 만큼 충분히 쌓였을 때 갑자기 눈사태 일어나듯이 응답을 받은 것이다.

오늘날 우리의 문제는 하나님 앞에 머무는 기도의 시간이 너무 짧다는 것이다. 물론 기도의 양보다 질이 중요하지만, 기본적으로 어느 정도의 시간은 정성을 들여 투자해야 한다. 몇 분, 며칠 짧게 기도하고 응답이 없다고 돌아서버리는 경박한 사람들이 얼마나 많은가. 오늘날 우리의 기도 시간은 절대적으로 너무 부족하다. 우리는 더 열심히, 더 많은 기도를 쌓아야 한다.

4. 은밀한 기도

한나는 은밀하게 기도했다. 성경을 보면 그녀의 입술만 움직이고 음성은 들리지 않았다고 한다. 한나의 기도는 온 마음을 오직 하나님 앞에 쏟아 놓는 기도였지만, 동시에 남들에게는 들리지 않고 자신과 하나님만 알게 읊조리는 기도였다. 이는 흐느껴 울며 애원하는 모습과 함께 그녀의 절박한 심정을 잘 나타내준다.

마태복음 6장을 보면 예수님께서는 은밀한 구석에서 가슴을 치며 간절히 부르짖는 세리의 기도를 본받으라고 하셨다. 괜히 사람들 앞에서 큰 소리로 과시하며 기도하거나 중언부언 쓸데없는 말을 하지 말라고 하셨다. 하나님은 이미 우리가 구하기 전에 우리에게 있어야 할 것, 우리의 필요를 정확히 아시기 때문이다.

그럼에도 불구하고 하나님께서는 우리의 필요를 기도로 상세하게 아뢰라고 하셨다. 우리와의 관계를 위해서다. 사랑하는 사람과 대화 없이는 살 수 없다. 하나님은 우리의 기도를 통해 우리와 대화하기를 원하신다. 우리의 필요를 이미 다 알았다고 해도 예수님은 우리를 더 깊은 기도의 자리, 은밀한 만남의 자리로 초대하신다. 그래서 한 맺힌 고통의 시간은 주님과 더 깊은 관계로 가는 시간이 될 것이다. 단순한 한풀이가 아니라 뜨겁고 은밀한 기도의 응답을 받게 되면, 그 이후에도 하나님과의 관계가 더욱 깊어질 것이다. 그러면 마침내 한이 아니라 사랑으로 충만하게 될 것이다.

5. 영적 지도자의 인정과 축복을 받은 기도

한나는 영적 지도자의 인정과 축복을 받았다. 음성은 들리지 않으면서 입술만 움직이고, 울면서 끙끙대며 기도하는 한나의 모습을 보고 제사장 엘리는 한나가 술에 취했다고 오해했다. 당시 이스라엘 사람들은 말이 없는 처절한 묵상기도는 잘하지 않았기 때문에 오해할 만도 했다. 그러나 안 그래도 서러웠던 한나는 영적 지도자인 엘리가 자신을 오해하자 기가 막혀서 이렇게 말했다.

"그렇지 않습니다. 나는 정신이 멀쩡합니다. 어떤 종류의 술도 입에 댄 적이 없습니다. 나는 성전에서 술에 취해 헛소리할 정도로 형편없는 여자가 아닙니다. 내가 지금까지 이렇게 신음하며 기도한 것은 내 안에 원통함과 슬픔이 많기 때문입니다."

엘리는 한나의 진심 어린 설명을 듣고 나서 자신이 경솔하게 한나를 함부로 정죄한 것을 깨달았다. 그리고 자신의 오해를 인정하고 "하나님이 당신의 기도를 들어주길 바란다"라고 축복했다. 한나는 그 말을 듣고 감사하며 기쁜 마음으로 돌아가 다시는 이 문제로 근심에 쌓여 주저앉지 않았다.

나는 이 장면에서 영적 지도자 엘리의 역할이 중요했다고 믿는다. 물론 하나님의 마음을 여는 기도를 한 것은 한나이다. 그러나 한나가 마침내 자기 기도가 응답받았다고 확신하게 된 것은 엘리의 축복기도를 받은 이후였다. 그래서 우리는 영적 지도자들의 기도의 도움을 받을 필요가 있다. 부족해도 주의 종들이 성도들을 위해 축복하고 안수할 때 마지막 기도의 혈이 뚫리고 응답의 마침표가 찍힐 수 있기 때문이다.

하나님의 응답과 한나의 헌신

한나가 인생 기도를 하고 온 뒤에 하나님께서는 "그를 생각하신지라"라고 하셨다. 하나님께서는 한나의 간절한 기도에 감동하시고 특별히 역사하기 시작하셨다. 여기서 우리는 하나님께서 왜 오랜 기간 한나의 태를 닫으시고 임신하지 못하게 하셨는지를 부분적으로 알 수 있다. 하나님께서 한나의 기도를 기다리고 계셨던 것이다.

불임이던 여인이 간절한 기도로 아이를 낳게 되었다는 것은 은혜로운 간증이지만, 거기서 끝나면 큰 감동이 없다. 그렇기 때문에 한나 이야기의 진짜 하이라이트는 지금부터 시작된다. 한나는 그렇게 귀하게 얻은 아들 사무엘이 젖을 떼자마자(당시 이스라엘 사람들은 아이가 3살이 될 때까지 젖을 먹이는 관습이 있었다) 서원을 지키기 위해 사무엘을 성전으로 데려간다.

한나가 이르되 내 주여 당신의 사심으로 맹세하나이다 나는 여기서 내 주 당신 곁에 서서 여호와께 기도하던 여자라 삼상 1:26

와! 자기소개가 너무 멋있지 않은가. 서원을 갚기 위해 하나님 앞에 온 한나는 "내 주 당신 곁에 서서 여호와께 기도하던 여자라"라고 자기 자신을 소개한다. 한나가 앞으로 자기소개서와 명함에 새기고 싶은 말이었다.

한나는 "하나님 감사합니다. 나는 기도로 사무엘을 낳아서 한을 풀었습니다. 기도로 승리했습니다"라고 자랑스럽게 말한다. 한나라는 이름은 "하나님의 은총을 입은 여자"라는 뜻을 갖고 있다. 무엇이 가장 큰 은총인가? 마음의 소원이 담긴 기도 응답을 받는 것이 가장 큰 은총이다. 한나는 이제 동시대와 후세 모든 사람에게 기도 응답의 아이콘이 되었다.

한나는 아주 어렵게 얻은 아들 사무엘이 젖을 떼자마자 하나님께 사무엘을 바쳤다. 믿음의 기도의 절정은 "아멘" 다음에 하는 헌신이다. 한나는 그렇게 귀하게 얻은 아들을 하나님에게 보냈다. 그녀는 이 아이가 단순히 자신의 한을 풀기 위한 도구가 아님을 알았기 때문에 그 아이를 명문대에 보내거나 의사, 판검사를 만들려고 애쓰지 않았다. 하나님이 뜻하신 인생대로 써달라고 온전히 내려놓았다.

한나의 아들 사무엘은 단순히 아이 못 낳은 엄마의 한을 풀어주기 위해 태어난 아이가 아니었다. 그는 장차 이스라엘 최후의 사사로서, 미스바 영적 대각성 집회를 통해 이스라엘의 국가적 부흥을 주도하게 된다. 다윗 왕에게 기름을 부어 그를 왕으로 세우고, 이스라엘 왕조 시대의 문을 연 영적 지도자, 340년이나 되는 어둠의 사사 시대를 끝내는 역사의 새벽을 가져온 사람이 바로 사무엘이다. 그러니까 단순히 아들이 없어 서러운 한 여인의 한을 푸는 데 그칠 인물이 아니었던 것이다.

후처 브닌나가 아이들을 많이 낳았다고 하지만, 감히 한나의 아들 사무엘에 비교할 인생들이 아니었다. 성경은 브닌나 그 아이들의 인생에 큰 의미를 두지 않아서 언급도 하지 않는다. 그러니 심술궂은 브닌나들이 당신을 조롱하더라도 상관치 말고 내버려두라. 사무엘이 평생 주의 종으로 헌신하며 살 수 있도록 아들을 하나님께 드린 한나는 그 이후 3남 2녀를 낳게 되어 브닌나보다 더 풍성한 축복을 누리며 살았다.

그렇게 태어난 기도의 아들 사무엘은 평생 기도하는 사람이 된다. 어릴 때부터 하나님의 음성을 들었고, 노년이 되어서도 "나는 너희를 위하여 기도하기를 쉬는 죄를 여호와 앞에 결단코 범하지 아니하고"라고 할 정도였다. 사무엘의 기도는 혼란스러운 시대에 나라를 지키는 가장 큰 힘이었다. 사무엘의 기도가 있었기 때문에 왕이 없던 시대에도 이스라엘의 대적들은 그가 살아 있는 동안에는 함부로 이스라엘을 침범하지 못할 정도였다.

그런 기도의 지도자 사무엘이기 때문에 그는 어머니의 간절한 기도의 응답으로 태어나야만 했던 것이다. 모세도 그렇고, 예수님도 그렇고, 전부 태어날 때부터 많은 어려움 속에서 기도의 응답으로 태어났다. 사무엘이라는 이름은 "하나님이 나의 간구를 들으셨다"라는 뜻이다. 한나에게 아들은 기도 응답이었다. 이 아들의 탄생으로 인해 한나는 순식간에 한 많던 여자에서 한 없는 여자로 바뀌게 되었다. 어떻게 그렇게 되었는가? 인간적인 방법으로 한을 풀지 않고 하나님 앞에 와서 기도로 풀었기 때문이다.

기도로 태어난 아들 사무엘의 인생이 얼마나 놀랍게 쓰임받게 될지는 한나도 알지 못했다. 그러나 뭔가 특별한 하나님의 섭리가 있을 줄은 믿었다. 그리고 믿음대로 되었다. 사무엘은 이스라엘 전체를 혼돈의 시대에서 빛의 시대로 이끌게 된다. 우리도 한풀이의 도구가 아닌 비전의 도구로 우리 아이를 주님께 맡겨 드려야 한다. 그러면 아이를 향한 하나님의 계획은 우리가 가진 어떤 생각보다 더 크게 펼쳐질 것이다.

한을 이기는 믿음과 사랑

일본 나가사키의 성자, 나가이 다카시(永井隆, 1908~1951) 박사 이야기를 하려고 한다. 2차 세계대전 당시, 일본 나가사키에 원자폭탄이 떨어졌을 때 20만 명에 가까운 사람들이 목숨을 잃었고, 이

중에는 다카시 박사의 아내도 포함되어 있었다. 다카시 박사 자신도 원자병에 걸려 이후 6년을 앓다가 두 아이를 남기고 세상을 떠나게 된다. 어지간한 사람 같았으면 원자폭탄을 투하한 미국을 증오하고 한을 품었을 텐데, 다카시 박사는 그렇지 않았다. 그가 세상을 떠나기까지 살아낸 6년의 시간은 믿음으로 인생의 한을 극복한 아름다운 크리스천의 모범이었다.

다카시 박사는 이웃들의 도움으로 세워진 소박한 목조 단칸방(겨우 두세 사람이 간신히 서 있을 정도의 좁고 초라한 방)에서 두 자녀와 함께 생활했는데, 그는 원자병과 투병하느라 하루 종일 거의 누워 지냈다. 그는 그 좁은 방에서 의학 연구도 하고, 원고도 쓰고, 그림도 그리며 자신과 아이들의 생활비를 벌었다. 그의 20여 권의 책도 그렇게 누운 채 저술한 것이다. 그는 자신을 찾아오는 수많은 사람들에게 성경 말씀과 평화의 가르침을 전했다. 보통 사람의 20퍼센트도 안 되는 체력으로 살아야 했으니, 보통 어려운 일이 아니었을 것이다.

또한 다카시 박사는 전쟁으로 거칠어진 어린이들의 마음을 조금이라도 넉넉하게 하고자 사재를 털어 어린이들을 위한 도서실도 만들었다. 또 원자폭탄이 떨어졌던 들판을 '꽃피는 언덕'으로 만들자며, 신문사에서 보내온 돈을 전액 기부해 나가사키 시내 곳곳에 천 그루의 벚나무를 심기도 했다. 자신의 상처에 매몰되지 않고 다른 사람들을 섬기는데 남은 인생의 시간을 썼던 그의 모습을 통해,

우리는 세월을 아끼는 크리스천의 모범을 볼 수 있다.

그가 투병하던 6년 동안 일본의 천황은 물론, 헬렌 켈러와 같은 세계적인 인사들이 차례로 그를 찾아와 존경을 표했다. 다카시 박사는 체력이 달렸지만 찾아오는 사람들을 기쁘게 맞으려고 최선을 다했다. 그가 사람들에게 항상 강조했던 메시지는 이것이었다. "네 이웃을 네 몸처럼 사랑하라." 미워하는 데 인생의 힘을 낭비하지 말고, 사랑하고 용서하고 축복하는 데 애쓰는 것. 이것이 바로 믿음으로 한을 이기는 성도의 삶이다.

참회와 감사의 해석

다카시 박사는 무서운 나가사키의 비극에 대해 원망과 저주가 아닌 참회와 감사의 해석을 했다. 그는 일본이 원자폭탄의 피해자임을 호소하기 전에, 이 전쟁에 원인을 제공한 책임을 져야 한다고 선언해서 모두를 놀라게 했다.

"이 아름다웠던 나가사키를 잿더미 언덕으로 변하게 한 것이 누구인가? 바로 어리석은 전쟁을 일으킨 우리 일본인들이다. '칼을 가지는 자는 다 칼로 망하느니라'라는 성경의 교훈을 가볍게 흘려버리고, 부지런히 군함을 만들고 어뢰를 만들었던 우리 일본인들이다."

보통 사람들은 고난받을 때 자신은 100퍼센트 억울하다고 생각하는데, 다카시 박사는 비록 자신이 지은 죄는 아니지만 자기가 속한 일본 나라가 지은 죄에 대해 제대로 회개했다.

어떤 사람들이 "어떻게 일본에서 기독교 신자가 가장 많고, 순교자의 피가 가장 많이 흘러진 나가사키에 원자폭탄이 떨어질 수가 있나. 이것은 도시가 저주받은 것이 아닌가"라고 할 때, 다카시 박사는 오히려 이렇게 말했다. "그렇지 않다. 죄 없는 귀한 어린양 예수님께서 우리를 위해 대신 돌아가신 것처럼, 세계대전이라는 죄악의 보상으로써 250년 넘게 많은 순교자의 피가 뿌려졌던, 일본 유일의 성지 나가사키가 희생 제단에 바쳐지는 어린양으로 뽑힌 것이다. 이제 나가사키는 전쟁을 끝내고 평화가 시작되는 상징의 도시가 될 것이다. 히로시마가 분노의 도시라면 나가사키는 기도의 도시가 되어야 한다." 일본인들과 전 세계인들은 다카시 박사의 말에 충격과 감동을 받았다.

다카시 박사는 자녀들에게도 사랑과 용서의 메시지를 남겼다. 다카시 박사는 무엇보다도 자신이 세상을 떠난 후 홀로 남게 될 두 자녀와 날마다 대화하며 함께 기도하고 예배드렸다. 그는 자녀들을 위해 《아버지의 목소리》라는 글을 남기며 모든 사람을 사랑하고 항상 화목케 하는 자가 되어야 한다는 것을 가르쳤다. 그 결과 그의 자녀들은 아버지처럼 이웃을 사랑하고 섬기는 선한 크리스천으로 자라나게 되었다. 하나님을 믿는 믿음이 없었다면 어떻게 이 모든 일이 가능했겠는가. 어떻게 그런 아픔을 겪고 죽어가면서도 한을 품지 않은 채 이토록 아름다운 마지막 생애를 살 수 있었겠는가.

다카시 박사처럼 크리스천은 단순히 한을 푸는 데서 멈추어서는 안 된다. 기도하는 믿음은 상처와 한을 녹여내고, 다음 세대까지 이어지는 사랑과 비전의 열매를 맺게 할 것이다.

Pray Until

3
PART

포기하지 않는 기도에 응답하신다

chapter **08**

외로움이 사라질 때까지 기도하라

요 16:31-33 ; 히 4:15-16

2018년 영국에서는 트레이시 크라우치를 신설 정부 부서인 '외로움 담당 장관'(Minister for Loneliness)으로 임명했다. 영국 국민 6천 4백만 명 중 무려 9백만 명 이상이 항상, 혹은 자주 외로움을 느끼는 것으로 나타났다. 이 중에서도 특히 이민자와 난민의 58퍼센트가 외로움과 고립감을 호소했다. 극심한 외로움은 하루에 담배 15개비를 피우는 것만큼 건강에 해롭다고 한다.

2021년에는 이웃 나라 일본도 아시아 최초로 '고독과 고립 담당 장관'을 임명했다. 일본은 오래전부터 사회와 접촉을 끊고 집에만 틀어박혀 있는 은둔형 외톨이, 즉 히키코모리 문제가 심각했다(일본 국민 중 약 146만 명으로 추산됨). 특히 코로나 이후 여성과 청년층 사이에서 자살률이 급증하자, 놀란 일본 정부는 고독의 문제를 국가적으로 해결하겠다는 의지를 보였다.

우리나라에도 은둔형 외톨이가 현재 40만 명이 넘는 것으로 추산되고 있다. 코로나 이후 이 숫자는 더 늘어나고 있다. 처음에는 은둔형 외톨이가 주로 청소년 문제라고 여겨졌지만, 이제는 청장

년, 노인을 포함해 세대나 성별을 가리지 않는다는 것이 더 심각하다. 혼자 사는 1인 가구가 전체 인구의 1/3에 이르면서 혼밥, 혼술하는 사람들의 숫자와 고독사하는 사람들의 숫자도 매년 가파르게 늘어나고 있다.

외로움의 다양한 원인들

외로움의 원인은 너무 많아서 하나로 정의하기가 어렵다. 일단 갑자기 환경이 바뀌면 외로워진다. 전학 혹은 유학을 가거나 이민을 갔을 때, 군대를 가거나 회사에서 퇴직하는 등 환경이 바뀌면 외로워지는 것도 피할 수 없다. 우리 교회에도 지방에서 서울로 올라와 혼자 사는 청년들이 꽤 있는데, 특히 코로나 때 재택근무에 현장예배까지 중단되자 이 청년들이 너무 외로워서 힘들었다고 한다.

우리는 실패해도 외로워지고, 성공해도 외로워진다. 회사에서 좌천되거나 해고되었을 때, 혹은 사업이 망했을 때는 순식간에 내 주위에 사람들이 사라진다. 하지만 회사에서 간부로 승진해도 외로워진다. 어떤 분은 지사장이 되고 나니 점심시간에 혼자 밥을 먹어야 되는 경우가 대부분이라고 했다. 자기가 밥을 사주겠다고 해도 직원들이 슬슬 눈치 보다가 자기들끼리 몰려 나가버린다는 것이다.

자의 반 타의 반으로 내 가까운 곳에 있던 사람들이 떠나갈 때 우리는 격한 외로움을 느낀다. 아이들이 미국에 조기유학을 가고,

그 뒷바라지하러 아내까지 따라가서 홀로 한국에 남은 기러기 아빠들은 지독한 외로움과 싸워야 했다. 나이가 들어 자식들이 다 제 갈 길을 가고 부부만 남았을 때, 또 부부가 서로 의지하고 살다가 한쪽이 먼저 세상을 떠나면 남은 사람은 너무나 힘든 외로움을 견뎌내야 한다. 외로움을 덜기 위해 반려동물을 키우는 사람들도 폭발적으로 늘어서 천 5백만 명에 달한다.

그러나 동시에 사람들은 외로움이 싫다 하면서도 프라이버시는 중요하다고 여겨 아무에게나 쉽게 곁을 주지 않는다. 특히 사람에게 한 번 상처 입은 경험이 있는 사람은 마음의 문을 닫고 친구 사귀기를 꺼린다. 이런 경우는 스스로 선택하는 의도적 고독이다.

외로움을 견뎌내는 것은 결코 쉽지 않다. 그러나 그렇다고 해서 잘못된 방법으로 외로움을 해결하려고 해서는 안 된다. 지나친 게임, 술, 마약, 불륜, 도박, 쇼핑, 유튜브나 TV 과다 시청 등은 모두 잘못된 외로움 해결 방법이다.

무엇보다도 외롭다고 아무하고나 어울려서는 안 된다. 외롭다고 해서 함부로 친구를 사귀는 일은 조심해야 한다. 한국이나 미국이나 10대들이 갱단에 들어가게 되는 것은 외로움이 시작이라고 한다. 이들 갱단은 결손 가정에서 자란 아이들, 처음 전학 오거나 이민 와서 친구가 없는 아이들을 끌어들인다. 마피아 범죄조직은 자신들을 '패밀리'라고 부르고, 중국 삼합회 같은 조직들은 조직원끼리 서로 '형제', 우두머리는 '따거'(大兄)라고 부르며 절대 충성을 강조한다. 그러나 조직원들은 결국 범죄의 도구로 이용당하고 버려지는 경우가 많다. 목마르다고 해서 소금물을 마시면 갈증이 더해질 뿐이다. 외롭다고 해서 함부로 사람을 사귀어서는 안 된다.

우리의 외로움을 아시는 주님

우리를 창조하신 하나님께서는 그 누구보다 우리의 외로움을 잘 이해하신다. 하나님께서 에덴동산에 홀로 있는 아담을 보시고 "사람이 혼자 사는 것이 좋지 아니하니"라고 하시며 여자를 배우자로 짝지어주셨다. 하나님은 사람이 결혼하여 자식을 낳아 가정을 이루고, 가정들이 부족을 이루고 공동체를 이루어 서로 사랑하며 살기를 원하셨다. 하나님은 인간이 외롭게 사는 것을 원치 않으셨던 것이다.

왜 성경에 "내가 너와 함께함이라"라는 말이 그렇게 많이 나오겠는가. 하나님께서 우리의 외로움을 아시기 때문이다. 특히 우리는 크리스천이기 때문에 세상 사람들로부터 따가운 눈총을 받을 수 있다.

> 세상이 너희를 미워하면 너희보다 먼저 나를 미워한 줄을 알라 너희가 세상에 속하였으면 세상이 자기의 것을 사랑할 것이나 너희는 세상에 속한 자가 아니요 도리어 내가 너희를 세상에서 택하였기 때문에 세상이 너희를 미워하느니라 요 15:18–19

그렇다. 세상의 영인 마귀는 우리의 주인이신 예수님을 거역한 존재다. 그래서 우리 성도들도 싫어하고, 핍박하고, 소외시킨다. 우리는 세상 사람들로부터 '반사회적이다', '반지성적이다', '반문화적이다'라는 냉소를 받기도 한다. 최근에 들은 이야기인데, 일본에서 사역하는 선교사님들의 자녀들이 대부분 학교에서 왕따를 당한다고 한다. 그만큼 일본의 학교들이(국제학교 포함) 기독교 선교사 가정에 대해 배타적이라는 것이다. 그것이 바로 세상의 실체다.

> 우리에게 있는 대제사장은 우리의 연약함을 동정하지 못하실 이가 아니요 모든 일에 우리와 똑같이 시험을 받으신 이로되 죄는 없으시니라
>
> 히 4:15

여기서 '동정한다'라는 헬라어는 "함께 고통받는다"라는 뜻이다. 우리 주님은 이 땅에서 인간의 육체를 입고 사셨을 때 우리가 이 땅에 살면서 겪는 모든 육체적, 정신적 고통을 다 겪어보셨다는 뜻이다. 겪어보셨기에 이해하신다는 말이다. 외로움 또한 예수님께서 겪으셨던 인간의 고통 중 하나다.

한 번도 가보지 않은 머나먼 길을 갈 때 우리는 어떤 동반자를 선택해야 하는가? 똑똑한 사람? 싸움 잘하는 사람? 돈 많은 사람? 아니다. 그 길을 한 번이라도 가본 적이 있는 사람을 선택하는 것이 최선이다. 우리 주님은 우리가 한 번 겪었거나 지금 겪고 있는

아픔, 그리고 앞으로 겪게 될 아픔까지도 다 경험해보신 분이다. 그러니 우리는 주님의 손을 잡고 가야 한다.

"모든 일에 우리와 똑같이 시험을 받으신 이로되 죄는 없으시니라." 이 말씀은 우리 주님께서 죄 없으신 분이라는 뜻이기도 하지만, 동시에 죄의 권세와 싸워 이기셨다는 뜻이다. 우리 주님도 우리와 똑같은 시험들을 당하셨지만, 한 번도 시험에 들지 않으셨다. 시험에 무너지지 않으셨다는 말이다. 주님께서는 외로움으로 인한 아픔을 극복하시고 승리하셨다. 그래서 우리를 어떻게 도와야 하는지도 정확히 알고 계신다.

이제 예수님께서 외로움의 순간들을 어떻게 이겨내셨는지 살펴보자.

외로움을 이겨내신 예수 그리스도

예수님이 이 땅에 계셨을 때 그분은 수많은 사람들의 관심 대상이 되셨다.

> 유월절에 예수께서 예루살렘에 계시니 많은 사람이 그의 행하시는 표적을 보고 그의 이름을 믿었으나 예수는 그의 몸을 그들에게 의탁하지 아니하셨으니 이는 친히 모든 사람을 아심이요 요 2:23-24

예수님의 사역 초창기 때 예수님이 행하시는 수많은 기적을 본 군중은 환호했고, 예수님을 믿었다. 그런데도 예수님은 그들을 믿고 뭔가 조직을 만들거나 하시지는 않았다. "의탁하지 아니하셨으니"라는 말은 "그들을 의지해서 자신을 맡기지 않으셨다"라는 뜻이다.

사람들은 예수님을 믿었는데 왜 예수님은 그들을 믿지 않으셨을까? 예수님이 모든 사람을 아셨기 때문이다. 현재 그들의 믿음이 온전한 믿음이 아니라, 불안한 인간적 믿음임을 아셨기 때문이다. 눈에 보이는 기적에 매료되어 달려온 사람들은 자신들의 요구에 조금이라도 어긋나면 곧바로 등을 돌려버린다는 것을 예수님은 아셨다. 그리고 그 예견은 정확했다. 훗날 예수님께서 예루살렘에 새끼 나귀를 타고 입성하실 때, "호산나 다윗의 자손이여!" 하며 열광하던 군중들이 며칠도 안 되어 그를 십자가에 못 박아 죽이라고 외쳤다. 이렇듯 세상인심은 아침저녁으로 변한다.

그래서 예수님은 자신을 좋아한다며 달려드는 팬들의 손을 적극적으로 잡지 않으셨다. 그러자 군중도 예수님 곁에 오래 머물지 않았다. 이는 예수님께서 의도적으로 선택하신 고독이다. 인기는 마약과도 같은 것이다. 그러니 세상 사람들이 박수쳐줄 때도 거기에 너무 도취해 분별력을 잃지 않도록 주의하라.

'군중 속의 고독'이라는 말이 있다. 세상에서 성공하고 주변에 사람이 많다고 해서 외로움의 문제가 해결되는 것은 아니라는 뜻이다. 수많은 팬을 몰고 다녔던 세계적인 유명 가수나 배우들이 외로움에 못 이겨 마약을 하고 자살하는 일이 허다하지 않은가.

외롭다고 사람들에게 자신의 문제를 함부로 말하지 말라. 영화 〈캐스트 어웨이〉에 보면 무인도에 고립되어 4년을 보낸 주인공 척 놀랜드가 외로움에 지쳐 배구공에 사람 얼굴을 그려 넣고 "윌슨"이라고 부르며 친구 삼는다. 그리고 윌슨이 진짜 사람인 것처럼 온갖 얘기를 다 털어놓는다. 배구공에 털어놓을 수야 있겠지만, 외롭다고 아무에게나 자신의 속내를 털어놓지는 말라. 모든 사람이 우리의 아픔을 100퍼센트 이해할 수 있는 것도 아니고, 모두가 그 이야기를 들을 자격이 있는 것도 아니기 때문이다.

가깝다고 믿었던 사람이라도 어떤 이들은 아예 신경조차 쓰지 않을 것이다. 또 어떤 이들은 우리의 고통을 그저 흥밋거리로 여길 수도 있다. 자신의 문제를 다른 사람들과 나누는 순간, 그들은 우리의 삶 속 깊은 부분으로 들어오게 된다. 하지만 그들이 과연 그럴 자격이 있는지는 생각해보아야 한다. 예수님께서는 "네 이웃을 네 자신같이 사랑하라"라고 하셨지만, 그 말은 모든 사람과 무조건 친근하게 지내라는 뜻이 아니다.

물론 모든 것을 혼자 감추고 억누르라는 말도 아니다. 다만 세상에는 우리가 겪는 고통을 이해할 지혜도, 공감할 마음도 없는 사람들이 많다는 것을 알아야 한다. 일단 하나님을 믿는 믿음의 형제나 자매여야 하고, 그중에서도 영적으로 성숙하고 입이 무거

우며, 우리를 진심으로 사랑해주는 사람에게만 마음을 열어야 한다. 판단 없이 들어주고, 망설임 없이 지지해주는 사람들에게만 말하라.

외롭다고 해서 미성숙한 사람들에게 함부로 문제를 공유했다가 오히려 더 큰 화를 입을 수 있다. 어떨 때는 침묵하며 오직 하나님 앞에서 기도하고 인내하는 것이 우리 영혼을 더 강하게 할 수 있다. 예수님이 수많은 사람을 섬기셨지만, 결코 "그의 몸을 그들에게 의탁하지 아니하신" 것은 사람들을 분별력 있게 대하셨음을 뜻한다.

군중의 허상

예수님께서도 사람들이 자신의 곁을 한꺼번에 많이 떠나는 가슴 아픈 경험을 하셨다. 요한복음 6장을 보면, 오병이어로 5천 명을 먹이신 엄청난 기적 이후, 예수님 곁에는 한동안 구름떼처럼 많은 군중이 따라다녔다. 그들은 예수님을 계속 따라다니면 먹을 것, 입을 것 걱정이 없겠다는 현실적인 욕구에 가득 차 있었다.

그들은 예수님 정도의 능력을 가진 인물이라면 자신들의 임금으로 세우기에 충분하다고 여겼다. 그 능력으로 로마를 몰아내고 새 나라를 세우면, 자신들은 부강한 나라의 국민이 될 수 있으리라고 기대했다. 그리고 그렇게 되면 자신들이 예수님을 등에 업고 한 자리씩 할 수 있을 것이라 생각했다. 쉽게 말해서 예수님을 일종의 '좋은 투자 대상'으로 본 것이다. 그러나 예수님이 그들에게 십자가 복음의 진수를 말씀해주시자 그들은 실망했고, 시험에 들었다.

> 그 때부터 그의 제자 중에서 많은 사람이 떠나가고 다시 그와 함께 다니지 아니하더라 요 6:66

사람은 참 믿을 수 없는 존재다. 인간적인 야심을 품고 예수님을 따르던 사람들은, 예수님께서 십자가 복음을 말씀하시자 썰물처럼 물러가버렸다. 물러간 정도가 아니라 "다시 그(주님)와 함께 다니지 아니하더라"라고 했다. 세상적인 생각이 가득한 사람은 결코 주님 곁에 끝까지 남을 수 없다. 하지만 그 많던 사람이 썰물처럼 떠나가자 예수님도 조금은 외롭고 서글프셨던 것 같다.

> 예수께서 열두 제자에게 이르시되 너희도 가려느냐 요 6:67

교회를 개척하고 지금까지 오면서 가장 힘들었던 때는 사람이 떠날 때였다. 교인, 목회자 할 것 없이 어떤 이유로든 함께 동역하던 이가 떠날 때면 참으로 마음이 아프고 외롭기 그지없었다. 오래도록 함께하고 싶었는데, 어느 날 갑자기 이미 계획을 다 세워놓고 떠난다고 할 때, 정말 마음이 힘들었다. 아무리 말리고 설득해도 소용이 없을 때, 그들이 방을 나간 뒤 나는 허탈해져서 의자에 앉아 허공을 응시하곤 했다. 수많은 새 식구들이 등록을 해도, 정든 옛 식구 한 사람이 떠나는 것이 얼마나 아픈지 모른다. 아마 모르면 몰라도 하나님의 아들 예수님도 그러셨을 것이다.

> 시몬 베드로가 대답하되 주여 영생의 말씀이 주께 있사오니 우리가 누구에게로 가오리이까 요 6:68

그렇다. 세상적으로 요령 좋고 영악한 사람들은 다 떠났다. 그러나 끝까지 우직하게 주님의 말씀을 붙들고 남아 있었던 열한 제자들을 통해, 주님은 세상을 변화시키셨다. 하나님의 역사를 이루시기에 '남은 자들'로 충분했다. 물론 항상 나 스스로의 부족함은 없었는지 깊은 자기 성찰과 반성은 필요하다. 하지만 사람이 떠나는 것이 다 내 잘못이라고 자학해서는 안 된다.

만약 내가 하나님의 말씀을 붙잡고 진실하게 그 길을 가고 있는데, 그들이 그것을 이해하지 못하고 떠난 것이라면 어쩔 수 없는 일이다. 너무 애쓰지 말고, 그들을 축복하며 평안히 떠나보내라. 우리는 자꾸 떠나간 사람들만 아쉬워한다. 하지만 하나님께서는 '떠난 자들'의 하나님이 아니라 '남은 자들'의 하나님이시다. 하나님은 남은 자들로 충분하다고 하신다. 하나님은 우리에게 남은 것들, 남아 있는 사람들을 영의 눈으로 자세히 보라고 하시며 그들을 귀하게 여기라고 하신다.

예수님을 실망시킨 제자들

예수님을 더 외롭게 만들었던 것은 예수님의 최측근들의 연약함이었다. 우리 주변에 사람이 없을 때보다 우리를 더 외롭게 만드는 것은 우리가 믿고 사랑했던 사람이 우리를 실망시킬 때이다. 예수님이 가장 많은 정성을 쏟아부으셨던 열두 제자들이 그러했다. 그들은 예수님을 자기 출세의 수단으로 이용하려 했다. 예수님의 공생애가 끝나갈 무렵이었다. 열두 제자 중 야고보와 요한 형제가 예수님에게 조용히 접근해서 말했다.

> 여짜오되 주의 영광 중에서 우리를 하나는 주의 우편에, 하나는 좌편에 앉게 하여 주옵소서 막 10:37

예수님이 이 요구를 들으셨을 때 얼마나 기가 차고 외로우셨을까. 야고보와 요한은 예수님의 제자 중에서도 거의 최측근에 속한 이들이었다. 그런 이들이 예수님을 이용하여 출세하려는 생각을 했던 것이다. 그것도 주님의 십자가 죽음이 바로 눈앞에 다가온 이 중요한 시점에 말이다. 마태복음에 보면 이들의 어머니까지 함께 와서 그 요구를 했다고 하니, 정말 기가 찰 일이었다.

그런데 성경에 보면, 이 소식을 들은 다른 제자들이 몹시 화를 냈다고 한다. (자기들도 예수님의 오른편, 왼편에 앉고 싶었는데 야고보와 요한이 선수를 쳤기 때문이다) 요한은 평소에도 복음을 받아들이지 않는 마을을 보며 당장 하늘에서 불을 내려 멸망시키자고 말할 정도의 불같은 성격이라, 예수님이 진정시켜야 했던 사람이었다. 그만큼 출세욕도 누구보다 강했다. 예수님은 이런 철없는 제자들의 모습을 보시며 너무나 허탈하고 외로우셨을 것이다. "3년 동안 그렇게 열심히 제자 훈련을 시켰건만, 결국 너희의 본심은 나를 이용해 한자리 차지해보겠다는 것이었느냐." 우리도 가족이나 친구들이 결국은 우리를 이용하려 했다는 속내를 알게 될 때, 허망함과 외로움을 느끼지 않겠는가.

그러나 주님은 그런 요한과 야고보도 포기하지 않으셨고 "너희는 내가 질 십자가를 함께 질 것이다"라고 말씀하셨다. 결국 야고보는 열두 제자 중 가장 먼저 순교하였고, 요한은 가장 오래 살며 요한계시록을 기록하고 각 교회에 '서로 사랑하라'고 강조한 사랑의 사도로 살다가 생을 마감했다.

1. 기도의 짐을 함께 지지 않은 제자들

예수님의 제자들은 기도의 짐을 함께 져주지 않았다. 예수님께서 겟세마네 동산에서 기도하실 때, 베드로와 요한, 야고보 세 제자를 기도의 동무로 데려가셨다. 평소에는 늘 혼자 기도하던 주님이셨지만, 십자가의 죽음을 앞에 두고 너무나도 큰 영적 부담감 속에서 기도의 동역자가 필요하셨던 것이다. 그러나 그들은 예수님이 기도하시는 동안 잠에 빠지고 말았다. 이것을 보신 예수님은 얼마나 허탈하셨는지 "너희가 나와 함께 한 시간도 이렇게 깨어 있을 수 없더냐"라고 탄식하셨다.

우리도 인생의 위기의 순간에 함께 기도해줄 동지가 곁에 없고, 기대했던 사람들이 바쁘고 힘들다며 곁을 떠날 때 깊은 외로움을 느낄 것이다. 그러나 예수님은 "마음에는 원이로되 육신이 약하도다"라고 하시며 그들의 본심은 그렇지 않다고 이해하고 넘어가주셨다. 이 세 사람은 훗날 기도의 용사가 되어 초대 교회를 이끄는 중요한 지도자들로 성장하게 된다.

2. 예수님을 은 30에 팔아넘긴 가롯 유다

가롯 유다는 아예 은 30에 예수님을 팔아넘겼다. 믿었던 사람에게 배신당할 때 느끼는 상처는 말할 수 없이 깊고 쓰리다. 유다는 똑똑하여 재정을 전담했던 제자였다. 그런 사람에게 배신당했다는 것은 누구라도 평정심을 잃게 할 일이다. 믿고 많은 것을 맡겼던 이가 적의 편에 서서 우리를 공격할 때, 혹은 뒤에서 험담하고 음해할 때, 억장이 무너진다. 분노에 잠을 못 이루고, 세상에 믿을 사람이 없다고 느껴지며 외로움에 빠지게 된다.

그러나 예수님은 그런 유다를 향해 "친구여"라고 부르셨다. 예수님의 말씀에는 유다에 대한 원망이 담겨 있지 않았다. 오히려 하나님의 뜻을 받아들이고, 고난의 십자가를 지려는 겸손한 담대함이 있을 뿐이었다. 우리도 그렇게 해야 한다. 유다처럼 작정하고 우리에게 상처를 주려는 사람으로부터 상처를 받으면, 그것은 결국 마귀가 원하는 대로 해주는 셈이다. "너, 왜 그랬어!" 하고 분노를 폭발시키는 것은 내가 상처를 끌어안고 가는 일이 된다. 그러니 결코 그러지 말아야 한다.

가룟 유다 같은 이들이 주는 상처는 "노 땡큐"(No, thank you) 하고 거절해야 한다. 그 방법은 시원하게 떠나보내는 것이다. 예수님은 유다의 배신조차도 하나님의 섭리 안에 있음을 인정하고 받아들이셨다. 그리고 그 빈자리는 신실한 제자 맛디아로 채워주셨다. 우리도 그렇게 의연하게 대처하면 된다.

3. 예수님을 버리고 도망간 제자들

예수님이 체포되시던 순간, 제자들은 모두 예수님을 버리고 사방으로 도망쳤다. 홀로 남아 병사들에게 끌려가신 예수님은 얼마나 허망하고 외로우셨을까. 우리가 인간적으로 믿었던 사람들도 가장 어려운 순간에 우리를 외면할 수 있다. 전화를 받지 않고 메시지도 무시할 수 있다. 그러나 기도하며 하나님의 선하신 뜻을 믿고 순종하는 사람은 그래도 외롭지 않다. 예수님처럼 평안하고 담대하게 그 길을 갈 수 있다.

제자들이 겟세마네에서 예수님을 버리고 도망가기 불과 몇 시간 전에 예수님께서는 제자들에게 앞으로 닥칠 일을 예언해주셨다.

보라 너희가 다 각각 제 곳으로 흩어지고 나를 혼자 둘 때가 오나니 벌써 왔도다 그러나 내가 혼자 있는 것이 아니라 아버지께서 나와 함께 계시느니라 요 16:32

미래를 안다는 것은 때로 고통스러운 일이기도 하다. 만약 우리가 예수님이라면, 몇 시간 뒤에 자신을 버리고 도망칠 제자들을 바라보며 어떤 심정이었겠는가. 주님께서는 그 때가 벌써 눈앞에 왔다는 것을 알고 계셨다. 인생이 가장 힘들고 외로운 순간에, 내가 가장 친했던 사람들이 등을 돌린다? 그 기분은 겪어보지 않은 사람은 모른다.

그러나 예수님은 흔들리지 않으셨다. 예수님은 사람을 사랑하셨지만, 사람에게 의지하지 않으셨기 때문이다. 예수님은 오직 하나님 아버지만을 의지하셨다. "그러나 내가 혼자 있는 것이 아니라 아버지께서 나와 함께 계시느니라." 나는 이 말씀이야말로 외로움에 대한 믿음의 사람의 정의이자, 우리가 붙잡아야 할 모범 답안이라고 믿는다.

외로움은 믿음의 사람에게 주어지는 숙명과도 같다. 우리는 사람들에게 둘러싸여 있는 것 같지만, 정작 인생의 결정적인 순간에는 혈혈단신, 혼자라는 느낌을 받는다. 그러나 우리는 혼자가 아니다. 하나님께서 항상 우리와 함께 계신다.

> 이것을 너희에게 이르는 것은 너희로 내 안에서 평안을 누리게 하려 함이라 세상에서는 너희가 환난을 당하나 담대하라 내가 세상을 이기었노라 요 16:33

기가 막히게도, 예수님은 자신을 버리고 도망갈 제자들을 오히려 격려하고 계셨다. 예수님은 그들에게 배신감이 아니라, 오히려 측은함을 느끼셨다. 그들이 도망친 것은 악해서가 아니라 약해서였다. 세상의 권세가 무서웠기 때문이다. 그러나 주님은 알고 계셨다. 훗날, 부활하신 주님이 보내실 성령의 능력을 받고 나면 그들은 완전히 달라질 것이다. 그때는 생명을 내놓을지언정 주님을 부인하지 않는 담대한 제자들이 될 것이다. 예수님은 그 사실을 믿으셨다.

4. 베드로의 부인

베드로가 예수님을 세 번 부인한 사건은 우리가 잘 알고 있는 이야기다. 그는 예수님의 수제자였다. 평소 "세상이 다 변해도, 다른 사람은 몰라도 자신만은 죽어도 주님 곁을 지키겠다"라고 호언장담하던 사람이었다. 그런데 그 베드로가 체포된 예수님을 멀찍이 따라가다가 대제사장의 집 뜰에서 함께 불을 쬐던 하인들 앞에 연거푸 세 번이나 예수님을 부인한다. 곧 새벽닭이 울었다. 그리고 어떻게 되었는가? 누가복음 22장을 보면, 그때 주님은 돌아서서 베드로를 바라보셨다고 기록되어 있다. 그 순간, 베드로는 온몸에 전율이 일었다.

우리도 살다보면, 베드로처럼 우리가 믿었던 친구들이 자기 살겠다고 사람들 앞에서 우리를 모른 척하거나 부인하는 상황을 겪는다. 그때 우리는 배신감에 치를 떨며 깊은 외로움을 느낀다. 그러나 예수님께서 베드로를 바라보신 눈빛은 원망이나 질책의 눈빛이 아니었을 것이다. 사람은 사랑하지만, 세상이 무서워서 비겁해질 수밖에 없는 베드로를 향한 한없는 동정과 이해의 눈빛이었을 것이다. "베드로야, 나는 너를 원망하지 않는다. 네가 원하지 않던 일을 했음을 안다. 얼마나 두렵고 힘들었으면 그랬겠니. 나는 너를 용서한다. 나는 여전히 너를 사랑한다. 나와 함께 다시 시작하자."

주님의 눈빛에는 그 메시지가 담겨 있었을 것이다. 그 눈빛을 본 베드로는 밖으로 달려 나가 통곡하며 회개한다. 그리고 그 뒤, 변화된 그는 초대 교회의 지도자가 되어 평생 복음을 전하다 순교하게 된다.

5. 의심하는 도마

한편, 예수님을 의심하던 도마 같은 제자도 있었다. 부활하신 주님께서 제자들에게 나타나셔서 다시 살아나셨음을 보여주셨지만, 그 자리에 도마는 없었다. 나중에 다른 제자들로부터 주님께서 다시 사셨다는 이야기를 들은 도마는 믿지 못하고 심술이 나서 투덜거렸다. 그는 "내가 그의 손의 못 자국을 보며 내 손가락을 그 못 자국에 넣으며 내 손을 그 옆구리에 넣어보지 않고는 믿지 아니하겠노라"라고 말했다.

우리 주변에도 꼭 있어야 할 자리에 없었다가 뒤늦게 나타나서 불평하거나, 우리가 없는 자리에서 우리에 대해 좋지 않게 말하는 사람들이 있다. 그런 이야기를 뒤늦게 들으면 허탈하고 외로워질 수밖에 없다. 그런 사람이 도마처럼 우리를 믿어주지도 않는다면 그 외로움은 더 깊어진다.

그러나 주님은 그런 도마도 버리지 않으셨다. 일주일 후, 이번에는 도마도 함께 있는 자리에 다시 찾아오셔서 도마를 야단치지 않으시고 말씀하셨다. "네 손가락을 이리 내밀어 내 손을 보고 네 손을 내밀어 내 옆구리에 넣어보아라." 주님은 도마 한 사람의 불신도 믿음으로 바꾸기 위해 다시 찾아오셨다. 그렇게 변화된 도마는 이후 평생 복음을 전하는 삶을 살았고, 인도에서 순교함으로써 자신의 믿음을 끝까지 지켰다.

하나님과 교제하는 거룩한 습관

예수님의 제자들이 다양한 방식으로 예수님께 실망을 안기고 상처를 드림으로써 주님을 외롭게 했다는 사실을 생각하며 한 가지 의문이 들었다. 누가복음 6장을 보면, 예수님께서는 밤새 기도하시고 열두 제자를 선택하셨다. 그런데 그렇게 기도하고 뽑으신 제자 중에도 가룟 유다 같은 배신자가 있었고, 여러 방식으로 문제를 일으킨 제자들도 있었다. 어떤 이들은 기도하고 뽑은 제자들도 이 모양이라고 낙심할 수도 있다.

그러나 동시에 왜 우리가 교회 안에서 이렇게 많은 상처를 주고받는지에 대한 한 가지 해답도 얻을 수 있다. 많은 이들이 '세상에서 받은 상처를 위로받기 위해 교회에 왔는데, 왜 교회 안에서도 상처를 받느냐'라고 실망을 토로한다. 그러나 교회는 완전한 사람들의 공동체가 아니다. 성도는 용서받은 죄인이지, 천사가 아니다. 아직도 옛 자아가 살아 있는 사람들이 함께 모인 곳이기 때문에 서로에게 상처를 줄 수도 있다.

예수님께서 직접 3년이나 제자훈련을 하신 열두 제자조차 그 모양이었는데, 부족한 내가 목회하는 교회에서는 말할 것도 없지 않겠는가. 그러니 기도하며 만난 부부 사이에서도, 교회 공동체 안에서도, 예수님의 제자들처럼 다양한 방식으로 실망과 아픔을 겪게 된다. 그리고 이런 아픔이 반복되다보면, 사람에 대한 신뢰가 깨지고 마음을 닫게 되면서 점점 외로워질 수 있다.

그러나 예수님은 그렇게 하지 않으셨다. 실망과 상처를 이겨내시며, 실망시킨 그 사람들을 포기하지 않으셨다. 유다처럼 결국 떠나가게 된 제자도 있었지만, 대부분은 용서하시고 인내하시며 끝까지 변화시키셨다. 베드로와 요한처럼 위대한 사역자로 쓰임받게 된 제자들도, 다 예수님께서 포기하지 않으셨기 때문에 회복될 수 있었던 것이다.

그렇다면 예수님은 어떻게 이렇게 하실 수 있었을까? 항상 하나님과 교제하셨던 거룩한 습관 덕분이다.

> 그러므로 우리는 긍휼하심을 받고 때를 따라 돕는 은혜를 얻기 위하여 은혜의 보좌 앞에 담대히 나아갈 것이니라 히 4:16

'그래, 바로 이것이다.' 주님께서는 사람들이 자신을 실망시키고 외롭게 할 때마다, "때를 따라 돕는 은혜를 얻기 위하여 은혜의 보좌 앞으로" 나아가셨다. 예수님은 공생애 기간 동안 수많은 사역과 설교로 매우 분주하셨지만, 그 가운데서도 결코 타협하지 않은 거룩한 일상의 습관이 하나 있었다.

> 새벽 아직도 밝기 전에 예수께서 일어나 나가 한적한 곳으로 가사 거기서 기도하시더니 막 1:35

전날 사역이 아무리 바쁘고 힘들었어도, 아무리 몸이 피곤해도 이 루틴은 절대 깨지지 않았다. 같은 고독이라도 대낮이나 한밤중의 고독과 새벽의 고독은 다르다. 낮이나 밤의 고독은 사람을 우울하게 만들 수 있다. 스스로 비참하고 처량하게 느껴질 수도 있다. 그러나 이상하게도 새벽에는 그렇지 않다. 오히려 영적으로 집중이 잘 된다.

예수님께서는 매일 새벽, 하나님 아버지와의 깊은 만남을 통해 끊임없이 하나님의 음성을 들으셨다. 전날 사람들을 섬기며 받았던 상처와 피곤을 하늘 아버지의 은혜로 씻어내셨다. 사람들과 어울리다보면, 사람들이 뿜어내는 죄성으로 인해 인독(人毒)이 우리 안에 쌓여 왠지 모를 피곤함이 몰려온다. 주님은 그 인독을 하나님과 홀로 있는 시간, 은혜의 시간으로 정화하신 것이다. 하늘과 땅의 모든 권세와 능력을 공급받으셨고, 그렇게 하루를 시작하실 때, 예수님을 통해 엄청난 기적과 회복과 부흥이 하루 종일 일어났다.

우리도 예수님을 본받아 의도적으로, 매일 새벽 시간에 하나님과 교제해야 한다. 세상 사람은 외로움을 비참하게 느낄 수 있다. 하지만 우리는 홀로 있는 시간이 하나님과 함께하는 '거룩한 고독'임을 감사할 수 있다.

보통 인간관계에서 사람은 양극단으로 치우칠 수 있다. 항상 수많은 사람들에게 둘러싸여 있어야만 견디는 사람(이런 사람은 혼자 있는 시간을 힘들어한다)이나, 사람들과 거리를 두고 혼자 있으려는 사람이다. 그러나 건강한 영성은 이 두 극단 사이에서 균형을 잡는다.

예수님이 바로 그런 분이셨다. 군중을 섬기시고 제자들을 양육하시며 최선을 다하셨지만, 새벽에는 홀로 하나님과 교제하시며 영적으로 재충전하셨다. 우리가 본받아야 할 최고의 모범이 바로 예수님이시다.

교회 공동체 : 예수님의 은혜로 사는 사람들

교회는 바로 그 예수님이 머리 되신 공동체다. 그래서 세상의 그 어떤 모임과도 다르다. 물론 교회에서도 상처를 주고받을 수 있다. 그러나 교회는 머리 되신 주님으로부터 흘러나오는 십자가 보혈의 은혜가 있다. 성령께서 그 십자가의 은혜를 끊임없이 흘려보내주시므로, 서로의 상처를 이해하고 용서해줄 수 있다. 예배의 힘, 은혜의 힘으로 관계의 상처를 끊임없이 치유받는 곳이 바로 교회다. 그래서 우리는 아직 모두 불완전하지만, 교회 공동체 안에 머물러 있으면 교회 밖에서 느꼈던 외로움과는 차원이 다른 은혜를 경험하게 된다. 인생은 본질적으로 외로운 것이다. 하지만 주님이 머리 되신 교회 공동체 안에 있기에 우리는 외롭지 않을 수 있다.

그러나 교회 공동체 안에서도 내가 자꾸 사랑받으려고만 한다면 실망하거나 상처받기 쉽고, 그러면 외로움은 오히려 더 심해질 수 있다. 우리가 사람들에게 실망하고 상처받는 것은 기대가 크기 때문이다. 받을 것을 아예 기대하지 않고 살면 상처도 줄어든다. 외롭다고 느낄수록, '받겠다'라는 생각보다 '주겠다'라는 결심을 해보자. 더 적극적으로 다른 사람을 축복하고, 그들을 위해 기도하고 격려하라. 형제가 가장 필요로 하는 말, 가장 필요로 하는 일이 무엇일지 생각해보고, 할 수 있다면 그것을 채워보라.

예수님께서 그렇게 하셨다. 예수님은 사람들로부터 무언가를 받으려고 하지 않으셨고, 주려고 하셨다. 받는 것은 오직 하나님 아버지로부터 받으셨고, 사람들에게는 그 받은 은혜를 흘려보내주셨다. 예수님처럼 관계하는 곳이 바로 교회다. 우리 모두 부족한 죄인이지만, 예수님의 은혜로 사는 사람들이다. 서로 용서하고 인내하며 함께 이 믿음의 여정을 가보지 않겠는가.

chapter **09**

부족함이 사라질 때까지 기도하라

요 2:1-11

"나는 가질 것을 다 가졌기 때문에 전혀 부족함을 느끼지 않는다"라는 사람을 주위에서 본 적이 있는가. 아마 거의 없을 것이다. 사람들은 누구나 자신이 뭔가 부족하다고 느낀다. 가진 돈이 부족하다고 느끼거나, 외모가 부족하다고 느끼거나, 머리나 재능, 인맥이나 집안 배경이 부족하다고 느낀다. 어떤 형태로든 '나는 뭔가 늘 부족하다'라고 생각하는 사람들이 대부분이다.

자꾸만 자신이 부족하다고 생각하면 인생이 우울해지고 초조해지며, 분노가 많아진다. 실제로는 부족하지 않은데 서로 비교하기 때문에 더 부족하다고 느끼는 경우도 많다. 지금 대한민국 서울에서 중산층으로 살아가는 정도면 전 세계 상위 10퍼센트 안에 드는 부유층이라고 하지 않은가. 그런데도 우리는 감사보다 부족함을 더 많이 느낀다. 세상의 영이 늘 감사를 모르게 마음을 부추기는 것이다.

그러나 살다보면 뜻밖의 타이밍에 '부족함'이 현실이 되어 나를 덮칠 때가 있다. 돈이 가장 필요한 때에 돈이 없고, 사람이 가장 필요한 때에 사람이 없기도 하다. 너무 좋은 기회이고 가장 중요한 순간인데, 하필 그때 가장 필요한 것이 없다. 모든 사람이 지켜보는데, 속이 상하고 당혹스럽다. 누구에게 속내를 털어놓기도 어려운 상황이다.

그렇다면 어떻게 해야 할까. 이제 우리는 2천 년 전 유대 땅 가나에서 그런 난처한 상황에 놓인 한 집에서 일어난 놀라운 기적의 이야기를 살펴보고자 한다. 이 사건은 예수님께서 세상에 모습을 드러내신 후, 처음으로 행하신 기적이다.

혼인 잔치에서 포도주가 떨어지다

> 사흘째 되던 날 갈릴리 가나에 혼례가 있어 예수의 어머니도 거기 계시고 예수와 그 제자들도 혼례에 청함을 받았더니 요 2:1-2

가나는 나사렛에서 북쪽으로 약 14킬로미터 정도 떨어진, 수도 예루살렘과는 상당히 동떨어진 아주 작고 보잘것없는 시골 마을이다. 이 혼인 잔치에 예수님도 초청을 받으셨다. 예수님은 그때 만난 지 사흘밖에 되지 않은 제자들, 빌립과 나다나엘도 데리고 참석하셨다. 예수님과 제자들이 함께 초대받았다는 것은, 이 결혼식이 예수님의 집안과 깊은 친분이 있는 집안의 혼사였다는 의미다.

특히 학자들은 예수님의 육신의 어머니 마리아의 친척 집안이었을 것이라고 추정한다. 그래서 마리아는 단순히 초대받은 손님만이 아니라, 결혼식을 준비하고 진행을 돕는 호스트 역할을 하고 있었다. 그렇기 때문에 잔치에 쓸 포도주가 떨어진 상황도 남들보다 먼저 알 수 있었고, 하인들에게 지시할 수도 있었던 것이다.

일부 학자들은 이 결혼식이 예수님의 어머니 마리아의 동생인 살로메 집안의 혼사이며, 신랑은 요한 자신이었을 것이라고 추정하기도 하지만, 그에 대한 확실한 근거는 없다.

> 포도주가 떨어진지라 예수의 어머니가 예수에게 이르되 저들에게 포도주가 없다 하니 요 2:3

원래 유대의 결혼식은 보통 일주일 정도 이어지는 길고 성대한 잔치였다. 신랑이 신부를 데리러 신부의 집으로 가기 때문에, 이 잔치는 보통 신부의 집에서 열린다. 동네 사람들을 모두 불러서 함께 먹고 마시는 큰 잔치이기 때문에, 먹을 것과 마실 것을 충분히 준비해두는 것이 관례였다. 그런데 잔치 도중에 포도주가 떨어졌다. 아마 예상보다 훨씬 많은 하객이 몰려왔기 때문일 것이다.

살다보면 흔히 있을 수 있는 일이다. 사실 생각보다 많은 축하객이 몰려왔다는 것은 좋은 일이다. 하지만 지금의 상황이라면 꼭 좋은 일만은 아니었다. 아무리 손님이 많이 왔다 해도, 신랑 신부의 집안이 넉넉했더라면 어디선가 포도주를 사다가 공급했을 텐데, 양가 집안은 형편이 그리 넉넉하지 못했다.

그렇지만 포도주가 떨어졌다는 사실이 사람들에게 알려지면, 잔치는 찬물을 끼얹은 듯 분위기가 싸늘해지고, 손님들은 기분이 상해 돌아가게 될 것이었다. 사정이야 어찌 되었든, 신랑 신부는 일생에 한 번 있는 결혼식이 엉망이 된 수치를 안고 평생 살아야 한다. 그래서 포도주가 떨어졌다는 소식을 들은 양가 부모는 이 난감한 상황을 어떻게 해결해야 할지 몰라 당황스러웠을 것이다.

우리는 여기서 인간 능력의 한계를 본다. 인생은 내가 감당할 수 있다고 생각했던 것보다 더 복잡하고 예기치 않은 돌발 변수가 언제든 터질 수 있는 것이다. 그럴 때 감당이 되지 않아 패닉 상태가 되는 경우도 많다. 가장 기뻐해야 할 잔치의 시간이, 남들이 알지 못하는 신랑 신부 가족의 가난한 형편이 드러나는 난처한 시간이 될 줄 누가 알았겠는가. 사람들을 다 초대하여 성대하게 결혼식을 치르면서도, 속으로는 포도주가 떨어져 고민하는 신랑 신부 가족처럼, 우리도 보기에는 남 부럽지 않은 인생을 사는 것 같아도, 속으로는 공허하고 갈등하는 인생이 아닐까? 겉으로는 깨끗하게 물로 씻긴 듯 보이나, 마음 깊은 곳의 죄와 고통이 여전히 해결되지 않아 답답하고, 참된 자유를 누리지 못하는 것이 우리의 모습 아닌가? 그 맛없는 인생, 내용 없는 인생은 예수님을 만날 때에만 소망이 생긴다.

믿음의 "예스"로 반응한 마리아

마리아는 포도주가 떨어진 그 난처한 순간, 넉넉지 못한 형편의 양가 부모들이 당황하며 가난한 형편을 슬퍼하는 모습을 보았을 것이다. 그 순간, 마리아는 하객들 속에 섞여 있던 아들 예수님을 데려와 상황을 보여주며 이렇게 말한다. "저들에게 포도주가 없다." 처음부터 포도주가 없었던 것이 아니라 준비한 포도주가 떨어졌다는 뜻이다. 마리아는 가타부타 설명 없이 그저 이 난처한 상황만을 예수님께 알려드린 것이다. 이때는 아직 예수님께서 어떤 기적도 행하시기 전이었다. 그런데도 마리아는 어떻게 예수님에게 이 문제를 가지고 갈 생각을 했을까?

마리아는 예수님이 자기 아들이지만, 그분이 보통 사람이 아니라는 것을 알고 있었다. 30년 전, 성령으로 예수를 잉태했을 때, 환상 가운데 나타난 천사는 태어날 아이가 '하나님의 아들'이심을 알려주었다. 그리고 예수가 태어났을 때, 베들레헴까지 찾아온 동방박사들의 방문을 어찌 잊을 수 있겠는가. 예수는 자라면서도 보통 아이들과는 달랐다. 어릴 적부터 예루살렘 성전에서 학자들과 성경을 토론할 때에도 막힘이 없던 예수였다. 그의 삶에는 늘 거룩한 성령의 임재가 함께했다. 이를 알고 있었던 마리아는 이 난관을 해결할 수 있는 분은 예수밖에 없다고 믿었다.

예수께서 이르시되 여자여 나와 무슨 상관이 있나이까 내 때가 아직 이

르지 아니하였나이다 요 2:4

한글성경에서 예수님이 마리아에게 "여자여"라고 부른 것은 어머니를 부르는 호칭치고는 다소 무례하게 들릴 수 있다. 그러나 헬라어 "귀나이"는 고대 그리스에서 왕이 왕후를 부를 때나, 남편이 아내를 사랑스럽게 부를 때 사용하는 존칭어였다. 즉 깊은 사랑과 존경이 담긴 표현이었다.

"나와 무슨 상관이 있나이까"라는 말은 "이 일은 제가 관여할 일이 아닌 것 같습니다"라는 뜻의 공손하면서도 분명한 거절의 메시지다. 왜 그렇게 말씀하셨는가? "내 때가 아직 이르지 아니하였나이다"라는 말씀 때문이다. 여기서 '때'란 단순한 시간이 아니라, 하나님께서 정하신 특정한 시간, 영적인 의미가 있는 약속된 때를 의미한다. 예수님께서 본격적으로 자신이 메시아이심을 공표하고 사역을 시작하실 시간이 아직 이르지 않았다는 것이다. 만일 지금 이 잔치에서 기적을 행하시면, 자신의 존재가 드러나게 되고, 메시아로서의 공식적인 사역을 바로 시작하게 된다. 그러니 지금은 섣불리 나설 수 없는 상황이었다.

어지간하면 사랑하는 어머니의 요청을 받아들일 법도 한데, 예수님께서는 철저히 하나님의 뜻과 타이밍에 따라 사역을 이루시고자 분명하게 거절하신다. 그러나 놀라운 것은 예수님의 그 정중한 거절에 대한 마리아의 반응이다.

그의 어머니가 하인들에게 이르되 너희에게 무슨 말씀을 하시든지 그대로 하라 하니라 요 2:5

마리아는 어쩌면 매정하게 느껴질 수도 있는 아들의 거절에 불쾌함을 드러내거나 포기하지 않았다. "아들아, 엄마가 이렇게 간곡히 부탁하는데 어떻게 단칼에 거절할 수 있니?"라는 한마디 아쉬운 반응도 하지 않고, 돌아서서 하인들에게 말한다. "너희에게 무슨 말씀을 하시든지 그대로 하라." 이것은 앞뒤 맥락이 안 맞지 않는가? 분명 예수님은 거절하셨는데, 마리아는 마치 예수님이 "예스"(Yes)라고 하신 것처럼 그다음 단계 일을 진행시킨다. 하인들도 당황하고, 예수님도 당황하셨을 것이다.

"예스"와 "노"가 분명한 미국이나 영국 교회 성도들은 이 상황을 잘 이해하지 못한다. 예수님이 분명히 "노" 하셨는데, 마리아가 왜 그러는지 이상하다는 것이다. 그러나 한국식 동양 문화에서는 이 상황이 이해된다. 세계적인 문화인류학자 에드워드 홀(Edward Hall)은 인류의 의사소통 방식을 '저맥락 문화'(Low Context)와 '고맥락 문화'(High Context)로 구분했다. 저맥락 문화는 자기가 원하는 것을 명확하게 표현하는 서양식 문화이고, 고맥락 문화는 함축적이고 돌려 말하는 방식으로 한국이나 동양권에서 나타나는 문화다.

이 문화 차이를 이해하지 못하고 대화하면, 서양 사람들은 동양 사람들이 답답하다고 느끼고, 동양 사람들은 서양 사람들이 무례하다고 느낀다. 동양 문화에서는 "예스"이면서도 겉으로는 "노"라고 말하는 경우가 많다. 이스라엘 문화도 고맥락 문화에 더 가까운 것으로 알려져 있다.

우리는 예로부터 "예스", "노"보다 "괜찮다"를 더 많이 써왔다. "괜찮다"는 "관계하지 아니하다"의 준말이다. 한국말에서는 분명 표현은 "노"지만 실은 "예스"인 경우가 많고, 따라서 수신인의 센스가 중요하다. 듣는 사람이 눈치 있게 알아들어야 한다는 말이다. 어릴 때부터 미국에서 자란 교포 목회자들이 한국에 와서 사역하다가 문화 차이로 곤란을 겪는 경우가 많다. 권사님이 아프시다고 해서 "제가 심방 갈게요"라고 했더니, 권사님이 "아니에요. 목사님 바쁘신데 오지 마세요"라고 하셨다. 그래서 진짜 안 갔더니 권사님이 시험에 들었다는 것이다. 미국 문화권에서 자라난 교포 목회자는 한국말에서는 "노"가 진짜 "노"가 아닐 수도 있다는 것을 감을 잡지 못한 것이다.

이 본문도 그런 맥락에서 이해하면 수긍이 간다. 성경에 보면 예수님이 처음에 "노"라고 하셨다가 나중에 "예스"로 응답하신 경우가 의외로 많다. 수로보니게 여인이 귀신 들린 딸을 고쳐달라고 했을 때, 예수님은 처음에 냉정하게 거절하셨다. 그러나 그녀가 겸손히 포기하지 않고 간청하자, 오히려 "네 믿음이 크도다"라고 하시며 딸을 고쳐주셨다. 처음의 "노"는 그녀의 믿음을 시험하신 것이었고, 사실은 누구보다 도와주고 싶으셨던 것이다.

가나의 혼인 잔치에서도 마리아는 예수님의 거절에 흔들리지 않고, 오히려 응답받을 준비를 시키고 있었다. 우리도 기도할 때 주님께서 마치 거절하시는 것 같은 느낌을 받을 수 있다. 주님이 무관심하시거나 화나신 것 같기도 하고, 낙담되기도 한다. 그러나 쉽게 포기해서는 안 된다. 내 상황 그대로를 주님께 아뢰고, 무슨 말씀을 하시든지 따르겠다는 자세로 엎드려야 한다. 겉으로는 "노" 같아도, 주님은 사랑하는 자녀들의 간절한 기도를 결코 외면하지 않으신다. 주님은 마음이 너무나 여리셔서 우리를 끝까지 포기하지 않으신다.

그런데 오늘날 우리의 모습을 보면 주님이 처음에 거절하시더라도 낙담하지 않고 계속 매달릴 수 있는 기도의 배짱, 기도의 뒷심이 약한 것 같다. 주님이 거절하시는 것처럼 느껴지면 쉽게 낙담하고 포기하는 경우가 많다. 몇 번 기도해보고 응답이 없으면 '에이, 안 되나보다' 하고 손을 놓는 것이 문제다.

만약 지금 당신이 그런 상황이라면, 다시 한번 포기한 그 자리로 돌아가 주님께 간구하라. 끝까지 포기하지 않고 매달리는 사람을, 주님은 결코 밀어내지 않으신다. 처음에 거절하신 것처럼 보여도, 때가 되면 반드시 주신다. 내가 생각한 방법은 아닐지라도, 주님만의 특별한 방법으로 응답하신다. 이것을 믿으면 우리 기도에 다시 힘이 날 것이다.

물이 변하여 포도주가 되다

거기에 유대인의 정결 예식을 따라 두세 통 드는 돌항아리 여섯이 놓였는지라 예수께서 그들에게 이르시되 항아리에 물을 채우라 하신즉 아귀까지 채우니 요 2:6-7

여기서 "유대인의 정결 예식"은 유대인의 씻는 일을 말한다. 유대인은 외출에서 돌아오면 식사 전후에 꼭 손을 씻었다. 그래서 결혼식에 오는 손님들이 손을 씻을 수 있도록 돌항아리에 물을 가득 담아 두었을 것이다. 이 항아리 한 개의 용량은 약 20갤런, 여섯 항아리의 물을 모두 합치면 120갤런, 리터로 환산하면 대략 454리터이다. 예수님은 하인들에게 물을 아귀까지 채우라고 하셨으니 이보다 훨씬 더 많은 양이었을 것이다. 어림잡아도 우리가 흔히 쓰는 500밀리리터 생수병으로 천 병이 넘는 어마어마한 양이다.

원래 이 항아리들은 한 번도 포도주를 담아본 적이 없는 항아리들이다. 워낙 커서 손발 씻는 물을 담는 용도로만 사용되었다. 그런데 예수님은 그것을 포도주 통처럼 사용하시겠다는 것이다. 항아리를 가득 채운 물은 손님들에게 손발을 씻으라고 내주는 것이 더 상식적이었을 것이다. 그러니 예수님의 명령을 받은 종들이 처음에 얼마나 당혹스러웠겠는가. 사람은 항상 자신의 경험과 지식에 맞지 않는 말을 들으면 갈등하게 되고, 의심하고, 망설이게 된다.

우리가 교회에서 봉사하다가 그만두는 이유도 바로 여기에 있다. 예수님은 우리의 믿음과 순종이 결정적인 순간까지 계속되기를 원하신다.

그 집 하인들은 그날 예수님을 처음 보았고, 예수님이 어떤 분인지 전혀 모르고 있었다. 그러니 예수님의 명령대로 했다가 자칫 잘못하면 연회장을 비롯한 사람들에게 '무슨 미친 짓이냐'고 망신을 당할 수도 있었다. 그런데도 그들이 예수님의 말씀대로 끝까지 순종했다는 사실이 놀랍다. 믿음은 말씀을 믿고 모험하는 것이다.

예수님은 오직 말씀으로 이 엄청난 기적을 행하셨다. 요한복음 1장은 예수님이 말씀이 육신이 되어 오신 분임을 강조한다. 이것은 천지창조의 대역사를 하나님께서 오직 말씀으로 행하신 것과 같다. 하나님의 말씀에는 능력이 있다.

말씀에 담긴 능력을 풀어놓는 길은 '순종'에 있다. 종들은 마리아의 당부대로, 예수님의 말씀에 토를 달지 않고 말씀이 떨어지자마자 순종했다. 그랬더니 기적이 일어났다. 종들은 아직 예수님을 믿는 사람들이 아니었다. 하지만 말씀에 순종하자 기적이 일어났다. 말씀은 공부하라고 주신 것이 아니라, 순종하라고 주신 것이다. 순종하면 기적이 일어난다. 무(無, nothing)에서 유(有, something)가 생기는 역사, 물이 포도주로 변하는 역사가 우리 인생에도 일어날 것이다.

상상하지 못한 방법으로 응답하시는 주님

대부분의 사람들은 잔치에만 참여하기 원한다. 연회장은 잔치가 한창인데 포도주가 부족하다는 사실조차 몰랐다. 그러나 잔치를 준비하던 마리아가 알았고, 명령을 따르던 하인들이 알았다. 그 부족함을 주님만이 채우실 수 있다고 믿고, 주님께 이 문제를 가져간 마리아가 있었기에 이 기적이 시작될 수 있었다. 그리고 예수님의 말씀을 그대로 순종한 하인들이 있었기에 이 기적의 판이 짜일 수 있었다. 물론 일하신 주인공은 주님이시다. 그러나 주님의 놀라운 기적이 행해지기 위해서는 이렇게 판을 준비하는 누군가의 기도와 헌신이 있어야 한다.

> 이제는 떠서 연회장에게 갖다 주라 하시매 갖다 주었더니 연회장은 물로 된 포도주를 맛보고도 어디서 났는지 알지 못하되 물 떠온 하인들은 알더라 연회장이 신랑을 불러 요 2:8-9

"물 떠온 하인들은 알더라." 오직 순종해본 사람들만이 알 수 있는 영적 비밀이 있다. 하인들은 그 최고의 포도주가 어디서 왔는지, 누가 만드셨는지를 알았다. 분명히 물이었는데 순식간에 포도주가 되는 기적을 눈앞에서 보았으니 안 믿을 수가 없었을 것이다. 모르면 몰라도 그 날 물 떠온 하인들이 훗날 예수님을 믿고 따르는 성도가 되지 않았을까. 진짜 기적은 기적을 통해 '기적의 근원이신 예수님'을 믿는 것이다. 그리고 그분께 나의 찬양과 경배를 드리는 것이다.

"물로 된 포도주"라는 표현이 재미있다. 엄밀히 번역하면 "방금 전까지 물이었는데 포도주가 된 액체"이다. 하인들은 예수님의 말씀을 믿고 항아리 안에 포도주를 떠서 연회장에게 갖다주었다. 항아리에 물을 아귀까지 채울 때까지만 해도 분명 물이었는데, 예수님의 말씀대로 뜰 때는 포도주로 바뀌어 있었다. 우리는 예수님께서 말씀하시자 물이 포도주로 바뀌었다는 이 기적을 너무 무덤덤하게 받아들이는 경향이 있다. 하지만 물이 포도주가 된다는 것은 일반 상식으로는 있을 수 없는 일이다. H_2O가 C_2H_5OH로 변하는 것은 본질적이고도 화학적인 변화이다.

포도주를 만드는 과정은 결코 단순하지 않다. 먼저 포도나무를 심어서 포도를 수확하기까지 몇 년이 걸린다. 포도가 익으면 그것을 잘 거두어서 포도주를 담그는 준비를 한다. 대개 3-5년은 지나야 평범한 수준의 포도주가 만들어진다. 그보다 좋은 양질의 포도주는 최소 5-7년은 숙성되어야 한다. 최상품 와인은 보통 20-30년은 되어야 비로소 그 가치를 인정받는다. 그런데 주님은 가나의 혼인 잔치에서 최상품 와인을 단 몇 분 만에 만들어내셨다. 인간의 능력으로는 수십 년 걸릴 일이 주님의 손에서는 단 몇 분 안에 해결될 수 있다.

마리아가 하인들에게 "무슨 말씀을 하시든지 그대로 하라"라고 했다는 것은, 그녀 역시 예수님께서 이 상황을 어떻게 해결하실지는 전혀 몰랐다는 뜻이다. 다만 문제를 알려드리기만 하면 어떤 방법으로든 예수님께서 해결하실 것이라고 믿었을 뿐이다. 그리고 믿음대로 되었다. 주님은 상상치도 못한 방법으로 응답하셨다. 마리아는 설마 예수님께서 항아리의 물을 그 자리에서 포도주로 바꾸셔서 이 문제를 해결하시리라고는 상상하지 못했다.

우리도 사방을 둘러봐도 도무지 응답이 올 것 같지 않고, 문제가 해결될 것 같지 않으며, 내 앞에 있는 태산 같은 문제들이 물러날 것 같지 않다고 느낀다. 아무리 궁리해도 해결책은커녕 절망만 더 커질 때가 있다. 그러나 그것은 내 수준에서만 생각하기 때문이다. 하나님께는 내가 모르는 놀라운 방법들이 얼마든지 있다. 하나님은 우리가 예상한 방법대로만 응답하시는 분이 아니다. 그러므로 우리는 절대 절망해서는 안 된다. 기도를 계속 멈추지 않으면, 주님은 우리가 상상하지 못한 방법으로 반드시 응답하실 것이다.

물이 포도주 된 사건의 영적 의미

1. 본질적 변화를 가져오는 예수님

가나의 혼인 잔치에서 예수님께서 포도주로 변화시키신 물은 유대인의 결례에 따라 손과 발을 정결하게 하는 데 사용되던 물이었다. 그러나 물은 외형적으로는 깨끗하게 해줄 수 있을지 몰라도, 영혼 깊숙이 끼어 있는 내적인 더러움은 결코 씻어낼 수 없었다. 손을 씻으면 보이는 육체는 상쾌할 수 있지만, 마음속에는 진정한 기쁨이 없었다. 그러나 예수님께서는 그 물을 포도주로 바꾸심으로써 인간의 깊은 내면, 본질에 이르기까지 송두리째 변화시켜주신다.

나쁜 포도주를 좋은 포도주로 개선하신 것이 아니다. 애초에 포도주가 될 가능성조차 없는 물을 포도주로 바꾸신 것이다. 예수님은 우리의 인생을 '중고차 수리하듯' 조금 손봐서 더 나은 사람으로 만들어주려고 오신 분이 아니다. 이미 우리는 죄로 인해 망가질 대로 망가져서 더 이상 고칠 수 없는 상태였다. 그래서 주님은 우리의 옛 사람을 아예 죽여버리시고 새로운 사람으로 다시 태어나게 하신다. 예수를 믿는다는 것은 내가 조금 더 좋은 사람이 된다는 의미가 아니다. 옛 사람은 완전히 죽고, 새롭게 태어나는 것이다. 교육은 겸손에서 시작하지만, 신앙은 죽음에서 시작한다.

누구든지 예수를 믿고 나면 주님께서 그 사람의 인격의 본질을 바꾸어주신다. 물처럼 무미건조했던 인생이 예수님을 만나면 포도주처럼 풍성한 인생으로 바뀐다. 지치고 사나웠던 사람이 매력 있고 향기로운 예수님 닮은 인격으로 바뀐다. 세상 욕심으로 가득했던 인생이 영원한 하나님나라를 소망하는 거룩한 사람으로 변화된다. 강퍅하던 마음이 부드럽고 연한 마음으로 바뀌고, 가치관과 비전도 바뀐다. 주님을 만나면 물이 포도주로 바뀌듯 삶 전체가 변화된다. 세상 사람들은 자기 자신은 바뀌지 않으면서 세상을 바꾸려 하지만, 그것은 불가능한 일이다. 우리 인격의 본질이 바뀌지 않으면 결코 세상을 바꿀 수 없다. 오직 예수님만이 우리를 본질적으로 바꾸실 수 있다.

율법의 시대를 연 모세의 첫 번째 기적은 물을 피로 바꾸는 것이었다. 그것은 심판의 메시지를 담고 있었다. 그러나 은혜의 시대를 여신 예수님의 첫 번째 표적은 물을 포도주로 바꾸는 것이었다. 그것은 사랑과 축복의 메시지다. 율법은 죄를 드러내고 심판한다. 그러나 예수님의 보혈은 그 죄를 깨끗이 씻어낼 능력이 있다.

2. 섬길수록 더 귀한 주님

예수님의 매력은 알면 알수록 더 좋아진다는 데 있다.

> 말하되 사람마다 먼저 좋은 포도주를 내고 취한 후에 낮은 것을 내거늘 그대는 지금까지 좋은 포도주를 두었도다 하니라 요 2:10

사실이다. 포도주 가격이 만만치 않기 때문에, 원래는 처음에 좋은 포도주를 내고 사람들이 어느 정도 취하면(그래서 맛에 둔감해지면), 그때부터는 품질이 떨어지는 포도주를 내오는 것이 당시 일반적인 관행이었다. 그런데 이번 혼인 잔치에서는 잔치가 거의 끝나가는 시점에 나온 포도주가 보통 포도주와는 비교할 수 없는 최상품이었다는 사실이 사람들을 놀라게 했다.

　세상은 처음에는 화려해 보이고 매력적으로 보이지만, 알면 알수록 실망스러운 경우가 많다. 그러나 예수님은 처음에는 그리 화려하거나 근사해 보이지 않지만, 시간이 갈수록 최고의 기쁨과 평화, 능력을 우리에게 주신다. 알아갈수록 더 귀한 분, 시간이 지날수록 더 소중한 분, 섬기면 섬길수록 더 존귀한 분, 그분이 바로 우리 주님이시다. 내가 주님 앞에 가까이 갈수록, 주님의 말씀을 더 깊이 깨닫고 은혜를 받는 빈도가 높아질수록 감동은 더 커진다. 은혜는 어제보다 오늘이 좋고, 오늘보다 내일이 더 좋다.

　예수님께서 만드신 포도주의 질은, 어느 정도 술에 취한 하객들의 혀로도 다른 포도주와 확실하게 구분될 만큼 탁월했다. 예수님이 주시는 은혜의 탁월함은, 세상 쾌락에 취한 이들도 그 맛을 보면 분명히 차이를 느낄 수 있을 만큼 깊고 강렬하다. 정말로 "주 예수보다 더 귀한 분은 없다"라는 고백이 절로 나온다.

3. 기쁨을 주시는 주님

　예수님의 첫 표적이 가나 혼인 잔치였다는 것은 영적인 의미가 깊다. 구약성경에서는 하나님과 우리와의 관계를 종종 결혼에 비유한다. 아무리 보잘것없는 여인이라도 왕과 결혼하면 왕비가 된다. 신분이 바뀌고, 운명이 바뀌는 것이다. 마찬가지로 아무리 보잘것없는 사람도 예수님을 믿으면, 왕 같은 제사장으로 그 신분이 완전히 바뀌게 된다. 사람들이 시집 잘 간 여인을 부러워하고 축복하듯, 예수 믿는 것도 부러워하고 축복할 만한 일이다. 전도는 중매와 같다. 온 우주에서 가장 귀한 중매인 것이다. 좋은 결혼은 하는 사람도 기쁘지만, 보는 사람도 기쁘다.

우리가 예수님을 믿는 날은 마치 오래 기다려온 신랑과 신부가 결혼하는 날과도 같다. 축제의 날이며 기쁨의 날이다. 어쩌면 예수님의 첫 기적이 혼인 잔치에서 일어난 것은, 주님을 만나는 일이 그만큼 기쁜 일임을 보여주시기 위함이었을 것이다. 여섯 항아리에 담긴 포도주의 양은 실로 엄청났다. 당시 시골 마을의 혼인 잔치 중에 이렇게 많은 양의, 그것도 최상급의 포도주를 소비할 수 있는 잔치는 없었다. 주님의 은혜는 이처럼 늘 넘치고 충만하다.

예수님은 떨어져 가는 포도주를 풍성하게 채워주심으로써, 잔치의 기쁨을 더하게 하셨다. 우리 주님은 인생에 참된 기쁨을 주시는 분이다. 성령의 열매 중 첫 번째는 사랑이고, 두 번째는 기쁨이다. 이것은 세상이 주는 일시적이고 저급한 기쁨이 아니라, 환경을 초월하는 하늘의 기쁨이다. 주님은 그 기쁨이 우리 안에서 샘솟게 하신다.

잔칫집에 참석한 사람 중에 우울한 얼굴을 한 사람은 없다. 다들 환히 웃고 기뻐한다. 은혜가 충만한 예배, 은혜가 충만한 교회는 기쁨이 가득하다. 비록 가난하고 병들고 연약한 사람들이 모였다 할지라도, 주님이 우리 가운데 계시기 때문에 우리는 기뻐할 수 있다.

4. 기적의 열쇠는 예수님의 임재

예수께서 이 첫 표적을 갈릴리 가나에서 행하여 그의 영광을 나타내시매 제자들이 그를 믿으니라 요 2:11

그 날, 모두가 주님이 만드신 포도주를 맛보고 감탄했다. 그러나 그 기적으로 인해 예수님을 믿게 된 사람들은 예수님의 제자들이었다. 제자들은 예수님을 만난 지 며칠 되지 않았고, 아직은 가장 기초적인 믿음만을 가진 상태였다. "그를 믿으니라"라는 말은, 그 믿음이 확실해졌다는 뜻이다. 고급 학문을 배우려면 어느 정도의 기본 지식이 필요하듯, 하나님의 표적도 어느 정도 믿음이 있을 때 그것을 통해 더 큰 믿음으로 나아갈 수 있다.

자신의 믿음 없음을 개탄치 않고, 하나님이 보이지 않는다고 함부로 말해서는 안 된다. 오늘도 하나님께서는 우리의 삶 속에서, 마치 물과 같이 밋밋한 부분들을 포도주처럼 풍성하게 바꿔주고 계신다. 그런데 사람들은 그것을 '운이 좋아서', 혹은 '내가 잘나서' 그렇게 되었다고 착각한다. 아니, 하나님께 영광을 돌려야 한다.

가나의 혼인 잔치에 참석했던 사람들은 예수님이 만드신 포도주를 맛있게 마시면서도 그것이 예수님께서 만드신 것인 줄 몰랐다. 오늘날도 많은 사람들이 하나님의 축복을 누리면서도 "하나님은 안 계신다"라고 말한다. 실상은 예수님께서 물을 포도주로 바꾸시는 것 같은 은혜를 누리며 살아도 그 축복을 주신 하나님을 보지 못하는 것뿐이다. 표적은 믿음의 눈이 있어야만 바르게 해석할 수 있다.

앞서 말했듯이, 갈릴리 가나는 정말 보잘것없는 시골 마을이다. 그런데 예수님은 그곳에서 공생애를 여는 첫 번째 표적을 행하셨다. 세상의 이목을 끌고자 했다면 예루살렘 한복판에서 기적을 행하셨을 것이다. 그러나 예수님은 조용하고 이름 없는 마을, 가나에서 기적을 행하셨다. 이는 예수님께서 이 땅에 오실 때, 세상의 중심이 아닌 베들레헴의 마구간에서 태어나신 것과 같다. 그러나 보잘것없는 그곳에서, 우주의 역사가 바뀌는 일이 일어났다. 가나에서 역사하신 하나님은 오늘날 이름 없는 사람이나 알려지지 않은 지역을 통해서도 역사하실 수 있다.

이 이야기에서 가장 중요한 것은 그 자리에 예수님께서 계셨다는 사실이다. 예수님이 계시지 않았다면 잔치는 엉망이 되었을 것이다. 그러나 주님이 함께하셨기 때문에 위기가 축제로 바뀌었다. 인생의 결정적 순간, 치명적인 부족함 앞에서도 우리는 두려워하지 않아도 된다. 마리아처럼 예수님께 상황을 말씀드리기만 하면 된다. 절망이었던 상황은 순식간에 역전되고, 우리는 기쁨을 잃지 않게 된다.

우리 인생에도 부족함의 위기가 닥칠 수 있다. 그러나 주님이 함께 계신다면, 절망은 더 이상 절망이 아니다. 시편 23편의 고백처럼

"여호와는 나의 목자시니 내게 부족함이 없으리로다", 주님이 목자가 되실 때, 부족함은 순식간에 풍성함으로 바뀌는 기적이 된다. 그리고 그 자리에서 우리는 주님의 영광을 보게 될 것이다.

chapter 10

병이 사라질 때까지 기도하라

요 4:46-54

오래전 폭풍으로 배가 난파되었고, 한 남자만 유일하게 살아남아 기적같이 무인도에 정착했다. 그는 날마다 살려달라고 하나님께 부르짖으며, 매일 구조의 희망을 품고 지평선 너머로 배가 지나가는지 살폈다. 그러나 배가 지나가지 않아 그는 낙심에 빠졌다. 할 수 없이 당분간 지낼 작은 움막을 만들고, 그 안에 난파당한 배에서 떠밀려온 생활 도구들과 비상식량을 넣어두었다.

그런데 어느 날, 섬 안쪽으로 식량을 찾아 사냥하고 돌아와보니, 움막이 불에 타고 있는 것 아닌가! 어젯밤 지폈던 모닥불의 불씨가 꺼지지 않고 살아나 움막이 불타게 된 것 같았다. 그나마 가지고 있던 모든 것이 그 불과 함께 잿더미로 변해버리자 사내는 기가 막혔다. 그는 한동안 주저앉아 울다가 낙심하여 잠이 들었다.

한참 있다가 깨어보니, 배가 섬에 상륙해 있고 사람들이 그를 향해 오고 있었다. "아니, 내가 여기 있는 것을 어떻게 아셨소?" 사내가 묻자 선원들이 말하기를, "멀리서 연기가 솟아오르는 것을 보고 알았지요. 와보니 당신의 오두막이 불에 타 잿더미가 되어 있었습니다. 그러나 그 덕분에 우리가 이 섬에 사람이 있는 줄 알고 찾아와 당신을 구하게 되었습니다!"

그렇다. 지금 당장은 모든 것을 잃은 것 같은 절망이라도, 이는 우리 미래의 새로운 소망의 문이 되어줄 수도 있다.

왕의 신하가 가나로 예수님을 찾아오다

예수께서 다시 갈릴리 가나에 이르시니 전에 물로 포도주를 만드신 곳이라 왕의 신하가 있어 그의 아들이 가버나움에서 병들었더니 요 4:46

예수님께서 갈릴리 가나 지역에 "다시" 이르셨다는 것은, 전에 한 번 오신 적이 있다는 말이다. 그렇다. 이곳은 예수님이 물로 포도주를 만들었던 곳이다. 요한은 왜 굳이 예수님의 첫 기적, 물로 포도주를 만든 사건이 가나에서 일어났었다는 사실을 언급하는 것일까? 예수님이 가나에 연거푸 두 번이나 오셨다는 사실은 우연이 아니다. 가나는 예수님의 기적과 축복이 계속해서 일어나는 땅이다.

예수님께서 처음 가나에 오셔서 물을 포도주로 바꾸는 기적을 행하신 뒤 예수님은 예루살렘으로 가셨다. 거기서 많은 기적을 행하셨고, 많은 사람이 예수님을 믿게 되었으며 예수님에게 관심을 갖게 되었다. 그러나 예수님은 마음이 좋지 않으셨다. 그들은 예수님이 행하시는 기적들을 보고 예수님께 관심을 가진 것이지, 진짜 예수님이 그리스도인 것을 믿고 주님께 순종하려고 하는 믿음을 가진 것은 아니었기 때문이다. 물론 니고데모처럼 진지하게 믿음의 세계를 알고 싶어 했던 사람도 만났지만, 예루살렘 사람은 대부분 그렇지 않았다.

 그래서 주님은 그들과 더 이상 교제하지 않으시고 주님의 고향, 갈릴리로 내려오신다. 내려오시는 길에 사마리아에 들렀다가 우물가의 여인을 만나 그녀를 구원하시고, 사마리아 사람들과 이틀을 머물며 복음을 전하시어 사마리아 일대에 부흥이 일어나기도 한다. 예수님은 이때 정말 마음이 기쁘셨다. 사마리아에서는 어떤 기적도 행하지 않으셨지만, 그들이 복음을 듣고 예수님을 믿는 역사가 일어났기 때문이다. 한 사람의 구원이 그와 관련된 수많은 사람의 구원으로 이어졌다.

 예수님이 다시 가나에 오시기까지 요한복음 2-4장에서 이런 일들이 있었다는 것을 미리 알아두는 것이 좋다. 그래야 예수님이 본문에 나오는 왕의 신하에게 하신 말씀을 좀 더 쉽게 이해할 수 있기 때문이다.

예수께서 다시 갈릴리 가나에 이르시니 전에 물로 포도주를 만드신 곳이라 왕의 신하가 있어 그의 아들이 가버나움에서 병들었더니 요 4:46

가나로 돌아온 예수님께로 한 사람이 얼굴이 사색이 되어서 달려온다. "왕의 신하"로 표현된 이 사람은 당시 유대 왕 헤롯 밑에 있던 사람으로서, 상당히 고위층에 있던 인물이었다. 요즘으로 치면 대통령 비서실장, 민정수석 정도일 것이다. 그가 섬기던 헤롯 왕은 동생의 아내와 재혼하고 세례요한을 죽인, 교만하고 정치적이며 부도덕한 인물이었다. 그의 최측근 신하라면, 평소 눈코 뜰 새 없이 바쁘고 아무나 안 만나주는, 자존심 센 고위 공무원이었을 것이다.

그런 사람이 가나에서 동쪽으로 약 34킬로미터 거리에 있는 가버나움에서 달려왔다고 한다. 이는 결코 짧은 거리가 아니다. 성인 남자가 쉬지 않고 빨리 걸어도, 적어도 일곱 시간에서 여덟 시간은 걸렸을 것이다. 그 멀고 힘든 길을 단숨에 내달아서 예수님께 달려온 것이다. 왜냐하면 그의 어린 아들이 병들어서 사경을 헤매고 있었기 때문이다.

> 신하가 이르되 주여 내 아이가 죽기 전에 내려오소서 요 4:49

"아이"라고 번역된 헬라어 원어는 4-5세 정도의 꼬마로 추정된다. 그는 왕의 최측근이자 고위층 관리였기 때문에 돈과 권력을 다 동원해서 아이를 살리려고 노력했을 것이다. 최고의 의사들도 다 불러보고, 좋은 약이란 약은 다 써보았을 것이다. 그러나 아무 소용이 없었다. 인간적인 수단과 방법이 전혀 먹히지 않으니 가족 모두가 절망했다. 그러다가 많은 이들의 병을 고치시고, 기적을 일으키시는 예수님의 소식을 들은 것이다. 이에 아이 아버지는 사회 고위층으로서 체면과 자존심을 다 내팽개치고, 미친 듯이 예수님이 계신다는 가나로 달려온 것이다.

지금 당신의 사랑하는 배우자나 자녀가 어려운 상황에 있는가? 사업이 어려움 속에 있는가? 지금은 어렵지만, 왕의 신하가 아들의 병 때문에 예수님을 직접 만나게 되었듯이, 우리도 힘든 시련 때문에 예수님을 직접 만나게 될 것이다. 때로 고통은 하나님이 내게로 오시는 통로다.

본문의 배경이 되는 이스라엘 지리를 한번 보자. 예수님께서 가나에서 물이 변하여 포도주가 되게 하신 뒤, 예루살렘으로 가셨다가 사마리아를 거쳐 다시 가나로 돌아오신다. 예수님이 가나에 도착하셨을 때, 왕의 신하는 가버나움에서 가나로 달려와 예수님을 만났다. 그리고 바로 다시 자신의 고향, 가버나움으로 돌아가게 된다.

자, 눈을 감고 이 아버지가 집을 떠나는 순간을 상상해보자. 6-7시간 이상 따가운 뙤약볕 아래 걸어야 하는 힘든 길이다. 당시 밤길은 아무 조명도 없어 움직일 수가 없으니, 아마 새벽 동틀 무렵 출발해야 했을 것이다. 그는 병상에 누워 신음하는 어린 아들의 달아오른 이마에 입맞추고 아내에게 약속했다. "내가 가서 반드시 예수님을 찾아 모셔 오겠소. 나를 믿고 기다려주시오." 그리고

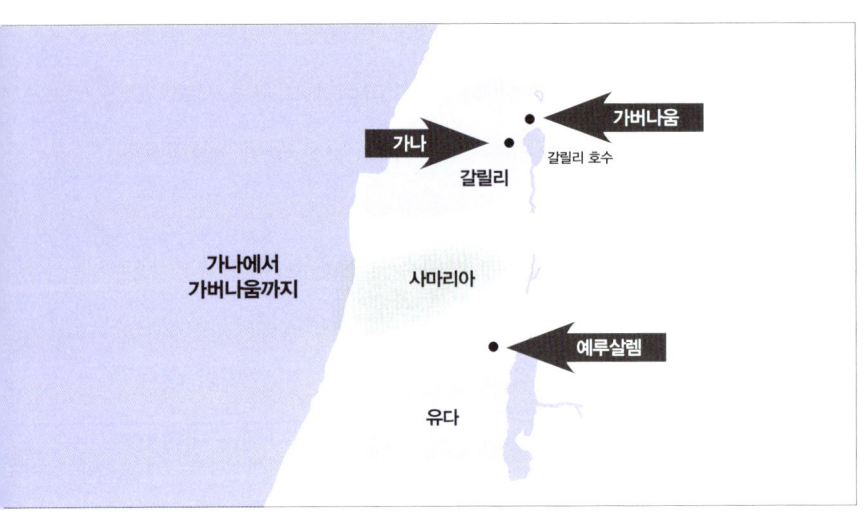

그는 떠났다. 아버지로서 목숨을 걸고 성공시켜야 하는 임무였다. 가나로 달려가면서 그는 죽어가는 어린 아들 생각에 마음이 찢어질 듯했다. 울면서 속으로 계속 빌었을 것이다. '제발 내가 돌아올 때까지 살아 있어다오. 하나님, 제가 돌아올 때까지 아들이 죽지 않게 해주세요….'

그가 예수께서 유대로부터 갈릴리로 오셨다는 것을 듣고 가서 청하되 내려오셔서 내 아들의 병을 고쳐주소서 하니 그가 거의 죽게 되었음이라 요 4:47

그는 오후가 되어 가나에 도착해서 겨우 예수님을 찾아냈을 것이다. 하루 종일 뜨거운 태양 아래 달려온 그는 온몸이 땀과 먼지로 뒤범벅되어 있었을 것이고, 지칠 대로 지쳐 있었을 것이다. 그러나 숨 돌릴 틈도 없었다. 그가 예수께 "가서 청하되"라고 되어 있는데, 이는 영어 성경(NIV)에 "begged Him"(간절히 빌었다)이라고 나온다. 믿음은 주님께 살려달라고 간절히 비는 것이다. 오직 주님만이 나를 구원하실 수 있다는 마음으로 간절히 예수님의 손을 붙잡는 것이다. 교만한 자는 결코 이렇게 빌지 못한다. 그러나 고난은 우리의 자존심을 깨뜨린다. 우리가 체면을 무릅쓰게 한다.

그는 머릿속에서 예수님을 만나면 어떻게 말해야 할지 수없이 많이 연습했을 것이다. 예수님을 만났을 때, 그는 마치 긴 여행 끝에 사막에서 오아시스를 만나듯 반가웠을 것이다. "내려오셔서 내 아들의 병을 고쳐주소서 하니 그가 거의 죽게 되었음이라." 그는 지금 예수님께 모든 일정을 취소하시고 적어도 7시간은 뙤약볕 아래 걸어가야 하는 가버나움으로 바로 지금 당장 와달라고 요청하고 있다. 수많은 사람을 치유하시고 말씀을 전하시느라 지친 예수님께 정말 무례한 요구였다. 하지만 어떻게 보면 막무가내인 아버지의 요청이 애틋하게 느껴지기도 한다. 얼마나 아들을 사랑했으면, 얼마나 애절했으면 그랬을까? 그만한 아픔과 고통을 겪어보지 않은 사람은 그 마음을 모른다. 예의고 체면이고 차릴 겨를이 없다.

예수님의 응답, 신하의 믿음

예수께서 이르시되 너희는 표적과 기사를 보지 못하면 도무지 믿지 아니하느니라 요 4:48

이는 꼭 왕의 신하만을 꾸짖는 말씀은 아니다. 주님의 사역에 대한 당시 사람들의 일반적인 반응을 두고 한탄하신 말씀이다. 서두에서 언급했듯이, 예수님은 예루살렘 사람들이 눈에 보이는 표적만을 구하고, 복음을 진지하게 믿지 않으려 하는 것에 너무 속상해 하고 계셨다. 그래서 왕의 신하도 기적만을 구하러 온 것이 아닌지 생각하신 것이다.

그러나 신하는 물러서지 않았다. 포기하지 않는다.

신하가 이르되 주여 내 아이가 죽기 전에 내려오소서 요 4:49

"주여 내 아이가 죽기 전에 내려오소서." 이 말씀은 아버지로서 애타는 부정(父情)을 보여준다. 그리고 예수님은 포기하지 않는 기도를 결코 외면하지 않으신다. 예수님의 "노"는 진짜 "노"가 아닐 수도 있다. 마리아는 예수님의 "노"(No)를 믿음의 "예스"(Yes)로 해석하고 물러서지 않고 기다렸다. 그래서 응답을 받았다. 지금 왕의 신하도 그렇게 하고 있는 것이다. 그리고 역시 예수님은 포기하지 않는 기도에 응답하신다.

  무엇보다 예수님은 신하의 진실하고 간절한 눈빛에서 눈에 보이는 기적만을 구했던 예루살렘 사람들과는 다른 뭔가를 보신 것이 분명하다. 얼마 전 니고데모에게서 보았던, 그리고 사마리아 여인에게서 보았던 믿음의 눈빛과 닮았을 것이다. '이 자의 믿음은 진실하구나.' 주님은 마음이 좋으셨고, 그 순간 하늘의 능력이 흘러 나갔다.

> 예수께서 이르시되 가라 네 아들이 살아 있다 하시니 그 사람이 예수께서 하신 말씀을 믿고 가더니 요 4:50

"예수께서 이르시되 가라 네 아들이 살아 있다 하시니." 할렐루야! 예수님이 48절에서 찡그린 얼굴로 말씀하셨다면, 50절에서는 미소를 지으며 말씀하지 않으셨을까. 여기서 "살아 있다"의 원어인 헬라어는 현재 능동태이다. '살아나려 한다'나 '살게 될 것이다'가 아니라 '살아 있다!'다. 이 순간, 전능하신 하나님의 능력으로 이 아이가 완전히 회복되었다는 뜻이다. 사실 예수님의 이런 응답은 그가 기대했던 것이 아니었다. 왕의 신하의 원래 계획은 예수님을 집으로 모셔가는 것이었다. 그런데 이미 나았으니 돌아가라니 대체 이게 무슨 말인가. 예수님의 뜻밖의 대답은 그에게 몹시 충격적이었다.

정부 고위층 관리인 만큼 이 사람은 자존심이 대단한 사람일 것이다. 자기 같은 높은 사람이 직접 찾아와서 부탁하면, 자기 집까지 가서 아이에게 안수 기도를 해줘야 할 텐데, 예수님은 "가라 네 아들이 살아 있다"라고 하셨다. 어지간한 사람 같으면 불같이 화를 냈을 것이다. "나 같은 사회 고위층이 와서 이렇게 간절히 부탁하는데, 자기가 같이 가주는 것도 아니고 말로만 아들이 나았으니 가보라고? 감히 나사렛의 촌뜨기 랍비 주제에 이렇게 무례하게 나올 수가 있나!" 그러나 아이의 아버지는 자신의 사회적 지위를 내세우며 화내지 않았다. 예수님 앞에 겸손히 굴복하는 모습을 보였다.

… 그 사람이 예수께서 하신 말씀을 믿고 가더니 요 4:50

이 모습이 진정 아름답지 않은가. 그는 화가 나서 간 것이 아니라 말씀을 "믿고" 돌아갔다. 소망을 가지고 돌아간 것이다. 동시에 이것은 예수님 앞에서는 세상 명예가 아무 의미 없다는 고백이다. 사랑하는 아들이 죽을병에 걸린 상황에서 오직 예수님만이 회복시키실 수 있음을 깨닫고 주님 앞에 엎드린 것이다. 이것이 극한 고난이 가져다주는 유익이다.

극한 환난은 자기도 모르는 사이에 자신을 주님 앞에 낮추게 한다. 온유하고 겸손한 마음을 심어준다. 그러므로 극한 환난이 닥쳤다면, 주님 앞에 겸손히 무릎을 꿇어라. 어쩌면 이것은 신하가 세상적 자존심을 버릴 수 있는지를 알아보는 예수님의 시험이었는지도 모른다.

이 신하가 겸손한 심령으로 예수님께 나아왔기 때문에 예수님의 말씀을 듣는 순간, 그의 마음에 엄청난 영적 감동이 일어났다. 이 말씀을 하시는 예수님의 눈에서 사랑과 권능을 느낄 수 있었다. 지금껏 살면서 그가 처음 느껴보는 거룩하고 아름다운 분의 임재였다. 순간 신하의 눈에서 비늘이 떨어지고 그는 영적 세계를 보게 되었다. 예수님께서 자기 집까지 가실 필요가 없다는 것을 순간적으로 깨달은 것이다. 예수님의 말씀만으로 상황이 해결되었음을 직감했다. 그래서 신하는 더 이상 말하지 않고 그대로 집으로 돌아간다. 그는 예수님의 말씀을 "믿고" 간 것이다. 믿었으니까 돌아갈 수 있었다. 진정한 믿음은 자존심을 초월한다. 오직 주님의 말씀만 믿고 순종한다.

가나 혼인 잔치 때도 하인들이 예수님 말씀에 순종했더니 물이 변하여 포도주가 되는 기적이 일어났다. 이번에도 왕의 신하가 예수님의 말씀을 듣고 순종하여 그냥 집으로 가다가 아들이 나았다는 소식을 듣게 된다. 주님의 말씀을 믿고 순종하면 반드시 그 믿음이 보답을 받을 것이다.

가나에서 가버나움까지 돌아가는 여정

내려가는 길에서 그 종들이 오다가 만나서 아이가 살아 있다 하거늘
요 4:51

성경은 "내려가는 길"이라고 간단히 말하지만, 가버나움으로 돌아가는 길은 이 아버지에게 결코 쉽지 않았을 것이다. 예수님은 말씀하신 대로 기도에 응답하셨지만, 가나에 있는 아버지, 즉 왕의 신하는 가버나움으로 걸어가기 전까지는 그가 드린 기도의 열매, 응답의 결과를 보지 못했기 때문이다.

"가버나움으로 돌아가면 거기서 네 기도에 대한 답을 찾을 것이다." 이것이 예수님이 그에게 주는 메시지였다. 그래서 '가나'(기도가 드려질 때)에서 '가버나움'(기도가 응답될 때)으로 돌아가며, 신하는 눈에 보이지 않는 것을 믿고 계속 걸어야만 했다. 예수님의 말씀이니까 무조건 믿어야 했다. 쉽지 않았다. 그는 아들이 예수님의 '손'이 아닌 예수님의 '말씀'으로만 치유받을 것을 믿어야 했다.

그는 가나에서 기도를 드렸고, 그 기도가 응답될지 모른 채 집으로 출발했다. 오직 예수님의 약속에 힘입어 그는 결정을 내렸다. 그리고 가버나움까지 34킬로미터, 뜨거운 뙤약볕 아래 중동의 광야 길을 걸었다. 예수님에 대한 믿음이 있었기에 가능한 일이었다.

하지만 믿음은 시간이 지나면 반드시 시험을 받는다. 가는 도중

에 이런 생각들이 파도처럼 그에게 밀려오지 않았을까. '이렇게 집까지 걸어갔는데 아들이 낫지 않고 그대로 아프면 어떡하지? 그러면 다시 가나로 돌아가서 예수님을 찾아야 하는데 예수님이 안 계시면 어떡하지? 예수님이 다른 곳으로 가셨으면 어떡하지? 그렇게 다시 한번 왔다갔다하는 사이에 아들이 잘못되면 어떡하지?' 나쁜 쪽으로 상상하기 시작하면 끝이 없다.

가나에서 가버나움으로 가는 여정은 몹시 힘들다. 분명히 기도를 드리고 응답해주시겠다는 약속을 받았는데, 실제로 응답받은 것을 확인하기까지는 시간이 걸린다. 기다리면서 계속 가야 한다. 그 애타는 마음은 겪어본 사람만이 안다. 아직 응답이 확인되지 않았는데도 믿음을 가지고 계속 걸을 수 있는가? 중간에 마귀가 여러 사람의 소리를 앞세워 우리 믿음을 흔들어대는데도 계속 걸을 수 있는가?

우리 중 많은 이들이 주님을 기다리고 있다. 주님의 말씀을 붙잡고 기다리고 있다. 어떤 돌파구를 기다리고 있다. 우리 생의 다음 장이 열리기를 기다리고 있다. 오랜 시간 두드려온 그 문이 열리기를 기다리고 있다. 우리는 마음이 조급하다. 이제 기다리기 지쳤다. 그러나 기다림은 중요하다. 본문에 나오는 왕의 신하는 믿음의 세계에서 주님을 기다린다는 것이 얼마나 중요한지 보여준다. 가나에서 가버나움까지, 기도가 드려진 순간부터 응답받는 순간까지 기다림의 시간의 중요성을 잘 보여준다.

부서진 관계의 회복을 위하여, 재정적 어려움의 극복을 위하여, 병의 회복을 위하여, 새로운 직장을 위하여, 평생 함께할 반려자를 위하여, 무엇보다도 이 왕의 신하처럼 자기 자식의 아픔을 위하여 오래 기도해온 우리는 가나와 가버나움 사이, 기도한 시간과 응답받는 시간 사이에 서 있다. 기도한 지 오래되었고, 더 뜨겁게, 더 간절하게 기도하고 있다. 우리에게 답을 달라고 간절히 기도하고 있다.

응답의 가버나움으로 계속 걸어가라

믿음은 기다림이다. 보통 기다린다고 하면 우리는 아무것도 하지 않고 우두커니 앉아서 초조하게 시계만 들여다보는 수동적이고, 패배적인 모습을 상상한다. 그러나 왕의 신하는 그렇게 기다리지 않았다. 그는 가버나움의 집으로 돌아가야 했다. 우리도 약속의 말씀을 받고 나서 아무것도 안 하고 가만히 앉아 기다리기만 할 것이 아니라, 내 삶의 현장에서 멈추지 않고 계속 걸어가야 한다.

말씀이 주어진 때부터 말씀이 실제로 이루어지기까지 기다림의 시간은 영적 도전의 시간이다. 이 중간 지대를 계속 걷는 것이 얼마나 어려운지 경험해본 사람은 다 알 것이다. 차라리 중간에서 백기를 들고 포기하는 것이 나을 것 같다. 실제로 나는 주위의 많은 사람이 더는 못 가겠다면서 믿음의 경주를 중간에 포기하는 것을 보았다. 그리고 나도 똑같이 포기하고 싶은 유혹을 받는다.

우리는 우리의 기다림을 포기시키려는 마귀의 수많은 공격을 견디낼 영적 맷집이 있어야 한다. 가나와 가버나움 사이, 기도를 드린 것과 응답을 확인할 때까지, 그 사이에서 묵묵히 기다리는 것은 어려운 일이다. 기도와 응답 사이에서, 눈물과 두려움에서 기쁨과 승리의 순간까지의 중간 지대. 그러나 그것은 가치 있는 시간이다. 왜냐하면 이 기다림의 기간에만 생기는 '믿음의 근육'이 있기 때문이다. 믿음은 우리가 구한 것을 금방 받을 때는 나타나지 않는다. 믿음은 우리가 기도한 때부터 응답받을 때까지 걸리는 기간에 강하게 자란다. 가나에서 가버나움으로 돌아오는 길에 말이다.

이 이야기는 우리에게 포기하지 말라고 촉구한다. 우리에게 포기하지 말고 계속해서 응답의 가버나움으로 끝까지 걸어가라고 한다. 가나에서 주신 약속의 말씀을 우리의 북극성으로 삼고, 중간에 밀려드는 그 어떤 의심의 소리에도 흔들리지 말고 계속 가라고 격려한다.

4차원의 영적 세계, 믿음은 곧 실상이다

가나에서 가버나움으로 돌아가는 신하와 가버나움에서 가나로 주인을 찾아 달려오는 종들의 만남, 이 또한 보통 일이 아니었다. 사실 그 당시에 스마트폰만 있었어도 아이가 나은 즉시 집에서 전화를 걸어 신하에게 상황을 알렸을 것이다. 그러면 신하는 그 자리에서 곧바로 "할렐루야!"를 외치며 주님께 감사했을 것이다. 그러나 그렇지 못했기 때문에, 신하는 주님의 말씀만 붙들고 연약한 믿음으로 울고 기도하면서 집으로 달렸을 것이다.

한편 집에서는 갑자기 아이의 열이 떨어지고 아이가 낫기 시작하니까 너무 놀랐을 것이다. 하지만 가나와 가버나움 사이의 거리가 얼마나 되는지, 왕복으로 얼마나 걸리는지 다들 알았기 때문에, 아이 아버지가 그렇게나 빨리 예수님을 모시고 돌아올 리 없다고 생각했다. 그냥 우연히, 운이 좋아서 아이가 나은 것이라고 여겼을 것이다. 하지만 그래도 병이 나은 좋은 소식을 한시라도 빨리 아이 아버지에게 알려야 한다고 생각했다. 그래서 가장 발걸음이 빠른 종들이 주인을 찾아 출발했을 것이다.

"믿음은 바라는 것들의 실상"이라고 했는데, 신하에게는 믿음은 있었으나 실상이 없었다. 그래서 소망을 가지고 돌아가기는 했으나 내심으로 의심, 불안감과 싸워야만 했을 것이다. 반대로 종들에게는 실상은 있었으나 믿음이 없었다. 그들은 아이가 그저 우연히 낫게 된 것이라고 생각했을 것이다.

그 낫기 시작한 때를 물은즉 어제 일곱 시에 열기가 떨어졌나이다 하는지라 그의 아버지가 예수께서 네 아들이 살아 있다 말씀하신 그 때인 줄 알고 자기와 그 온 집안이 다 믿으니라 요 4:52-53

종들은 너무나 기쁜 뉴스를 주인에게 전했다. "아이가 살았어요!" 그 순간 아버지는 무언가 가슴에서 울컥 솟아나는 감동을 느끼면서, 머리로 번뜩 스치는 뭔가가 있었다. 그는 "아이가 몇 시에 나았는가?"라고 물었다. 이에 종들은 "어제 7시에 열기가 떨어졌습니다"라고 답하였다.

어제 7시는 우리 시각으로 오후 1시다. 우리의 하루는 해가 뜰 때 시작이지만, 유대인들의 하루는 해가 지면서 시작하기 때문이다. 학자들은 도대체 언제 신하와 종들이 길 중간에서 만났을까 추정해보았는데, "어제 7시"(우리 시각으로 오후 1시)라고 한 것으로 미루어보아 해가 떨어져서 하루가 다시 시작된 뒤로 추정해볼 때, 우리 시각으로 오후 7시 이상 지나서 만나지 않았을까 생각된다.

그는 무릎을 쳤다. "어제 7시"라는 말을 듣는 순간 왕의 신하는 그 시간이 무엇을 의미하는지 금방 알았다. 바로 예수님이 "아이가 나았다"라고 선포해주시던 바로 그 시각이었던 것이다. 신하는 순간 땅에 털썩 주저앉으며 울었다. 울고 있었지만 얼굴은 기쁨과 감격으로 가득했다. 저도 모르게 하나님을 찬양하기 시작했을 것이다. 예수님이 선포하시는 순간, 이미 아이는 나아서 응답이 되었는데, 자신이 그것을 확인하기까지 이렇게 시간이 걸렸을 뿐이었던 것이다.

그렇다. 사실 '기도가 드려질 때'와 '기도가 응답될 때' 사이에 긴 시간이 걸린 것 같지만, 그것은 우리가 느끼는 것이고, 보이지 않는 영적 세계에서는 이것이 동시에 이루어진 상황이다. 가나와 가버나움은 4차원의 영적 세계에서 하나였다.

더 큰 가족 구원의 기적

영문을 몰라 어리둥절한 하인들을 보면서, 신하는 벌떡 일어나 "자, 가자! 가면서 설명해주지!"라고 하며 집으로 달렸을 것이다. 같은 길을 가는데도, 가나로 예수님을 찾아갈 때 그 애타던 마음과는 달리 기쁨에 가득 차서 달려오는 그의 발길은 하늘을 훨훨 나는 듯했다. 숨을 헐떡이며 집으로 들어서는 그를, 다 나아 자리에서 일어난 아들이 달려와 안아주었을 것이다. 부자는 끌어안고 서로 얼굴을 비비며 울고 웃으며 환호성을 질렀을 것이다. 아들의 병으로 절망과 슬픔에 사로잡혀 있던 집안이 아들의 회복으로 기쁨의 환호로 가득 찼다.

그렇게 한참이 지난 후, 그는 흥분해서 온 가족에게 예수님을 만난 이야기를 들려주었을 것이다. 온 가족이 넋을 놓고 아버지의 이야기를 들었을 것이고, 그 공간에 하나님의 은혜가 충만했을 것이다. 아버지는 "예수님이 우리 아들을 이렇게 말씀으로 고쳐주셨어. 그분은 살아 계신 하나님의 아들이심이 분명하단다. 이제 우리가 그분을 믿어야 하지 않겠니?"

그렇게 그 날, 온 가족이 예수님을 믿게 되었을 것이다.

아이가 병과 싸우며 사경을 헤매는 동안 아마 온 가족이 함께 근심했을 것이다. 그러나 아버지가 가족을 대표해서 주님을 찾아가 간절히 기도하여 응답을 받았다. 그리고 이로 인해 온 가족이 예수를 믿게 되었다. 성경이 간단하게 말해서 그렇지, 한 가족 전체가 한날한시에 구원받는 일이 보통 일인가. 단순히 아이가 나은 것을 보았기 때문만이 아니었을 것이다. 모든 것은 아이 아버지가 어제 예수님 만난 이야기를 온 가족에게 들려주면서 일어났을 것이다. 그렇게 모두가 기적을 영적으로 해석할 수 있게 되었을 때, 온 가족이 예수님을 믿게 된 것이다.

예수님의 은혜로 소년이 죽을병에서 나은 것은 분명히 놀라운 기적이었다. 하지만 나는 신하 가족의 구원이 더 큰 기적이라고 말하고 싶다. 내가 아는 한, 그 소년은 나중에 결국 나이가 들어서 죽었을 것이다. 하지만 그 아이는 물론, 그날 구원받은 신하의 가족들은 모두 지금 저 빛나는 천국에서 우리를 내려다보는 구름 같은 증인 중의 일부로 있다.

예수께서 굳이 가버나움에 있는 신하의 집까지 가지 않기로 선택하신 것은 다 이유가 있었다. 주께서 응답하실 더 높은 기도가 있었기 때문이다. 그것은 그 집안 전체의 구원이었다. 아들의 병을 고쳐달라는 신하의 기도에 문제가 있었다는 것이 아니다. 기도가 너무 작았다는 뜻이다. 예수님은 아들의 병을 통해서 그 집안 전체의 구원을 꿈꾸고 계셨다. 헤롯 왕의 최측근인 만큼 이 집안의 구원은 곧 헤롯 왕실의 다른 신하들에게도 영향을 미칠 것이 분명했다. 나는 그 신하와 가족이 주변 사람들에게 최선을 다해 전도했을 거라고 믿는다.

훗날 천국에 가면 이 왕의 신하를 한 번 찾아보라. 아마 거기서도 사람들을 모아놓고 이렇게 간증하고 있을 것이다. "그날 그때 예수님을 찾아간 것, 그리고 예수님 말씀을 믿고 집으로 돌아온 것은 내 일생 가장 잘한 결정이었습니다. 그 덕분에 아들만 나은 것이 아니라 우리 온 집안이 예수님을 믿고 구원받게 되었으니 말입니다."

어쩌면 이 왕의 신하는 천국에서 자기 식구들을 다 불러 모아 만남의 자리를 가지며 옛 추억을 되새겼을지도 모른다. "우리 아이가 어릴 때 아파 죽을 뻔한 게 그 당시에는 참 너무 힘든 일이었지. 하지만 그로 인해 우리 모두 예수님을 믿게 되어 구원받고, 이렇게 다 같이 천국에 오게 되니 얼마나 좋아. 얼마나 감사해. 모든 것이 합력하여 선을 이루게 하시는 하나님을 찬양합시다!"

우리가 실제 삶에서 부딪쳐보지 않고는, 믿음의 시험을 겪어보지 않고는 절대 배울 수 없는 것들이 있다. 설교나 성경 공부로만 배울 수 없고, 오직 경험으로, 순종의 걸음을 걸어야만 배울 수 있는 영적 레슨들이 있다. 지금 이 연단의 시간을 지나고 있다면 용기를 내라. 이 끝에 아들의 병이 낫고, 온 집안이 예수를 믿는 가문의 부흥이 기다리고 있을지 모른다.

4차원의 믿음, 4차원의 응답

왕의 신하가 보여준 믿음은 정말 대단한 믿음이다. 그때까지만 해도 주님은 모든 병자를 직접 대면하고 만지심으로 고쳐주셨고, 사람들의 믿음 역시 그래야만 믿는 3차원적 믿음이었다. 하지만 주님께서는 자신이 직접 가서 대면하지 않아도 말씀의 능력으로 멀리 떨어져 있는 환자가 나을 것이니, 믿고 돌아가라고 하신다. 3차원적 믿음을 뛰어넘어 4차원적 믿음을 요구하신 것이다. 오늘날 우리에게 바로 이 믿음이 필요하다. 지금 우리 곁에는 예수님이 육체를 입고 있지 않기 때문이다. 우리야말로 오직 말씀에 의지해서 믿어야 한다.

"주님, 내 사랑하는 아들이 아픕니다. 내 가정, 내 건강, 내 인생이 아픕니다. 낫게 하여주옵소서. 말씀만 하여주옵소서. 나을 줄로 믿습니다." 이렇게 우리가 믿고 선포할 때 삶의 문제가 해결될 것이다. 병이 나을 것이며, 꽉 막힌 벽이 뚫릴 것이다. 집 나간 자식은 돌아올 것이다. 새로운 아이디어가 생길 것이며, 텅 빈 공간에 사람들이 몰려올 것이다. 사람들이 우리를 도와주러 올 것이다. 슬픔 대신 화관을 씌워주실 것이고, 기도는 응답될 것이다.

하나님은 하나님을 확실히 믿는 자들에게 반드시 보답해주신다. 하나님을 하나님으로 인정하라. 그분이 우리와 전혀 다른 차원에 계신 분임을 인정하라. 그리고 말씀만으로 우주를 다스리는 예수님의 권위를 인정하는 4차원적 믿음을 가지라. 4차원적 응답을 받을 것이다. 꽉 막힌 현실 앞에서도 절망하지 않고 주님을 믿으면, 하나님이 어느 순간에 전혀 예상치 못했던 돌파구를 주실 것이다. 우리가 믿기만 한다면 성경 속 기적이 우리 삶 속에서도 일어날 것이다.

Pray Until

PART 4

하나님의 뜻대로 기도하라

chapter 11

불순종이 사라질 때까지 기도하라

욘 2 & 4

성도들에게 "성경에서 가장 유명한 불순종의 아이콘은 누군가요?"라고 물어보면 아마 절반은 "요나 아닙니까?"라고 대답할 것이다. 그런데 요나 이야기를 제대로 이해하려면, 먼저 그동안 우리가 가졌던 요나에 대한 선입관부터 버리고 시작해야 한다.

어릴 때부터 우리가 익숙하게 들은 요나 이야기는, 하나님의 명령에 불순종하여 배를 타고 도망가던 요나가 폭풍을 만나게 되고, 바다에 던져져서 물고기 뱃속에 삼켜지는 것이 주요 포인트다. 이렇게만 보면 요나는 정말 한심하고 비겁한 사람이다. 그러나 요나는 우리가 쉽게 무시할 수 있는 사람이 아니다.

요나에 대한 선입관 버리기

안타깝게도 요나서에는 요나에 대한 자세한 소개가 없다. 그러나 열왕기하를 보면 요나가 자신의 시대에 상당한 영향력을 끼쳤던 선지자였음을 알 수 있다. 요나는 제사장이 아니라 선지자였다. 제사장은 주로 성전에서 일하면서 제사를 지내고 예배를 인도한다. 하지만 선지자는 달랐다. 선지자는 예언자라고도 하는데, 세상 속에 살다가 사람들에게 하나님의 메시지를 목숨 걸고 선포하는 메신저였다. 제사장은 수십에서 수백 명이 될 정도로 많았지만, 선지자는 대체로 한 시대에 한두 명에 불과했다. 그래서 구약성경이 주로 주목하는 것은 그 시대의 선지자들이다.

그중에서도 요나는 기원전 760년경에 활약한 북이스라엘의 선지자로서 위대한 엘리사의 뒤를 잇는 후계자였다. 특히 요나가 활약하던 시대는 기울어져 가던 이스라엘 왕국이 다시 힘찬 기지개를 켜던 때였다. 당시는 다윗과 솔로몬 시대의 영토를 회복한 이스라엘 역사상 최고의 제왕이라고 일컫는 여로보암 2세의 때였다.

> 이스라엘의 하나님 여호와께서 그의 종 가드헤벨 아밋대의 아들 선지자 요나를 통하여 하신 말씀과 같이 여로보암이 이스라엘 영토를 회복하되 하맛 어귀에서부터 아라바 바다까지 하였으니 왕하 14:25

하나님께서는 요나에게 이스라엘의 영토가 넓어질 것이라는 승리의 말씀을 계속 주셨고, 요나는 그 말씀을 왕에게 전했다. 실제로 왕이 군대를 몰고 나가면 반드시 승리하여 땅을 차지했다. 이런 일이 반복되다보니 북이스라엘의 왕과 신하들은 모두 요나를 존경하고 의지하게 되었다. "정말 하나님의 사람이구나. 하나님께서 요나를 통해 우리나라의 승리를 예언해주시고, 축복과 번영을 주시는구나." 그렇게 요나는 정복 군주 여로보암 2세를 영적으로 도와주면서 북이스라엘의 마지막 평화와 번영에 기여했다. 요나가 예언한 대로 여로보암 2세 때 북이스라엘의 영토는 북쪽 하맛 어귀에서 아라바 바다까지 이르렀다.

자기 조국의 영적 타락을 경고하고 회개하라고 했던 아모스나 호세아 선지자와는 달리, 요나는 자신의 조국도 군사적으로 강대해지기를 원하는 강경파 애국주의자였다. 늘 재앙과 실패만을 예언해야 했던 예레미야와는 달리 요나는 계속 여로보암의 승리를 예언했다. 그러니 얼마나 뿌듯했을까. 그리고 그 예언은 계속 현실이 되어서 조국 이스라엘은 최고의 전성기를 구가했다. 그것을 보면서 요나는 아마 큰 만족과 보람을 느꼈을 것이다. 하나님이 이스라엘의 부흥을 이루시는 도구로 자신을 사용하셨다는 것에 신바람이 났을 것이다.

다시 정리하자면, 요나는 북이스라엘 최고 전성기에 왕과 신하들과 백성들이 모두 영적 스승으로 존경하는 영웅적인 인물이었다. 요나도 하나님의 말씀을 대언하는 일이 너무 신나서 몸을 아끼지 않고 사역했다. 적어도 하나님이 니느웨로 가라는 명령을 주시기 전까지, 요나는 한 번도 하나님의 말씀을 거역한 적이 없었고, 받은 말씀은 최선을 다해 수행했다. 그래서 그의 나라 왕과 신하들과 백성들은 모두 그를 존경했다.

불순종하는 삶의 대가

그러나 니느웨로 가라는 명령을 거역하면서부터 요나는 하나님을 피해 달아나는 도망자가 되었다. 불순종하는 인생은 모든 관계를 무너뜨린다. 하나님과의 관계가 틀어지자 평소에 그렇게 친하던 왕들이나 장군들이나 귀족들, 세상의 인맥들 그 누구와도 더 이상 관계를 유지할 수 없었고, 상의할 수도 없는 외로운 처지가 되었다. 요나가 어쩔 수 없이 도망자가 되어야 했던 이유 중 하나다.

불순종하는 삶은 쉽지 않다. 니느웨와 정반대 방향인 다시스로 가는 배를 탄 요나는 니느웨로 가는 거리보다 5배나 더 멀리 달아나면서 온갖 어려움을 겪었다. 불순종의 삶은 순종의 삶보다 몇 배는 더 힘들다. 불순종하는 삶은 우리에게서 영적 권위, 영적 아름다움을 벗겨내고 우리를 비참하고 초라하게 만든다. 왕과 귀족과 백성들의 존경을 한몸에 받았던 요나처럼 대단한 영적 지도자도, 한 번 불순종하여 도망자의 길을 가기 시작하니까 너무 비참한 인생이 되었다.

그러나 요나는 하나님 손바닥 안에 있었다. 요나가 탄 배는 출항한 지 얼마 되지도 않아 하나님이 보내신 무서운 폭풍에 휩쓸렸다. 사랑의 추적자 하나님이 붙잡으시니까 바다에서 잔뼈가 굵은 베테랑 선원들의 필사적인 노력도 아무 소용 없었다. 결국 이 재앙의 원인을 찾기 위해 제비를 뽑은 결과, 요나가 걸렸다. 요나는 이 폭풍이 자기 때문임을 순순히 시인했고, 자신을 바다에 던지라고

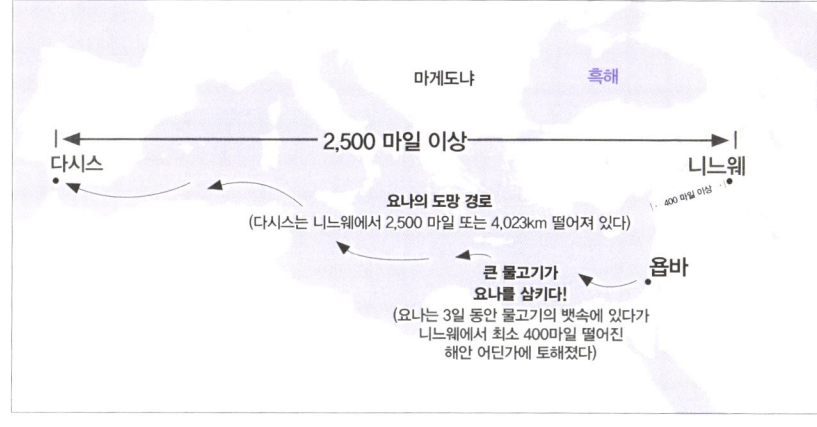

했다. 자기 때문에 일어난 이 엄청난 상황에 대해, 더 이상 책임을 회피할 수 없었던 것이다.

요나처럼 하나님의 사명을 받은 사람이 대놓고 하나님의 말씀에 불순종하고 도망가면 강도가 센 충격요법이 가해진다. 히브리어 동사 시리즈로 본문을 읽어보면 요나는 끝없이 내려가고 있다. 욥바로 내려가고, 배 밑창으로 내려가고, 물고기 뱃속으로 내려가고, 바다 깊은 곳으로 내려간다. 더 내려갈 수 없을 때까지 내려가서야 그는 정신을 차렸다.

우리가 더 이상 떨어질 수 없을 때까지 떨어져서 우리의 모든 자원과 능력이 바닥이 났을 때, 우리는 하나님께 온전히 의지하게 된다. 하나님의 은혜의 위대한 비밀을 배우는 곳은 가장 낮은 곳이다. 그러나 요나를 변화시킨 것은 단순히 밑바닥으로 떨어졌다는 사실이 아니라, 밑바닥에 떨어졌을 때 드린 처절한 기도였다.

세상의 눈이 아니라 믿음의 눈으로 보라

사실 폭풍이 치는 바닷속에 요나를 던진 선원들이 보기에 요나는 이미 죽은 목숨이나 다름없었다. 선원들은 집채 같은 파도 속으로 사라져가는 요나를 보며 '안됐지만 저 사람은 이제 끝났군'이라고 생각했을 것이다. 인간의 눈으로, 타인의 눈으로, 상식의 눈으로 요나를 봤을 때 그에게는 전혀 가망이 없었다. 아마 요나 자신이 선원들의 눈으로 자기 자신을 보았더라도 절망했을 것이다. 우리가 처한 상황을 타인의 눈으로 보지 말라. 상식의 눈으로, 세상의 눈으로 보지 말라. 지레 겁을 먹고 절망할 것이다.

코로나 이후로 한국 교회가 너무 어려워졌다는 이야기를 주변에서 많이 듣는다. "교회가 고령화되고 있다. 교회학교가 고사 직전이다. 젊은이들이 썰물처럼 교회를 빠져나간다. 매년 교회가 수백 개씩 없어질 것이다. 앞으로는 지금보다 더 어려울 것이다"라는 말들이 자꾸만 들려온다. 문제는 목회자나 교회 중진 중에도 그런 말을 계속 읊조리는 분들이 많다는 것이다.

세상의 눈으로 교회를 보면 절망이다. 상식의 눈으로, 불신의 눈으로 교회를 보면 절망이다. 그러나 우리는 세상의 눈이 아닌 믿음의 눈으로 교회를 봐야 하고, 우리가 처한 상태를 봐야 한다. 하나님께서는 죽은 자도 살리시는 분이다. 사막에 샘이 넘쳐흐르게 하시는 분이다. 그 하나님을 믿는 믿음의 눈으로 자신을 보고, 배우자를 보고, 자녀를 보라. 믿음의 눈으로 교회를 보고, 나라를 보라. 새로운 소망이 솟아날 것이다.

선원들의 눈, 세상의 눈으로 요나를 보았을 때는 요나가 바다에 던져지는 순간 "이야기 끝! 더 볼 것 없습니다! 요나는 안됐지만 죽었습니다"라고 했을 것이다. 세상 방송국이 요나 사건을 중계했다면, 카메라를 끄고 다들 철수했을 것이다. 그러나 하나님은 항상 인간의 끝에서부터 시작하신다.

최악은 폭풍이 아니라 심판이다

처음 바다에 던져져 가라앉을 때, 요나는 큰 물고기가 자기를 삼켜서 이 바닷속에서 살아남게 되리라고는 꿈도 꾸지 않았을 것이다. 시커먼 바닷물이 자기를 휘감았을 때 이미 그는 살기를 포기했다. 큰 물고기가 폭풍우 치는 바다에 던져진 요나를 삼키기까지는 순식간이었을 것이고, 눈코입으로 사정없이 물이 쏟아져 들어오면서 요나는 숨이 막혀왔을 것이다.

사람이 바다에 빠졌을 때 익사하기까지 걸리는 시간은 보통 5-10분이라고 하는데, 물이 차갑거나 수영 능력이 전혀 없으면 더 짧을 수 있다. 그냥 바다도 아니고 폭풍이 무섭게 날뛰는 바다였으니, 아마 이 시간은 더 단축되었을 것이다. 그런데 요나가 바닷물 속에 빠져 가라앉는 순간, 시커멓고 집채만 한 물고기가 그를 집어삼켰다.

요나는 물고기 입으로 빨려 들어가는 순간 기절했을 것이다. 그리고 물고기 뱃속에서 깨어난 뒤에도 자신이 살았는지 죽었는지 몰라 잠시 어안이 벙벙했을 것이다. 사실 요나는 바다에 떨어져서 그냥 죽기를 원했는지도 모른다. 그러나 하나님은 큰 물고기를 예비하셔서 그를 살리셨다. 하나님의 사람은 죽는 것도 자기 마음대로 하지 못한다. 죽고 싶어도 하나님이 허락하지 않으시면 죽지 못한다. 사명을 이루기 전까지 그는 죽고 싶어도 못 죽는다.

참 기가 막힌 타이밍이다. 이 넓은 망망대해에서, 폭풍이 치는 바다에서, 어떻게 딱 그 타이밍에 그 지점에서 이 큰 물고기가 나타났을까. 우연의 일치가 아니다. 사랑의 추적자 하나님께서 예비하시고 대기시키신 것이다. 요나와 선원들은 몰랐지만, 이 거대한 물고기는 폭풍의 바다 밑 깊은 곳에서부터 요나의 배를 따라왔을 수도 있다. 불순종한 요나지만 그래도 하나님은 그를 살릴 방편을 준비하며 추적해오신 것이다. 요나를 바다에 던지자마자 폭풍이 잠잠해졌다고 했으니, 물속으로 가라앉는 요나가 파도에 휩쓸려 가지 않아 물고기가 삼키기에 완벽한 상황이었을 것이다.

폭풍은 무섭지만 최악의 상황은 아니다. 최악은 심판이다. 폭풍은 오히려 최악을 막기 위한 예방주사와도 같다. 마귀는 될 수 있는 대로 우리 인생을 평탄하게 해서 죄를 짓고도 멸망으로 치닫고 있는 줄을 모르게 하려고 할 것이다. 그러나 하나님은 그렇지 않으시다. 우리가 가지 말아야 할 길을 가고 있다면 우리의 다리를 부러뜨려서라도 멈추게 하실 것이다. 정신 차리게 해서 멸망의 코스에서 돌이키게 하고자 하신다. 그래서 지중해 전체를 뒤집는 엄청난 폭풍을 사용하신다.

혹자는 이렇게 생각할 수 있다. '요나 한 사람 때문에 이렇게 지중해 바다 전체를 뒤집으시면서까지 일을 크게 벌이실 필요가 있나. 그런 불순종하는 인간은 그냥 포기해버리고 다른 사람을 쓰시지….' 그러나 하나님의 부르심에는 후회하심이 없다. 결코 포기를 모르신다. 하나님이 사명을 위해 한 번 부르신 사람은 어떤 대가를 치르고라도 추적하여 붙잡으셔서 다시 사용하신다.

그래서 폭풍 가운데서도 살길을 예비하신다. 큰 고기를 예비하셔서 우리를 죽음으로부터 보호하신다. 그 안에서는 그래도 죽지 않고 회개하고 기도할 수 있다. '폭풍'과 '물고기' 속에는 하나님의 크신 사랑이 담겨 있다.

최악의 순간까지 기도하지 않았던 요나

우리는 요나가 이 무서운 폭풍으로 휩쓸려 들어가는 과정에서 기도하는 모습을 한 번도 보이지 않는다는 사실에 주목해야 한다.

처음 하나님이 니느웨로 가라고 하셨을 때도 요나는 며칠 동안 화를 내고 고민만 했지, 기도하지 않았다. 욥바로 내려가서 그 엄청난 뱃삯을 치르고 다시스로 가는 배를 탈 때도 그는 기도하지 않았다. 배를 타고 배 밑창에 내려가서도 죽은 듯이 잠만 잤지, 기도하지 않았다. 선원들이 깨워서 갑판으로 나와 무서운 폭풍이 배를 흔들고 있는 것을 보면서도 그는 기도하지 않았다. 누구 때문에 이렇게 되었는지 다들 제비를 뽑을 때도 기도하지 않았다. 폭풍이 자기 때문임을 알았고, 온갖 노력으로 폭풍우에서 벗어나려는 선원들의 모습을 보면서도 그는 끝까지 기도하지 않았다. 심지어 바다로 던져지기 직전까지도 기도하지 않았다.

선원들이 제비를 뽑아서 요나가 걸렸을 때, 요나는 순순히 자기가 하나님을 거역하고 도망쳤기 때문에 이 폭풍이 닥쳤다고 인정했다. 그렇다면 그는 왜 곧바로 그 배 위에서 회개기도를 하지 않은 것일까. 그때라도 엎드려서 "하나님, 제가 잘못했습니다. 제가 니느웨로 가서 복음을 전하겠습니다"라고 진심으로 회개했더라면 하나님께서 폭풍을 진정시켜주시지 않았을까. 그랬더라면 요나가 폭풍의 파도 위로 던져지지 않아도 되지 않았을까.

그러나 요나는 이를 악물고 "나를 들어 바다에 던지라"라고 했지, 회개하고 니느웨로 가겠다고 기도하지는 않았다. 요나는 자기가 죽더라도 니느웨가 하나님의 심판을 받아 망하기를 원했지, 결코 회개하고 용서받기를 원하지 않았던 것이다. 요나의 고집은 정말 대단했다. 그래서 하나님께서는 그가 폭풍의 바다 위로 던져지는 것을 허락하셨다.

요나는 정말 고집이 세고 자아가 강한 사람이다. 그도 직감적으로 하나님의 추적임을 알았을 텐데, 처음 니느웨로 가라는 말씀을 들었을 때부터 하나님께 닫힌 마음을 차마 열지 못했다. 그래서 이를 악물고 기도하지 않았다. 기도하지 않았다는 것은 아직 하나님 앞에 제대로 회개하지 않았다는 뜻이다. 아직까지도 자기 힘으로 문제를 극복해보려는 자존심이 남았다는 뜻이다.

기도하지 않으니까 요나를 둘러싼 상황은 갈수록 최악으로 치달았다. 하나님은 요나의 기도를 기다리고 계셨다. 하나님은 요나를 죽이려는 것이 아니라 살리시려는 것이었다. 그러기 위해서는 요나가 회개하고 기도해야 했다. 요나는 물고기 뱃속에 들어가서야 기도하기 시작한다.

요나가 하나님의 사명을 다시 감당하기 위해서는 불순종의 죄를 철저히 회개하는 기도가 필요했는데, 배에 타서 풍랑에 흔들리는 정도로는 그가 그런 기도를 할 준비가 되지 않았다. 그래서 요나는 배 위에서 당하는 폭풍과 비교도 안 되는, 죽음 직전의 고통인 물고기 뱃속까지 들어가게 된 것이다. 우리의 영이 부서져서 회개기도가 터지기 전까지 상황은 결코 좋아지지 않을 것이다.

아니나 다를까 단번에 물에 빠져 죽는 것이 아닌, 죽음보다 더한 고통이 요나의 자아를 깨기 시작했다. 요나서는 요나가 물고기 뱃속에 3일 밤낮 동안 있었다고만 했지, 그가 언제부터 회개기도를 시작했는지, 얼마나 오래 기도했는지는 자세히 말하고 있지 않다. 그러나 내 생각에는 처음 물고기 뱃속에 들어갔을 때부터 기도했을 것 같지는 않다. 처음에는 이 무섭고 낯선 환경에 정신이 없었을 테니 말이다.

물고기 뱃속은 칠흑같이 컴컴했을 것이다. 게다가 바닷물이 넘나드는 곳이니 뼈가 시리도록 추웠을 것이다. 각종 음식물과 오물이 가득 차 있는 곳에서 더럽고 역한 냄새가 코를 찌르기도 했을 것이다. 10미터가 넘는 길이의 해초가 몸을 감고, 발에는 물이 흥건히 고여 있었을 것이다. 그런 상황에서 한 시간만 있어보라. 어떤 사람이 제정신으로 버틸 수 있겠는가.

게다가 물고기가 어디 얌전히 가만히 있기나 하는가. 전후좌우로 계속해서 헤엄쳐 다녔을 텐데, 그 속에 든 요나는 이리 부딪치고 저리 부딪쳤을 것이다. 아마 먹은 것도 다 토하고 정신이 하나도 없었을 것이다. 우리가 여객선을 타도 오래 타면 멀미가 나고 메슥거리는데, 폭풍의 바닷속을 다니고 있는 캄캄한 물고기 뱃속에 3일 있으면 어떻겠는가.

드디어 요나의 기도가 터지다

인간적으로 최악의 상황에 있으니까 할 수 있는 것은 기도밖에 없었다. 친구도, 가족도, 아무도 없는 캄캄한 물고기 뱃속이다. 이야기할 대상이라곤 하나님밖에 없었다. 이 상황을 타개해줄 분도 하나님밖에 없었다. 기도밖에 할 수 없는 상황에 몰려서 하는 기도가 진짜 기도다. 요나가 배 위에서 제비뽑기에 걸렸을 때도 드리지 않았던 회개의 기도가 물고기 뱃속에서 시련을 겪으며 터지기 시작한다.

드디어 요나 안에 있던 기도가 깨어난 것이다. 할렐루야! 아니, 하나님의 추적이 마침내 요나 안에 있던 기도를 깨우셨다고 하는 것이 옳다. 기도가 깨어나니까 모든 것이 새로워진다. 우리 안에 있는 기도도 깨어나기를 바란다.

요나의 기도가 깨어났다는 것은 영성이 다시 깨어났다는 것이다. 한때 북이스라엘의 왕과 신하들과 백성들 모두가 존경하던 영적 지도자의 믿음이 다시 깨어난 것이다. 니느웨로 가라는 하나님의 명령에 불순종해서 무너져내렸던 그의 영적 실력이 바다와 태풍과 물고기 뱃속의 고난을 통해서 다시 깨어나기 시작한다. 위대한 이스라엘을 이끌었던 영적 지도자의 모습이 다시 나타나고 있는 것이다.

3일 밤낮을 물고기 뱃속에 있었다고 한 것으로 볼 때, 요나가 진정으로 부서지고 낮아져서 자기 죄를 회개하는 기도가 터지기까지 그 정도 시간은 걸린 것 같다. 이스라엘 백성들이 40일이면 횡단할 수 있는 광야를 40년이나 헤매고 나서야 약속의 땅으로 들어간 것은, 그만큼 그들이 강퍅했기 때문이고, 그래서 연단받는 시간이 그 정도 필요했기 때문이다. 니느웨 전도 명령을 결코 받아들일 수 없었던 요나가 자기 잘못을 회개하기까지는 3일 정도의 시간이 필요했던 것 같다.

우리에게는 깨어지는 데 얼마의 시간이 필요할까. 괜한 고집을 부려서 고난의 시간을 연장하지 말고, 하루라도 빨리 하나님 앞에 자신의 죄를 자복하며 회개해야 한다. 그것이 살길이다. 3일 밤낮을 물고기 뱃속에 갇혀 있던 요나가 한 기도는 아마도 오늘날 우리가 드리는 금식기도, 철야기도, 통성기도, 새벽기도, 방언기도를 다 합친 기도였을 것이다. 너무 절박하니까 피를 토하듯이 부르짖었을 테니 통성기도요, 물고기 뱃속에서는 아무것도 못 먹고 기도했을 것이니 금식기도였을 것이고, 잠깐씩 잠들었던 시간 외 깨어 있는 시간에는 다 기도했을 것이니 새벽기도이자 철야기도였을 것이다. 자신이 할 수 있는 혼신의 힘을 다 쏟는 인생 기도였다.

그래서 그런지 요나의 기도는 8절밖에 안 되는 짧은 기도지만, 그 강도는 피맺힌 것처럼 처절하다. 하나님의 말씀은 하나도 없고, 요나의 외침만 있다. 이것은 사울에게 쫓기던 시절 다윗이 피눈물로 쓴 시편이요, 아이를 못 낳아 하나님에게 울부짖던 한나의 애절한 기도요, 광야생활 40년 시절 모세의 눈물 어린 노래와도 흡사하다.

평생 하나님의 선지자로 백성들의 존경을 받으며 사역해서 기도와 설교쯤은 익숙하던 요나였다. 하지만 이제 평생 자신이 해 오던 점잖고 매너 좋은 기도와는 차원이 다른 엄청난 기도를 하게 되었다.

성전을 향한 기도

요나의 물고기 뱃속 기도에 관해서는 오래전에 펴냈던 《기도, 하늘의 능력을 다운로드하라》(생명의말씀사)에서 자세히 다룬 적이 있다. 그런데 거기서 다루지 않은 중요한 포인트를 하나 짚는다면 요나의 기도가 성전을 향한 기도였다는 사실이다.

요나서 2장 4절에서 요나는 "주의 성전을 바라보겠다"라고 했고, 7절에서도 "주의 성전"을 언급한다. 요나가 물고기 뱃속에서 기도할 때 멀리 떨어진 예루살렘의 성전을 바라보며 기도했다는 말을 우리는 쉽게 들어 넘겨서는 안 된다. 유대인들에게 성전을 바라보며 하는 기도에는 얼마나 중요한 영적 의미가 있는지 모른다. 그 뿌리를 찾는다면 그 옛날 솔로몬 왕이 처음 성전을 건축할 때의 봉헌기도를 보면 알 수 있다.

열왕기상 8장을 보면 솔로몬이 정말 기가 막힌 성전을 건축해놓고 나서 드리는 기도에는 '성전에서 하는 기도'도 언급하지만 '성전을 향하여 하는 기도'도 언급한다. 성전에 와서 기도하면 제일 좋겠지만, 불가피한 사정(포로가 되어 이역만리 타국으로 끌려갔다거나, 자기 땅에 기근이나 전염병이 덮치거나, 혹은 적군이 와서 성을 포위할 때, 그래서 성전에 직접 올 수 없을 때)으로 성전을 향하여, 성전을 생각하며 기도해도 하나님께서 응답해주시기를 바란다는 것이다.

특히 솔로몬은, 그 모든 재앙이 주의 백성이 주를 불순종했기 때문에 온 재앙일 것인데, 그때 그들이 죄를 회개하며 성전을 향하여 기도하거든 들어달라고 했다.

그들이 사로잡혀 간 땅에서 스스로 깨닫고 그 사로잡은 자의 땅에서 돌이켜 주께 간구하기를 우리가 범죄하여 반역을 행하며 악을 지었나이다 하며 자기를 사로잡아 간 적국의 땅에서 온 마음과 온 뜻으로 주께 돌아와서 주께서 그들의 조상들에게 주신 땅 곧 주께서 택하신 성읍과 내가 주의 이름을 위하여 건축한 성전 있는 쪽을 향하여 주께 기도하거든 주는 계신 곳 하늘에서 그들의 기도와 간구를 들으시고 그들의 일을 돌아보시오며 주께 범죄한 백성을 용서하시며 주께 범한 그 모든 허물을 사하시고 그들을 사로잡아 간 자 앞에서 그들로 불쌍히 여김을 얻게 하사 그 사람들로 그들을 불쌍히 여기게 하옵소서 왕상 8:47-50

솔로몬은 그 기도에서 죄 용서와 병 고침을 연결시켰고, 죄 용서와 환난에서 벗어나는 것도 연결시켰다. 하나님의 백성에게 그런 처참한 재앙이 덮친 이유는 하나님께 불순종하고 죄를 지었기 때문이다. 하나님의 사람이 망하는 이유는 힘이 약해서가 아니라, 하나님께 죄를 지었기 때문이다. 그러나 솔로몬은 그럴지라도 하나님께로 돌아와 회개하면 살려달라고 간구했다. 하나님의 이름을 인정하고 성전에서 간구하면, 용서하시고 회복시켜달라는 것이다.

하나님께서는 그 기도를 기억하시고 포로된 이스라엘 백성들에게 말씀하셨다. "너희가 포로 된 땅에서 다 함께 마음을 모아 기도하라. 그러면 내가 응답하겠다." 이 말씀은 당시 포로로 잡혀온 이스라엘 백성들에게 충격적인 말씀이었다. 왜냐하면 유다 백성은 하나님께서 예루살렘 성전에만 계신다고 믿고 있었기 때문이다. 그래서 이역만리 타국에 포로로 끌려온 그들은 하나님께로부터도 격리된 것처럼 느껴 슬픈 심정이었다.

그러나 솔로몬은 일찍이 예언기도에서, 포로로 끌려간 그 땅에서도 예루살렘 성전이 있는 쪽을 향해 기도하면, 그들의 기도를 들어달라고 하나님께 간구했다. 하나님께서는 지금 그 약속을 지키시겠다고 한 것이다. 하나님의 임재가 미치지 못하는 곳은 없다. 우리가 교회로부터 멀리 떨어진 광야 한복판에 있다 해도, 하나님께서는 그곳을 가득 채우시고 우리의 기도를 들으실 것이다. 그러니 교회를 향하여, 교회를 중심으로 기도하라.

> 내가 주의 지성소를 향하여 나의 손을 들고 주께 부르짖을 때에 나의 간구하는 소리를 들으소서 시 28:2

교회를 중심으로 교회 안에서 함께 교회를 향하여 손을 들고 하는 기도에는 힘이 있다.

어린 양의 보혈에 의지하는 기도

광야에서 기도할 때는 대충 해서는 안 된다. 목숨 걸고 전력투구해야 한다. 열왕기상 8장 48절에서는 "온 마음과 온 뜻으로" 기도하라고 했다. 시편 28편 2절에서는 "부르짖으며 기도하라"라고 했다. 한마디로 혼신의 힘을 다 쏟아붓고, 피와 눈물을 토해내는 총력을 다한 기도를 드리라는 것이다.

광야의 시간을 지나고 있는가? 절박한 상황에서는 절박하게 기도해야 한다. 간절히 기도해야 한다. 절박한 상황 속에서 하늘 문을 열기 원한다면, 집중해서 온 마음과 정성과 열정을 쏟아부어야 한다. 결코 적당히 해서는 안 된다. 의외로 많은 크리스천이 하나님께 헌신할 때 너무 대충대충 한다. 자신이 가진 능력과 정성의 반도 쓰지 않는 경우가 많다. 특히 기도할 때 건성으로 남의 일처럼 매너리즘에 빠져 적당히 해치우기도 한다. 광야의 때를 지나가는 이 중요한 시간에 인간적인 노력은 죽어라 하면서도, 기도는 대강 끝내버린다. 그러면서 돌파구가 열리기를 기대한다. 그러나 그렇게 해서는 결코 길이 열리지 않는다.

기도가 유창할 필요는 없다. 그러나 우리의 최선을 다한 기도를 드려야 한다. 사실 예수님도 이 땅에 계셨을 때 그런 기도를 자주 드리셨다.

> 그는 육체에 계실 때에 자기를 죽음에서 능히 구원하실 이에게 심한 통곡과 눈물로 간구와 소원을 올렸고 그의 경건하심으로 말미암아 들으심을 얻었느니라 히 5:7

예수께서도 땀이 피같이 되도록 기도하셨다. 그런데 우리는 왜 절박하게, 온 마음으로 기도하지 않는가? 왜 부르짖으며 처절하게 기도하지 않는가? 왜 꼭 하나님이 아니어도 된다는 안일한 마음으로 기도하는가? 혹시 우리도 그렇게 대충 기도하면서 응답이 오지 않는다고 불평만 하고 있지는 않은가?

영적 지도자는 하나님 앞에서 온 마음과 정성을 다해 처절하게 기도하는 사람이다. 부르짖으며 기도하는 사람, 온 마음으로 기도하는 사람은 눈물로 기도하는 사람이다. 그런데 오늘 우리의 기도에는 왜 눈물이 없는가? 우리는 간절함이 사라진 기도 때문에 가슴 아파해야 한다.

특히 요나가 '주의 성전을 바라보며 기도한다'라고 한 말씀에는 또 하나의 중요한 영적 의미가 담겨 있다. 요나는 성전 안 '속죄소'(mercy seat)에서 하나님께서 우리에게 말씀하시겠다고 약속하신 것을 기억했다. 속죄소는 하나님의 언약궤를 덮고 있는 황금 뚜

껍이다. 속죄일에 제사장은 희생제물의 피를 그 속죄소 위에 뿌린다. 율법의 돌판은 우리 죄를 날카롭게 정죄하지만, 그 위에 피가 뿌려지면 하나님께서 용서하신다. 요나는 바로 이 속죄소의 은혜를 구하고 있었던 것이다.

이것이 돌파구를 여는 열쇠다. 속죄소를 바라보는 기도는 곧 갈보리 언덕 십자가 보혈의 은혜를 구하는 기도이다. 살기 위해서는 회개해야 한다. 진심으로 회개할 때 성전의 속죄소, 곧 십자가 보혈의 능력이 움직이기 시작한다.

육체의 병도, 정신의 병도 근본적으로는 죄의 문제가 십자가에서 해결받을 때 치료된다. 하나님께서는 환난을 통해 우리 죄의 문제를 직면하게 하시고, 그것을 하나님께 가지고 나오게 하신다. 해결은 하나님께서 하신다. 회복은 십자가 보혈의 능력이 이루신다. 그러나 우리가 먼저 그 죄를 깨닫고 인정해야 한다. 요나는 바로 그런 심정으로 성전을 생각하며, 어린양의 보혈의 은혜를 구하는 마음으로 처절히 회개하고 있었다.

"주님, 우리가 잘못했습니다. 우리가 교만했습니다. 성장에 도취하여 겸손하게 기도하는 것을 잊어버렸습니다. 경건의 모양은 있었으나 능력은 없었습니다. 주님, 우리가 회개합니다. 우리를 불쌍히 여겨주옵소서. 다시 살게 하여주옵소서. 은혜를 주시옵소서."

예수님과 초대 교회가 사랑했던 요나

열왕기하 14장 25절을 보면 요나가 가드헤벨 출신이라고 기록되어 있다. 이 마을은 예수님께서 자라신 나사렛에서 불과 3킬로미터밖에 떨어지지 않은 곳이다. 요나는 예수님보다 약 5세기 앞서 활동한 선지자였지만, 예수님과 같은 지역에서 자랐다. 그리고 예수님께서는 요나의 이야기를 매우 중요하게 언급하셨다.

사람들은 예수님께 "당신이 진짜 하나님께서 보내신 자가 맞다면, 하늘로부터 온 표적을 보여달라"라고 했다. 그때 예수님께서는 "요나의 표적밖에는 보여줄 것이 없다"라고 하셨다. 요나가 물고기 뱃속에서 3일 밤낮을 보낸 것은, 주님께서 십자가에서 돌아가신 뒤 3일 후에 부활하신 것을 상징한다고 하셨다. 그 정도로 예수님은 요나의 이야기를 중하게 다루셨다.

초대 교회 성도들은 핍박을 피해 '카타콤'이라고 불리는 지하무덤에서 모여 예배했다. 이 카타콤 벽화에 등장하는 구약의 인물 중, 예수님 다음으로 자주 등장하는 인물이 있는데, 그것은 아브라함도 모세도 아닌, 바로 요나였다. 초대 교회 성도들은 요나 이야기를 깊이 사랑했다. 왜일까? 캄캄한 물고기 뱃속에서 절박하게 하나님을 예배하며 살아난 요나를 보면서, 캄캄한 지하에서 핍박 속에 예배하던 자신들의 모습을 떠올렸기 때문이었을 것이다.

그들은 요나가 어둠 속 절망의 상황에서 드린 처절한 기도를 자신들도 드리고 있다고 여겼다. 요나와 카타콤 성도들이 같은 고난의 심정을 나눈다고 생각했던 것이다. 그렇다면 오늘 고난 중에 있는 우리 역시 요나와 같은 심정일 것이다.

요나서의 저자는 대부분 요나 자신이라고 본다. 그가 물고기 뱃속에서 드렸던 기도는 오직 하나님과 요나만이 아는 기도였다. 2장에 나오는 8절의 기도는 아마도 훗날 요나가 기억을 더듬어 기록했을 것이다. 나는 요나가 이 기도를 단숨에 쏟아낸 것이 아니라 3일 동안 부분 부분 기도했을 것으로 본다. 그리고 나중에 하나로 정리해 기록했을 것이다.

중요한 사실은, 요나의 기도가 시간이 지날수록 점점 더 단단해지고 확신에 찬 기도로 발전해 갔다는 것이다. 기도하는 사람이 기도를 만들어 가지만, 반복해서 기도하다보면 오히려 기도가 사람을 만들어 간다. 우리도 그렇다. 처음에는 두려움과 불안으로 기도하기 시작하지만, 성령의 도우심으로 불같이 기도하게 되면 우리의 마음도 단단한 믿음으로 변화된다.

예수님께서는 "기도하고 구하는 것은 받은 줄로 믿으라"라고 하셨다. 그 말씀처럼 기도 가운데 어느 순간 하나님의 응답이 멀리 있지 않고 바로 내 손안에 있다는 확신이 생긴다. 눈에는 아무 증거가 보이지 않고, 귀에는 아무 소리가 들리지 않으며, 손에 잡히는 것도 없지만, 내 마음속에는 그것이 내 것이라는 믿음이 차오른다.

그리고 그 믿음으로 기도할 때, 우리는 영의 눈으로 이미 그것을 소유한 자신의 모습을 그리게 된다. 그러면 점점 더 "하나님께서 주실 응답은 내 것이다"라는 확신이 깊어진다. 결국 그것이 실제로 내 삶에 이루어지는 놀라운 축복을 경험하게 된다.

chapter **12**

복수심이 사라질 때까지 기도하라

욘 4:1-11

물고기 뱃속에서 처절한 회개기도로 살아나온 요나는 니느웨로 가서 하나님의 심판이 가까웠다는 말씀을 전했다. 그런데 요나가 생각지도 못했던 충격적인 반응이 일어났다. 니느웨는 당시 부강하면서도 악독하기 짝이 없던 대제국 앗수르의 수도였다. 주변 약자들에게 잔인하고, 교만하고, 음란하고, 돈 밝히는 천하의 못된 사람들이라고 다들 생각했다. 그런데 그런 사람들이 왕으로부터 백성에 이르기까지 모두 하나님의 말씀 앞에 회개하고 엎드렸다. 그 진실하고 처절한 회개를 본 하나님은 그들을 용서하셨다.

> 하나님이 그들이 행한 것 곧 그 악한 길에서 돌이켜 떠난 것을 보시고 하나님이 뜻을 돌이키사 그들에게 내리리라고 말씀하신 재앙을 내리지 아니하시니라 욘 3:10

당시 니느웨 전체 인구가 약 12만 명이었으니까, 요나는 12만 명의 생명을 구하는 하나님의 도구로 쓰인 셈이다. 12만 명이 아니라 단 1명이라도 나로 인해 예수님을 믿고 구원받았다면 축제를 열 만큼 큰 경사일 것이다. 그런데 무려 12만 명, 한 도시 전체가 하루 아침에 회심했다. 보통의 목회자 같았으면 기뻐 춤을 추며 하나님께 영광을 돌렸을 것이다. 그런데 요나는 니느웨의 회개에 대해서 전혀 뜻밖의 반응을 보인다.

하나님께 용서받은 니느웨를 보며 분노하는 요나

요나서 4장 1절을 보면 "요나가 매우 싫어하고 성냈다"라고 한다. 영어성경으로 보면 "요나는 이것이 잘못된 일이라고 판단했다"(to Jonah this seemed very wrong)라고 되어 있다. 즉 요나는 이 일은 하나님이 잘못하신 것으로 판단한 것이다. 니느웨 사람들 같은 죄인들을 하나님이 그토록 쉽게, 그토록 빨리, 그토록 관대하게 용서해주셨다는 사실을 요나는 도저히 받아들일 수 없었다. 아무리 그들이 회개했다고 해도, 이것은 너무 값싼 은혜를 베푸신 것이 아닌가 생각한 것이다.

여호와께 기도하여 이르되 여호와여 내가 고국에 있을 때에 이러하겠다고 말씀하지 아니하였나이까 그러므로 내가 빨리 다시스로 도망하였사오니 주께서는 은혜로우시며 자비로우시며 노하기를 더디하시며 인애가 크시사 뜻을 돌이켜 재앙을 내리지 아니하시는 하나님이신 줄을

내가 알았음이니이다 욘 4:2

요나는 자신이 다시스로 도망갔던 것이 미리 계획된 불순종이었음을 인정하고 있다. 더 놀라운 것은 요나가 지금 말하고 있는 내용들이 구약성경에서 믿음의 영웅들이 하나님의 성품을 말할 때 쓰는 표현이라는 점이다. "주께서는 은혜로우시며 자비로우시며 노하기를 더디하시며 인애가 크시사"라는 표현은 모세와 다윗, 요엘과 느헤미야도 쓴 표현이다.

그러나 그들은 하나님의 위대한 성품을 찬양하며 경배하고 기도할 때 사용했지만, 요나는 이 말들을 하나님을 비난하는 말로 바꾸었다. "이럴 줄 알았어요. 하나님은 너무 착하고 마음 약한 분이시니까, 어차피 용서해줄 사람들 아니었나요?" 요나는 이렇게 비아냥거리는 것이다. 이 말에는 악한 니느웨 백성들을 결국에는 용서해주실 거면서 왜 수고롭게 자기를 이곳에 보내셨느냐는 항의가 담겨 있다.

우리도 하나님께서 내가 원하는 방식대로 일하지 않으시면 화를 낸다. 하나님께서는 니느웨의 회개를 보고 분노를 돌이키셨지만, 요나는 오히려 하나님이 분노를 돌이키신 것에 대해 분노를 품기 시작한다. 그리고 내친김에 그동안 하나님께 쌓였던 감정을 마구 쏟아낸다.

"하나님이 이러실 줄 알았습니다. 저 니느웨 사람들이 얼마나 나쁜 자들인지 모르십니까. 저들이 진심으로 회개하고 하나님을 믿기로 결심했다는 것을 저는 믿을 수가 없습니다. 저들은 그저 하나님의 심판이 두려워서 몸을 사리는 것일지도 모릅니다. 그런데 하나님께서 그런 것에 감동하셔서 심판을 거두시다니요. 하나님이 자비의 하나님이신 건 알겠지만, 그래도 이건 너무하신 것 아닙니까." 틀리안 차비진 목사가 요나서를 다루며 지은 책《나는 하나님이 정말 싫습니다》(두란노)가 바로 이때 요나의 심정을 대변한 말이다.

요나는 북이스라엘 전성기 당시 여로보암 2세의 영적 멘토로서 나라의 발전에 큰 기여를 한 인물이었다. 그만큼 자기 조국 이스라엘에 대한 사랑이 컸던 그는, 이스라엘을 힘들게 한 원수의 나라 앗수르에 대한 증오심 또한 컸다. 그래서 원수를 사랑하겠다는 생각보다는 일단 그들을 한번 확실하게 심판해야 한다는 생각이 더 컸다. 하지만 우리가 알고 있는 교리 때문에 남을 향해 날카로운 정죄의 칼을 휘둘러대는 일을 조심해야 한다. 모든 교리는 그것을 휘두르는 사람을 정의의 사자로 착각하게 하는 위험이 있다. 의로운 분노가 우리의 영혼을 병들게 하지 않도록 주의하라.

하나님 앞에서 계속되는 요나의 항의

요나는 자신의 이런 태도가 하나님 앞에서 얼마나 큰 죄를 짓는 것인지를 알지 못했다. 요나서 4장에 나오는 요나의 기도는 기도라기보다 하나님을 향한 노골적인 원망에 가깝다. 1절의 "요나가 매우 싫어하고 성내며"라는 부분을 원어 그대로 번역하면 "요나는 큰 악으로 행했다"라는 의미이다. 이 '악하다'라는 단어는 니느웨 사람들의 죄성을 묘사할 때 반복해서 사용되었는데, 이제는 하나님의 선지자인 요나를 묘사하는 단어가 되어버렸다. 하나님의 선지자라 할지라도 하나님의 마음을 이해하지 못하고, 자기 의분에 사로잡히면 순식간에 악한 자가 될 수 있다.

유치하기 짝이 없는 요나의 항의는 계속된다.

> 여호와여 원하건대 이제 내 생명을 거두어 가소서 사는 것보다 죽는 것이 내게 나음이니이다 하니 욘 4:3

하나님의 종이 하나님께 자신을 죽여달라고 한 것은 보통 일이 아니다. 요나의 마음은 이러했을 것이다. "조국 이스라엘을 짓밟은 원수 니느웨를 이스라엘의 하나님께서 심판하신다고 해놓고, 이제 와서 마음을 바꾸어 심판하지 않겠다고 하시다니! 그것도 내가 전한 메시지로 이들이 회개했기 때문이라니! 나는 이제 무슨 낯으로 우리 민족을 볼 수 있겠는가! 이런 꼴을 보느니 차라리 죽는 게 낫다!"

여기에 하나를 덧붙인다면, 요나는 단 하루 만에 12만 명에 이르는 니느웨 백성들이 회개하는 모습을 보고 충격을 받았다. 요나의 조국 이스라엘의 백성들은 지난 150여 년 동안 회개하지 않았다. 그런데 자신의 조국을 짓밟은 앗수르 사람들은 단 하루 만에 회개했고 하나님의 용서를 받은 것이다. 아마도 그 사실이 요나의 마음을 더 힘들게 했을 것이다. 평생 나쁜 짓만 하고 살면서 세상적으로 성공한 못된 자들이 이제 와서 회개하고 하나님의 용서까지 받았으니, 이런 불공평한 일이 어디 있는가.

군사력이나 경제력이나 모든 면에서 앗수르에게 밀리던 이스라엘이었지만, 그래도 지금까지 하나님이 선택하신 민족이라는 자부심 하나는 있었다. 하지만 이제 그마저도 아니다. 지금부터 앗수르 백성들이 이스라엘보다 하나님을 잘 믿어서 하나님의 자녀가 된다면 그것은 보통 일이 아니다. 요나는 자신의 조국이 아닌 원수의 민족이 하나님의 자녀가 되는 것에 기여한 사람으로 기억되기 싫었던 것이다.

요나의 영적 내로남불을 일깨워주시는 하나님

만약 내가 하나님이었다면, 이렇게 대들고 화내는 종을 가만두지 않았을 것이다. 그러나 악한 니느웨를 용서하신 하나님의 자비는 불평하는 요나에게도 동일하게 베풀어진다. 자기중심적이고 불경한 태도로 질문하는 요나에게 하나님께서는 다시 질문으로 답하시며 그를 깨우쳐주셨다.

> 여호와께서 이르시되 네가 성내는 것이 옳으냐 하시니라 욘 4:4

"네가 성내는 것이 옳으냐." 이보다 정확히 번역하면, "네게 성낼 권리가 있다고 생각하느냐?"이다. 성경에 "네 눈 속에서 들보를 빼라 그 후에야 네가 밝히 보고 형제의 눈 속에 있는 티를 빼리라"라는 말이 있다. 남을 정죄하기 전에 먼저 자기 잘못부터 회개하라는 말씀이다. 죄인이 죄인을 정죄할 자격이 없다는 뜻이다.

요나는 니느웨가 그들이 저지른 악에 상응하는 심판을 받아야 한다고 생각했다. 그런데 하나님이 그들을 용서해주시자 화가 났다. 이것은 권선징악, 인과응보의 원칙에 맞지 않는다고 생각한 것이다. 우리는 보통 '나 같은 죄인 살리신 주 은혜'는 당연하다고 생각한다. 그러나 '너 같은 죄인 살리신 주 은혜'는 놀랍다고 생각한다. 심지어 어떻게 그렇게 쉽게 용서해줄 수 있느냐고 분노하기까지 한다. 이 모든 것이 우리 자신은 의롭다는 생각에서 비롯된 것이다.

하지만 그것은 착각이다. 요나는 자기 자신 또한 용서받은 죄인임을 잊고 있었다. 하나님의 말씀을 거역하고 도망쳤던 그는 무섭게 날뛰는 바닷물에 죽든지, 물고기 뱃속에서 죽어야 했던 사람이다. 그런데도 하나님은 다시 살려주시고, 물고기 뱃속에서 드린 그의 회개기도를 받으시고 용서하시며, 사명을 행할 두 번째 기회를 주셨다. 그런데 자기는 그런 은혜를 받아 놓고, 돌아서서 니느웨 사람들은 죄인이라고, 그런 죄인을 어떻게 용서하실 수 있냐고 하나님께 대들고 있으니 참 기가 찰 일이다.

요나는 나름대로 하나님께서 이런 방식으로 세상을 다스리셔서는 안 된다고 항의하고 있다. 니느웨 사람들처럼 악한 죄인들을 심판하시기로 했으면 말씀하신 대로 하셔야지, 그들이 회개한다고 해서 중간에 마음을 바꾸시고 용서해주시면 어떡하냐는 것이다. 하나님이 이렇게 물렁하셔서 앞으로 어떻게 모든 열방에 하나님의 영이 서겠냐는 것이다.

기독교 작가 필립 얀시는 이 대목에서 요나가 모르고 있던 것이 하나 있다고 지적한다. 하나님은 이때까지 구약성경에서 이미 4번이나 이렇게 마음을 바꾸신 적이 있다. 하나님께서 한 민족을 멸망시키겠다고 하셨다가 마음을 돌이키시는데, 니느웨의 회개 사건은 그중 하나일 뿐이었다. 놀랍게도 나머지 3번, 하나님이 멸망시키려다 마음을 바꾸셔서 용서해주신 민족은 다름 아닌 이스라엘 백성들이었다. 즉 니느웨에게 부어주신 용서가 말도 안 된다고 펄펄 뛰는 요나는, 자신의 민족이 하나님의 용서의 가장 큰 수혜자였음을 모르고 있었던 것이다.

이야말로 영적인 '내로남불'이 아닐까. 만약 요나의 주장대로 하나님께서 어떤 민족이 악을 저지를 때마다 즉시 심판하시고, 단 한 번도 마음을 바꾸지 않으셨더라면, 요나가 속한 이스라엘 민족도 이미 오래전에 멸망하여 존재하지 못했을 것이다. 자신들은 그토록 큰 은혜를 입고도, 하나님께서 같은 은혜를 다른 이방 민족에게 베푸실 때는 말도 안 된다고 펄쩍 뛰는 이중적인 모습은 마태복음 18장에 나오는 예수님의 비유, 자신의 죄는 탕감받고도 다른 사람의 죄는 용서하지 않은 종의 모습과 다를 것이 없다.

하나님께서 요나에게 "네가 성내는 것이 옳으냐"라고 물으신 것은, 바로 요나의 이런 영적인 내로남불 태도를 스스로 돌아보게 하시려는 말씀이었다. 그러나 요나는 너무 화가 나 있었기 때문에, 하나님의 자비로운 질문의 뜻도 이해하지 못한 채 그대로 니느웨 성을 나가버렸다.

하나님의 선한 목적 알기

> 요나가 성읍에서 나가서 그 성읍 동쪽에 앉아 거기서 자기를 위하여 초막을 짓고 그 성읍에 무슨 일이 일어나는가를 보려고 그 그늘 아래에 앉았더라 욘 4:5

요나는 여전히 니느웨가 멸망하기를 바라며, 자기가 지은 초막 그늘에 앉아버렸다. 참으로 우스꽝스럽고 기가 막힌 장면이다. 단

하루 만에 니느웨가 회개해버렸으니, 요나는 이제 남은 39일을 그렇게 앉아 기다릴 참이었다. 민족 감정에 아직도 깊이 젖어 있던 요나는 하나님께서 이미 니느웨를 용서하셨다는 사실에 좌절했다. 그러면서도 마치 하나님께 항의하듯, 40일 뒤에 니느웨를 멸망시키겠다고 하신 말씀을 꼭 지키셔야 한다고 생각하고, 그 약속이 이루어지는지 지켜보겠다는 심정으로 도시를 내려다보며 진을 친 것이다.

이처럼 유치하고 속 좁은 하나님의 종을 하나님께서는 그래도 끝까지 자비롭게 대하신다. 우리 하나님은, 요나를 그대로 두기에는 너무 거룩하시고, 그렇다고 죽이기에는 사랑이 너무 많으신 분이다. 그래서 이번에는 조금 색다른 방법으로 요나를 깨우치게 하시기로 결심하셨다.

> 하나님 여호와께서 박넝쿨을 예비하사 요나를 가리게 하셨으니 이는 그의 머리를 위하여 그늘이 지게 하며 그의 괴로움을 면하게 하려 하심이었더라 요나가 박넝쿨로 말미암아 크게 기뻐하였더니 욘 4:6

하나님께서는 먼저 박넝쿨을 준비하셔서 요나의 초막 위에 펼쳐주셨다. 이 넝쿨은 잎이 매우 넓어서 뙤약볕을 기가 막히게 가려주는 파라솔 역할을 했다. 그러자 요나는 박넝쿨로 말미암아 크게 기뻐하였다고 기록되어 있다. 박넝쿨은 요나서 전체에서 유일하게 요나를 기쁘게 만든 것이다. 니느웨 성 전체가 회개하고 하나님을 믿었을 때도 요나는 기뻐하지 않았다. 기뻐하기는커녕 오히려 분노를 참지 못했다. 그런데 박넝쿨이 만들어준 그늘 때문에 크게 기뻐하고 있는 것이다. 인간이 얼마나 어처구니없고 단순한 존재인지 보여주는 대목이다. 요나의 기쁨은 전적으로 자신의 개인적인 평안함에 달려 있었다.

그러나 그 기쁨도 잠시였다. 하나님께서는 다음 날 새벽, 작은 벌레를 보내서서 박넝쿨을 갉아먹게 하셨다. 그리고 거기서 끝나지 않았다.

해가 뜰 때에 하나님이 뜨거운 동풍을 예비하셨고 해는 요나의 머리에 쪼이매 요나가 혼미하여 스스로 죽기를 구하여 이르되 사는 것보다 죽는 것이 내게 나으니이다 하니라 욘 4:8

박넝쿨이 시들어버리자 동시에 해가 떠올랐고, 하나님께서는 중동 특유의 뜨거운 사막 바람인 동풍을 불게 하셨다. 햇볕이 다시 정통으로 요나의 머리에 내리쬐었고, 숨이 턱턱 막히는 뜨거운 바람이 불어왔다. 그러자 요나는 또다시 죽여달라고 하며, 얼굴을 찌푸리고 하나님께 투덜대기 시작했다.

우리가 하나님과 사이가 좋지 않을 때는 작은 불편도 우리를 큰 힘으로 내리칠 것이다. 뜨거운 여름날의 고통과 햇볕을 막아주는 박넝쿨의 상쾌함 앞에서 어린아이처럼 좋아하다가, 순식간에 말라 버린 박넝쿨 때문에 오는 고통 앞에서는 '죽고 싶다'고 짜증 내는 모습. 선지자 요나는 인생이 잘될 때나 어려울 때나 보통 사람이 보이는 것과 똑같은 반응을 보였다. 위대한 척했지만, 사실은 그도 감정을 이기지 못하는 인간에 불과했던 것이다. 영적 지도자라고는 하지만, 사실은 이렇게 수준이 유치한 것이 바로 우리 인간이다.

그러나 중요한 사실은 햇볕을 가려준 박넝쿨도, 그 박넝쿨을 없애버린 벌레들도, 모두 하나님이 요나를 위해 준비하신 소품들이라는 것이다. 하나님께서는 불평으로 가득 찬 자신의 종을 위해 크고 작은 것들을 끊임없이 예비하셨다. 첫 번째는 바다 위의 폭풍이고, 두 번째는 요나를 삼킨 큰 물고기, 세 번째는 박넝쿨, 네 번째는 벌레이며, 마지막은 뜨거운 동풍이다.

하지만 요나는 그것을 전혀 깨닫지 못했다. 이처럼 하나님께서 선한 목적을 가지고 우리를 위해 준비하신 일들을 우리가 전혀 모르고 지나치다가, 훗날에야 비로소 깨닫게 되는 경우가 많다.

하나님의 마음 알기

마침내 하나님께서 이 모든 상황의 영적 의미를 요나에게 직접 설명해주신다.

여호와께서 이르시되 네가 수고도 아니하였고 재배도 아니하였고 하룻밤에 났다가 하룻밤에 말라 버린 이 박넝쿨을 아꼈거든 하물며 이 큰 성읍 니느웨에는 좌우를 분변하지 못하는 자가 십이만여 명이요 가축도 많이 있나니 내가 어찌 아끼지 아니하겠느냐 하시니라 욘 4:10-11

인간이 직면할 수 있는 가장 큰 위험 중 하나는 자신이 속한 주위 환경에만 너무 몰두한 나머지, 이 세상 전체가 당면하고 있는 고통을 간과한다는 것이다. 우리는 우리와 직접적인 관련이 없는 사람들의 현실에 대해서, 즉 전쟁이나 기근, 재해로 죽어가는 세상 사람들의 고통에 대해서 우리 주변의 사소한 문제만큼도 관심을 보이지 않는다(러시아-우크라이나 전쟁에서 무고한 사람들이 몇천 명씩 죽어도 당장 자기 자녀의 학교 성적 떨어지는 것이 훨씬 더 큰 고민거리다).

많은 사람이 자신의 '박넝쿨'에만 관심을 갖기 때문에, 정작 하나님의 관심사에 대해서는 잊어버리고 산다. 우리는 키우던 반려동물이 죽거나 아끼던 물건이 손상되면 큰 슬픔에 잠긴다. 그러나 우리 이웃이 하나님을 알지 못한 채 멸망의 길로 가고 있다는 사실에는 과연 얼마나 마음 아파하고 있는가?

하나님께서 니느웨 성을 '아꼈다'라는 말은 그들을 "가엾게 여기셨다"라는 뜻이다. 같은 사람들을 보면서도 요나는 그들이 하나님의 천벌을 받아 마땅한 죄인들이라고 여겼지만, 하나님은 그들을 불쌍히 여기셨다. 우리는 종종 "이 세상, 시원하게 한 번 쓸어버려야 한다"라고 말한다. 그러나 하나님께서는 "하나님이 세상을 이처럼 사랑하사 독생자를 주셨으니"라고 하셨다.

니느웨 사람들이 '좌우를 분변하지 못한다'라는 말은, 그들이 영적 판단력을 상실한, 곧 영적인 장님이라는 뜻이다. 집으로 돌아오고 싶어도 길을 모르는 가련한 영혼들이다. 자기 삶의 문제의 원인조차 모르는 이들이다. 하나님께서는 그들의 불쌍한 형편에 마음 아파하시며, 우리도 그 하나님의 슬픔을 품기를 원하신다. "요나야, 네가 진정 나의 선지자라면, 내가 아플 때 너도 함께 아파야 하지 않겠느냐?" 하나님은 그렇게 말씀하셨다.

요나는 성경 지식이 많았고, 교리적으로도 정확했다. 그는 하나님께서 "은혜로우시며 자비로우시며 노하기를 더디하시며 인애가 크신 분"이라는 사실을 교리적으로 분명히 알고 있었다. 그러나 그의 마음은 너무나 하나님에게서 벗어나 있었다. 우리도 교회를 오래 다니다보면 성경 지식이 많아지고 교리적으로 정확해질 수 있다. 그러나 우리의 마음은 하나님의 마음과 너무나 동떨어져 있을 수 있다. 교회를 오래 다닌 사람일수록 믿지 않느 교회 밖 형제들에 대한 눈물이 마르고, 전도의 열정이 차가워지는 경우가 많다.

요나의 때로부터 5백 년 뒤 이 세상에 오신 예수님은, 요나에게 없었던 진정한 선지자의 마음을 가진 분이셨다. 요나가 성 밖으로 나가서 니느웨의 멸망을 보려고 했다면, 예수님은 성문 밖으로 나가서서 죄인들을 위해 십자가에 죽으셨다.

하나님의 정의 vs 하나님의 사랑

내가 중학생 때 많이 불렀던 찬양 중에 '좋으신 하나님'이라는 곡이 있다. 그렇다. 우리는 좋으신 하나님을 믿는다. 문제는 하나님의 좋으심이 과연 무엇이냐는 것이다. 좋으신 하나님은 사랑의 하나님이시다. 부족하고 연약한 우리 인간들을 용서하시고 사랑하시고 품어주신다.

그러나 하나님이 진짜 좋으신 하나님이시려면 사랑의 하나님이시면서 동시에 정의의 하나님이셔야 한다. 정의는 악을 벌하는 것이다. 남을 해치고 악을 저지르는 사람들을 가만히 두신다면, 하나님은 결코 좋으신 분이 아니다. 하나님께서 죄를 벌하셔야 하는 이유는, 악인을 보고도 그냥 두신다면 하나님은 결코 선하신 분일 수 없기 때문이다. 좋으신 하나님은 악을 심판하는 정의의 하나님이시다. 그러나 모든 죄인을 죄가 드러나는 그 즉시 심판해버리는 무자비한 심판자이기만 하시고, 용서하는 사랑이 없으시다면, 그 역시 좋으신 하나님이 아니다.

팀 켈러(Timothy Keller) 목사는 요나서에 흐르고 있는 딜레마는 '하나님의 정의와 하나님의 사랑이 어떻게 같이 갈 수 있느냐는 것'이라고 했다. 좋으신 하나님에는 양면이 있다. "나는 무한한 사랑이 있어 모두를 용서해주고 싶다. 그러나 나는 무한한 정의가 있어 죄를 그냥 넘어갈 수가 없다."

문제는 어떻게 하나님께서 죄는 벌하시면서 죄인들은 용서하실 수 있느냐는 것이다. 요나가 이해하기 힘들었던 하나님의 역설을 훗날 예수 그리스도께서 십자가 죽음으로 대답해주신다. 하나님을 거역한 모든 인류의 죄를 그냥 아무 일도 없었던 것처럼 할 수는 없었다. 죄의 값은 사망이라는 원칙이 무너지면 영적 세계가 지탱할 수 없기 때문이다. 그래서 우리의 모든 죗값을 하나님의 아들 예수님이 짊어지고 십자가에서 돌아가시게 했다. 그렇게 하나님의 정의와 사랑이 동시에 실천되었다.

니느웨를 통해 이스라엘에게 메시지를 주시다

대부분의 학자들은 요나서의 저자가 요나 자신이라는 사실에 의의가 없다. 물고기 뱃속의 기도는 요나와 하나님만이 아는 이야기인데, 다른 사람이 썼을 리가 만무하다. 문제는 당시 북이스라엘에 큰 영적 영향력을 미치고 있던 선지자 요나가 쓴 글이기 때문에, 당시 사람들과 후세 사람들이 모두 큰 관심을 가지고 읽었을 것이라는 점이다. 바로 그 때문에 요나는 요나서를 쓰면서 나름 고민이 많았을 것이다.

요나서는 이스라엘의 적 니느웨의 심판을 막는 회심의 메신저로 요나가 쓰임받은 스토리다. 이 책이 퍼지게 되면 그는 하루아침에 조국 이스라엘을 배신한 매국노로 낙인찍힐 수도 있었다. 그런데도 요나는 굳이 이 책을 썼다. 그것은 성령님의 강력한 감동이 있어서였을 것이고, 하나님께서 요나서를 통해 이스라엘 백성들에게 반드시 전해야 할 메시지가 있어서였을 것이다.

"보아라. 아예 나를 믿지 않던 악독한 니느웨도 회개하니까 내가 용서하지 않느냐. 하물며 너희 이스라엘은 아브라함의 자손으로서 이전부터 내가 택한 민족이 아니냐. 니느웨는 말씀을 들은 지 하루 만에 회개했는데, 이스라엘 너희는 150년 동안 말씀을 듣고도 회개하지 않았다. 너희는 스스로 그것을 부끄러워해야 한다. 너희 북이스라엘도 회개하고 내게로 돌아온다면, 내가 너희를 용서하고 심판하지 않을 것이다."

하지만 안타깝게도 북이스라엘은 끝내 회개하지 않는다. 그래서 백 년 뒤에 북이스라엘은 앗수르 제국의 손에 망하게 된다(앗수르의 수도였던 니느웨는 요나의 설교를 듣고 한때는 회개했지만, 세월이 지나고 세대가 바뀌면서 다시 악해졌다).

어쨌든 그 후 수백 년이 지나 예수님이 오셨을 때도 이스라엘의 영적 강퍅함은 변하지 않았다. 예수님께서 이스라엘 사람들에게 그렇게 정성껏 복음을 전하셨는데도 그들이 회개하지 않자 한탄하시며 이렇게 말씀하신다.

> 심판 때에 니느웨 사람들이 일어나 이 세대 사람을 정죄하리니 이는 그들이 요나의 전도를 듣고 회개하였음이거니와 요나보다 더 큰 이가 여기 있으며 마 12:41

예수님이 말씀하시는 요지는 이것이었다. "니느웨처럼 악한 사람들도 요나같이 열정 없는 선지자가 가서 전해준 하나님의 말씀을 듣고 회개했다. 그런데 너희는 수많은 선지자들이 가서 말씀을 전했고, 하나님이신 예수님이 직접 와서 말씀했는데도 회개하지 않는다. 그러니 너희들이 어떻게 심판을 견디겠느냐. 부끄러운 줄 알아라." 주님은 탕자의 형 같은 이스라엘 백성들이 오히려 이방인 탕자보다 더 회개하지 않는 모습에 너무 가슴이 아프셨던 것이다.

그 후에 요나는 어떻게 되었을까

요나서는 4장을 끝으로 애매하게 끝난다. 하나님께서 부드럽게 타이르시는 말씀에 요나가 어떻게 반응했는지 말이 없다. 성경에서 이런 식으로 애매하게 끝나는 스토리가 또 하나 있다. 누가복음 15장에 나오는 돌아온 탕자 비유다. 거기서도 탕자 동생을 환영하는 아버지에게 불같이 화를 내는 탕자의 형이 나오고, 아버지가 그를 부드럽게 타이르는 장면이 나온다. 탕자의 형이 아버지의 말씀에 어떻게 반응했는지에 대한 언급은 없다. 그것은 우리가 바로 탕자의 형이기 때문에 결론은 우리 스스로가 써넣어야 한다는 뜻일 것이다.

요나서 4장 뒤에 요나는 어떻게 되었을까? 많은 학자들은 요나가 하나님의 마음을 알아듣고 회개했다고 믿는다. 요나서의 저자가 요나라는 사실이 그 증거다. 요나서에 나오는 요나의 모습은 대단히 연약하고 부족한 죄인으로 그려졌다. 하나님을 불순종했다가, 폭풍을 만나서 물고기 뱃속에 떨어지고, 또 박넝쿨 하나가 있다가 없어지는 것 때문에 화내고 불평하는 등 좋지 않은 이미지로 기록되었다. 지금까지 조국 이스라엘의 국민적 영웅으로 존경받아 온 요나에 대해 가졌던 사람들의 환상이 한순간에 허물어질 수도 있는 일이었다. 어떻게 요나 자신이 쓰면서 자신의 연약함에 대해 이렇게 솔직하게 기록했을까.

일단은 요나가 탄 배의 선장과 선원들이 증인으로 살아 있었기 때문이 아니었을까. 그들은 요나를 바다에 던지고 나서 폭풍이 가라앉아 살아남긴 했지만, 장사하러 가던 물건들을 다 버렸기 때문에 다시스로 가지 못하고 욥바 항구로 돌아와야 했을 것이다. 그러다가 니느웨 도시 전체가 회개한 엄청난 뉴스가 퍼지고, 그 중심에 요나가 있었다는 이야기를 듣고 놀랐을 것이다. "폭풍의 바다에 던져진 사람이 어떻게 살아났지?" 어쩌면 자신들의 눈으로 확인하기 위하여 집으로 돌아온 요나를 찾아왔을지도 모른다.

그러니까 요나서 1장까지는 요나도 솔직하게 쓸 수밖에 없었을 것이다. 또한 니느웨에 가서 복음을 전하고 회개한 3장의 이야기는 수만 명의 사람들이 다 목격했기 때문에 이미 요나가 쓰기도 전에 이스라엘에 소문이 다 퍼졌을 것이다. 그러니 그 또한 솔직히 쓸 수밖에 없었을 것이다.

그러나 물고기 뱃속에서 해초에 온몸에 감긴 채, 처절하게 회개한 2장이나, 박넝쿨 때문에 짜증을 내는 4장의 이야기는 아무도 보지 못한 하나님과 요나만 아는 이야기니까 편집해버리거나, 자기가 멋있어 보이게 미화할 수도 있었을 것이다. 그런데 요나는 자신의 연약한 모습을 있는 그대로 다 썼다. 왜 그랬을까?

역설적이지만, 그것은 요나가 진정으로 회개했기 때문일 것이다. 제대로 말씀에 깨어져서 회개한 사람의 간증에는 자기 미화가 없다. 자기 옛 사람의 추함에 대해 솔직히 인정하고 오직 하나님만을 높인다. 물고기 뱃속에서 회개했다가 니느웨의 회개를 보고 화가 났던 요나는 하나님의 타이르시는 음성을 들으면서 다시 회개했다. 그리고 하나님의 마음을 깨닫게 되었다.

처음에 요나는 하나님을 불순종하고 도망가다가 태풍을 만났다. 그러나 물고기 뱃속에서 어둠 속의 기도, 성령의 기도를 통해 거듭난 뒤에는 힘들어도 하나님을 외면하고 도망가지 않았다. "힘들어요, 차라리 죽여주세요"라고 하면서도 하나님을 붙잡고, 계속 하나님과 대화를 했다. 하나님의 사람은 넘어져도 하나님 앞으로 넘어진다. 하나님의 임재 밖으로 벗어나지 않고 계속해서 하나님과 씨름한다.

우리도 하나님이 이해가 안 되고, 실생활에서 짜증이 나도, 그래도 계속해서 쉬지 않고 기도해야 한다. 예배를 놓지 말아야 한다. 그러면 어느 순간 성령께서 우리를 바꾸신다. 요나를 보라. 하나님과 끊임없는 교제를 통해 선민의식이 깨어졌고, 하나님의 마음을 깨달았다. 요나가 거듭나고 완전히 변화되지 않았다면, 자신의 추하고 약한 모습을 적나라하게 고백하는 이런 요나서가 나올 수 없다. 자기의 처절한 죄성을 그대로 다 썼다. 요나가 바뀐 것이다. 우리가 계속해서 하나님께 기도하고 예배하면 하나님께서 우리를 서서히, 그리고 확실히 바꾸실 것이다. 우리의 약함을 정직하게 고백하면서, 주님의 붙드시는 손을 찬양할 것이다.

하나님의 사랑을 전하는 복음의 메신저가 되라

요나는 하나님을 안 믿는 사람도 아니요, 사역을 안 하던 사람도 아니요, 나쁜 범죄자도 아니었다. 오히려 하나님을 위해 오랜 세월 충성스럽게 사역한 사람이었다. 그러나 하나님의 축복을 자기 민족만 받게 하려는 좁은 시야를 가진 사람이었다. 그것이 선민이라고 자부하던 이스라엘 사람들의 문제였다. 이스라엘에게는 자신들만 선택받은 자요, 은혜받은 자라는 오만함이 있었다. 하나님의 사랑이 다른 민족들에게 베풀어지는 것을 싫어했다. 그들은 축복의 종착역이 되기를 원했지, 축복의 통로가 되고 싶어 하지는 않았다. 그리고 요나는 이스라엘을 대표하는 선지자로서 그런 사고방식으로 똘똘 뭉친 사람이었다.

하나님께서는 요나를 다루시면서, 그런 이스라엘 사람들의 생각을 깨우치기를 원하셨다. 하나님은 선택하신 백성들의 영적 이기주의를 싫어하신다. 하나님께서 이스라엘을 축복하신 것은 모든 열방 민족들에게 축복을 흘려보내는 통로로 그들을 사용하시고자 함이었다. 그것이 철저한 애국주의자 요나를 변화시키셔서 요나서를 쓰게 하신 이유다.

오늘날 요나서를 읽고 있는 우리 또한 하나님의 그 마음을 가슴에 새겨야 한다. 먼저 복음을 받은 우리는 복음에 빚진 자의 심정으로 열방을 향해 하나님의 사랑을 전하는 복음의 메신저가 되어야 한다. 재능과 건강과 재물과 시간 등 우리가 가진 모든 것은 전부 하나님이 주신 것이다. 하나님은 우리가 그것들을 우리 자신을 위해서만 쓰지 않고, 하나님의 부르심에 응답하는 데 쓰기 원하신다. 그 부르심을 외면한다면 사랑의 추적자는 반드시 우리를 쫓아오실 것이다. 하나님 아버지의 마음이 있는 곳에 우리의 마음도 있게 하라. 그것이 생명의 길이요, 축복의 길이다.

에필
로그

모든 악한 것들이 우리 눈앞에서 사라질 그 날을 소망하며

얼마 전, 저는 새로운교회 장로님들과 부교역자들이 정성껏 준비해준 성역 30주년 감사예배를 너무나 큰 은혜 속에 드렸습니다. 전도사로 섬겼던 기간까지 합치면 36년이 되겠지만, 정확히 제가 미국 장로교단에서 목사 안수를 받은 것은 1995년 2월 2일이었습니다. 웨스트민스터신학교를 졸업하고, 샌디에이고 지역의 한 자그마한 미국 교회에서 조촐하게 치러진 목사 안수 예배에서 안수를 받는 사람은 저 하나였습니다.

신학교 졸업반 때 제게 설교학을 가르쳐주셨던 에드먼드 클라우니(Edmund Clowney) 교수님은 저 한 사람을 위해 오셔서 40분이 넘는 열정의 축복 설교를 해주셨습니다. 그때 벌써 일흔이 넘으셨던 교수님은 팀 켈러를 비롯한 미국의 수많은 목회자에게 '그리스도 중심의 설교'(Christ-centered Preaching)를 가르치신 전설적인 분입니다. 교수님은 고급 설교학 시간에 제 설교를 들으시고는 함께 공부하던 미국 신학생들에게 이렇게 말씀하셨습니다.

"저 한국 학생을 보고 배워라. 저 학생은 자신이 설교하는 것을 그대로 믿고 설교하고 있지 않은가."

그 뒤로 교수님은 학교에서 저를 만나기만 하면 "장래 목회 비전이 무엇이냐?", "교수가 될 것인가, 목회를 할 것인가?" 등의 구체적인 문제까지 특별한 관심을 가지고 격려해주셨습니다. 그랬기 때문에 목사 안수 예배 설교도 부탁드릴 수 있었던 것입니다.

"설교자는 하늘의 별들에게도 하나님의 메시지를 선포할 수 있는 특권을 가진 자입니다. 그가 성령의 감동으로 설교할 때 성도들이 새 힘을 얻게 되는데, 성도들뿐만 아니라 천사들도 듣고 박수를 치며, 마귀들도 듣고 두려움에 떨게 될 것입니다. 오늘 안수를 받는 나의 제자 한 목사님이 그런 설교자가 될 것을 믿습니다."

지금도 눈을 감으면 클라우니 교수님의 격려 설교를 들으며 가슴이 뛰던 그때 그 감격이 생생하게 떠오릅니다.

그리고 어언 30년의 세월이 흘렀습니다. 미국과 한국에서의 목회 인생은 즐거울 때도 있었고, 힘들어서 그만두고 싶을 정도로 어려울 때도 많았습니다. 그러나 하나님께서 변함없는 신실하심으로 저를 붙들어주셔서 여기까지 올 수 있었던 것 같습니다. 30주년 감사예배에서는 횃불트리니티신학교의 오덕교 총장님이 설교를 해주셨는데, 의외의 본문과 말씀을 선택하셨습니다. 총장님은 사도행전에 나오는 바나바 이야기를 하시면서, 겉으로 보기에 은사가 많고 적극적인 바울이 위대한 목회자 같지만, 정적 복양의 심성이 더 탁월했던 사람은 바나바였다고 했습니다. 그의 이름의 뜻도 '격려하는 사람'(Son of Encouragement)이었을 정도로, 그는 다른 사람을 믿어주고 세워주는 사람이었습니다. 다른 형제들이 바울의 회심을 의심하고 멀리했을 때도, 바나바가 중재하여 바울을 세워주었습니다. 바나바가 없었다면 바울도 없었을 것입니다.

"제가 아는 한 목사님은 바나바 같은 목회자입니다. 우리 횃불트리니티신학교에도 많은 도움을 주셨지만, 항상 남을 도우려는 따뜻한 마음이 있는 목사님입니다. 앞으로 목사님의 남은 목회 여정에서도 바나바처럼 많은 후배를 세워주시는 분이 되실 줄 믿습니다."

예배가 끝나고 집으로 오는 차 안에서 아내가 이렇게 말했습니다.
"나는 이때까지 당신이 바울 같은 목회자라고 생각했어요. 설교와 리더십, 책을 쓰는 은사가 바울을 닮았다고 생각했어요. 그런데 오늘 오 총장님의 메시지를 들으니까 지금까지는 바울을 닮은 사역을 해왔는지 몰라도, 이제부터는 바나바처럼 남을 더 세워주는 사역을 하라는 하나님의 뜻인 것 같네요."

34세 나이에 《거인들의 발자국》(비전과리더십)을 세상에 내놓으며 저는 리더십에 관해 많은 책을 썼습니다. 일반 기업과 교회를 가리지 않고 많은 곳에서 리더십 강의를 해왔습니다. 저 자신부터 강의 내용에 부끄럽지 않은 리더가 되려고 항상 몸부림치기도 했습니다. 이제 60을 바라보는 나이가 된 지금, 하나님께서는 제가 훌륭한 리더가 되는 단계를 넘어서, 다음세대 리더들을 세우는 바나바 같은 목회자가 되기를 원하시는 것 같습니다. 이때까지는 탁월함을 추구했는데, 탁월함 이상으로 중요한 것이 배려와 따뜻함인 것을 알게 하십니다. 결과 이상으로 중요한 것이 올바른 과정임도 알게 해주십니다. 혼자 소리를 내는 연주자가 아닌 다른 사람들의 소리와 하모니를 이루고, 또 소리를 못 내는 이들의 소리를 끌어내주는 지휘자의 마음으로 살아야 한다는 마음을 점점 더 강하게 주십니다.

3-40대 목회자였을 때 저는 신학적 정통성, 탄탄한 콘텐츠 연구, 탁월한 기획력과 일 처리 능력이 중요하다고 생각했습니다. 그

런데 30년째 목사로 살아가면서 느끼는 것은 목회는 사람의 감정, 마음의 깊은 곳을 이해하고 어루만져주는 것이라는 사실입니다. 글로벌 기업의 임원으로서 어려운 협상을 많이 해결한 분에게 비결을 물었더니, 그 비법이 '상대의 입장을 공감해주는 것'(empathy)에 있다고 했습니다. 요즘은 다 똑똑하고 자존심 세고 감정적으로 사나워져 있기 때문에, 논리와 언변으로는 결코 상대의 마음을 얻을 수 없다고 합니다. 오히려 사석에서 진솔하고 겸손하게 나의 약함을 보여주고 상대의 이야기를 진심으로 경청하고 공감해주면, 의외로 일이 해결되는 경우가 많다고 합니다.

  우리 교회에서는 주일예배 때마다 설교 후 목양기도를 드리는데, 그때 주중에 부교역자들의 심방을 통해서 파악한 병약한 성도들의 기도제목을 하나하나 자세히 언급하면서 기도합니다. 대면예배를 드리지 못하던 코로나 때 성도들을 직접 심방하지 못하는 것이 안타까워서 도입했던 아이디어인데, 생각보다 반응이 좋았습니다. 결혼 후 몇 년째 아기를 가지지 못해 시험관 시술을 몇 번이나 시도하면서 천신만고 끝에 임신에 성공했는데 얼마 못 가 유산하고 낙담에 빠진 부부, 너무나 착하고 믿음 좋던 어린 아들을 음주운전 사고로 하루아침에 잃고 깊은 슬픔에 빠졌던 부모, 젊은 나이에 많은 항암치료를 하면서도 가난과 싸우며 믿음을 지키는 성도, 부모에게 상처받고 집과 교회를 떠나 연락도 하지 않고 사는 아들을 놓고 매일 눈물로 지새며 기도하는 어머니….

일일이 다 열거하기 힘든 많은 분들을 위해 목양기도에서 마음을 다해 온 성도가 함께 기도합니다. 목사가 자신의 기도 사연을 읽어주고 함께 기도해주는 것만으로도 엄청난 힐링이 되었다고 합니다. 코로나 팬데믹 때 "사람 사는 데 필수적인 것이 아니면 모이는 행위는 다 자제해야 하는데, 왜 교회는 필수적인 문제도 아니면서 자꾸 대면 예배나 모이는 것을 고집하느냐"라는 말이 있었습니다. 교회에 상당히 배타적인 한 언론인의 말을 듣고 저는 이렇게 답했습니다.

"사람은 밥만 먹고 사는 존재가 아니다. 우리 교회만 해도 우울증, 불면증, 분노조절장애로 힘들어하는 사람, 깨지기 직전의 가정, 자살 직전까지 갔던 분들이 많다. 그런 분들이 다 교회에 와서 예배와 그룹 성경공부와 기도모임을 통해 영혼에 독소가 제거되고, 마음에 치유를 받아서 정상적인 생활을 하게 되셨다. 이렇게 교회를 통해서 영혼이 치유받은 사람들이 전국에 얼마나 많은지 모른다. 안 그래도 우리나라가 OECD 국가 중 자살률 1위에 우울증 같은 정신 질환 발병 톱 랭킹에 속하는데, 만약 교회가 없었다면 상황은 몇 배로 더 악화되었을 것이다. 대한민국 국민들이 그래도

이 정도로 마음의 병을 다스리고 있는 데에 교회는 일등공신이다."

저는 지금도 그런 확신이 있습니다. 혹자는 "교회가 이렇게 많은데 우리나라는 왜 이렇게 악하고 문제가 많으냐"라고 합니다. 하지만 저는 거기에 대해 이렇게 대답해주고 싶습니다. "그래도 교회가 있어서 우리나라가 이 정도로라도 유지하고 있는 것이다"라고 말입니다.

아직도 교회는 세상의 유일한 소망입니다. 타락하고 잘못하고 있는 교회들도 있겠지요. 그러나 대부분의 교회는 어려움 속에서도 하나님의 말씀대로 살려고 몸부림치는 좋은 교회들입니다. 특히 급변하는 IT 물질문명 시대에 사나워지고 황량해진 사람들의 마음에 안식과 힐링을 주며, 새로운 힘을 불어넣어 주는 하나님의 생기가 교회를 통해 흘러 나가고 있다고 저는 믿습니다.

마귀는 지금도 온갖 영적 독소들을 세상 속으로 불어넣고 있습니다. 주님 다시 오실 때까지 세상 사는 것은 참으로 피곤하고 힘들 것입니다. 그러나 우리가 눈을 부릅뜨고 이 모든 악과 대면하며 기도를 멈추지 않는다면, 반드시 모든 것이 역전될 날이 오리라 믿습니다. 주님 다시 오실 때 그 모든 악한 것들이 우리 눈앞에서 사라질 것입니다. 잡초보다 질긴 그 소망을 붙들고 가는 것, 그것이 믿음 아닐까요.

사라질 때까지 기도하라

초판 1쇄 발행	2025년 6월 30일
초판 4쇄 발행	2025년 9월 12일
지은이	한홍
펴낸이	여진구
책임편집	안수경 김도연
편집	이영주 최현수 구주은 김아진 배예담
책임디자인	정은혜 노지현 | 마영애 조은혜 남은진
홍보 · 외서	진효지
마케팅	김상순 강성민
마케팅지원	최영배 정나영
제작	조영석 허병용
경영지원	김혜경 김경희

303비전성경암송학교 유니게 과정
이슬비전도학교 / 303비전성경암송학교 / 303비전꿈나무장학회

펴낸곳	규장

주소 06770 서울시 서초구 매헌로 16길 20(양재2동) 규장선교센터
전화 02)578-0003 팩스 02)578-7332
이메일 kyujang0691@gmail.com 홈페이지 www.kyujang.com
페이스북 facebook.com/kyujangbook 인스타그램 instagram.com/kyujang_com
카카오스토리 story.kakao.com/kyujangbook
등록번호 1922-2461
since 1978.08.14

ⓒ 저자와의 협약 아래 인지는 생략되었습니다.
이 출판물은 저작권법에 의해 보호를 받는 저작물이므로 무단 전재와 무단 복제를 할 수 없습니다.

책값 뒤표지에 있습니다.
ISBN 979-11-6504-633-0 03230

규 | 장 | 수 | 칙

1. 기도로 기획하고 기도로 제작한다.
2. 오직 그리스도의 성품을 사모하는 독자가 원하고 필요로 하는 책만을 출판한다.
3. 한 활자 한 문장에 온 정성을 쏟는다.
4. 성실과 정확을 생명으로 삼고 일한다.
5. 긍정적이며 적극적인 신앙과 신행일치의 안내자의 사명을 다한다.
6. 충고와 조언을 항상 감사로 경청한다.
7. 지상목표는 문서선교에 있다.

하나님을 사랑하는 자 곧 그의 뜻대로 부르심을 입은 자들에게는 모든 것이 合力하여 善을 이루느니라(롬 8:28)

Member of the
Evangelical Christian
Publishers Association

규장은 문서를 통해 복음전파와 신앙교육에 주력하는 국제적 출판사들의 협의체인 복음주의출판협회(E.C.P.A:Evangelical Christian Publishers Association)의 출판정신에 동참하는 회원(Associate Member)입니다.